# Word Search for Adults 5 Books in 1

# Book 1:
# The Fabolous 1950s Word Search Puzzle Book

# Disclaimer

Copyright © 2023

All Rights Reserved.

No part of this book can be transmitted or reproduced in any form including print, electronic, photocopying, scanning, mechanical or recording without prior written permission from the author.

While the author has taken utmost efforts to ensure the accuracy of the written content, all readers are advised to follow information mentioned herein at their own risk. The author cannot be held responsible for any personal or commercial damage caused by information. All readers are encouraged to seek professional advice when needed.

## Table of Contents

Book 1: 1950's Word Search ................................................................................................ 5

Book 2: Coffee Animals Word Search Book ...................................................................... 141

Book 3: Garden Word Search for Adults ........................................................................... 219

Book 4: Mindfulness Word Search Book for Adults .......................................................... 372

Book 5: Word Search for Coffee and Tea Lovers .............................................................. 500

# 1950s Slang 1

```
Q T D B I K T W E N O K F X X
X J A X Y N X M T Z I H J W X
M C D Y Q U G E I S S B X S A
K B D S T C V D P K N A T G V
P A Y L G K E A N I E K C K C
M N O G Y L L H O B L C W I W
Q K R E F E L S I G L O I E Q
Q L R Z I S I N S O I R J J R
Y E E P F A V I S L V L H G Y
E B S R O N S E A Z S H S A B
E I A I V D T D P V D R Z F G
Y T E N T W N A B S R M B Z K
K E R G T I A M W T I I V L Z
N R G O D C R B H L E G R X N
Q Z Q Y I H P W B J W E Y Z R
```

- ☐ Antsville
- ☐ Knuckle sandwich
- ☐ Tank
- ☐ Greaser
- ☐ Ankle biter
- ☐ Bash
- ☐ Weirdsville
- ☐ Passion Pit
- ☐ Daddy-O
- ☐ Made in shade

## 1950s Slang 2

```
A S J J B I H A J O B J W P P A
I N S T C I T N A R F I T N A C
N T H B E N L D B D B G D O T H
T O I Y T Q D E Y V H L F G H I
T E N J U C Z U T T B L Y N E N
H E E N F I M O E R I E K I R F
A X R Q R C B E H P L T I B O O
T N A I W O Y S Y L C I B T Y R
A P E X G V P O I Q X B M A A A
B B U U G J U V M Z J E J E L B
I T S X J R S F G L Z A Q S S R
T Q N L L D M Y S M O T V K H E
E E Z I A U F K M K B F O C A A
R X D E K X Y E H N E E U A F K
D S D A C D R W S R Y E A B T I
B H M X X X H P L W O T D L W N
```

- ☐ Flip your lid
- ☐ Shiner
- ☐ The royal shaft
- ☐ Anti-frantic
- ☐ Back seat bingo
- ☐ Deadsville
- ☐ Beat feet
- ☐ Ain't that a bite?
- ☐ A chin' for a breakin'
- ☐ Bogus

## Popular Music 1

```
U Q G I T Y R R E B K C U H C
S R E T S A O C E H T S H M V
L T E L O C G N I K T A N U R
W Q W C R E C I R P D Y O L L
P P H M O J A Z Z M U S I C O
U K F Z C S U N X R O A O P G
K W O T K U P Y J M K B R C R
O G M D A Q Z N R B P C Z Y G
O A I K N F D O R I S D A Y Y
H S H W D D U X C K S R R J Y
S E N E R I T H G I N D O O G
L F P B O L Q I N P I J M O F
L T X A L J T O I E D B G T B
A Q A Q L E I Q W T F P G F R
X D A F I U Z T S S S T B H R
```

☐ Rock and roll  ☐ Nat King Cole

☐ Swing  ☐ All Shook Up

☐ Chuck Berry  ☐ Lloyd Price

☐ Goodnight Irene  ☐ Doris Day

☐ The Coasters  ☐ Jazz music

## Popular Music 2

```
P M U N F O R G E T T A B L E
Y E L S E R P S I V L E S S J
V I L I T T L E R I C H A R D
Y L L I B A K C O R T S L M W
M E V M R G E F M B S J B O T
R L Y Z K Y G Q Q Z P D V N W
I C I S U M P O P O E R W A D
Y E L A H L L I B A Z Q P L W
Y B Q V Y J D C N K P R U I F
J O Q Z O X Z M D N E Q L S E
V S P M G T A S V Z U M S A N
U X T H I R D M A N T H E M E
G I A Z T S C E B V K F U T Y
E B H I I K F Q V M O Z L D Z
Y T N E J U T U E O I L B A K
```

- Pop music
- Bill Haley
- Mona Lisa
- Blues
- Elvis Presley
- Third Man Theme
- Rockabilly
- Little Richard
- Dean Martin
- Unforgettable

## Popular Music 3

```
N B R G O D D N U O H P O P V
E L L A F I T Z G E R A L D T
T F W M K N R W N T O C E M G
F R A N K S I N A T R A D Y P
Q F K A C W T G L G Z M R L U
C U O T W N F U I S K V T E
F H M N K G J Q U W E J E A V
D S V E E L Y G G E P G P L O
O Q B C J D F Q Y P Z J A S L
R H Y T H M A N D B L U E S T
U L F A T S D O M I N O D P E
L S B T U S O B C N G X M Z R
W J I W E K O O C M A S K J C
F T H A T S A M O R E J G Y E
H S A C Y N N H O J O A I J S
```

- ☐ Johnny Cash
- ☐ Rhythm and blues
- ☐ Frank Sinatra
- ☐ Ella Fitzgerald
- ☐ Hound Dog
- ☐ That's Amore
- ☐ Fats Domino
- ☐ Sam Cooke
- ☐ Peggy Lee
- ☐ Secret Love

## Popular Movies 1

```
G N I N R A W M R O T S E E Y
T U S A B R I N A J E R V L P
S D J W F F T H K Q I E D B H
A V E E J K Z G C W T A G P R
H S U I F I F I R U E M V R A
I Y Z R E T F I O D H I G V S
G D B E R H D B E I X F R F H
H O T E E Q A M Y L C M A T O
N V Z G Q L S L F O R R G L M
O V Z U L S C A R R I E V N O
O N F A I S S Y S F L F K S N
N Q C K O D H X X H F I N A W
T R E A S U R E I S L A N D Y
I M Z R E A R W I N D O W H F
W R D V O H O P X G M S P J V
```

- ☐ Rififi
- ☐ All about Eve
- ☐ Kiss me deadly
- ☐ Rashomon
- ☐ Treasure Island
- ☐ Storm warning
- ☐ High noon
- ☐ Carrie
- ☐ Rear window
- ☐ Sabrina

## Popular Movies 2

```
T N O R F R E T A W E H T N O
L V V P A Z I Z B E K L C Q G
A T H E T A L L T A R G E T O
E T H E G U N F I G H T E R N
S V O J U T O D X R C A Q A E
H A Z Z Q W Z M R P I O I P T
T Q Z J X B J E B P Z P B I O
N T A Y J X D B A P A A H N E
E D O S M T P N B Y G R U L A
V N O D N O L F O L O O P A R
E F D V L B T E S N U S V I T
S J R E P I N S E H T C P S H
E R E D R U M R O F M L A I D
H J P T H J I K S P K I Y Q P
T O H T I E K I L E M O S W W
```

- ☐ The gunfighter
- ☐ Sunset Blvd.
- ☐ The seventh seal
- ☐ Gone to Earth
- ☐ The tall target
- ☐ The sniper
- ☐ Pool of London
- ☐ On the waterfront
- ☐ Dial M for murder
- ☐ Some like it hot

## Popular Movies 3

```
E S G U Z G R J B V U U K Z J
F N U S E H T N I E C A L P A
W E M K F P W K F I I A E T D
B R A E F F O S E G A W E H T
Y A D I L O H T S A L I O T F
R M L T H E B I G H E A T R P
K L I M E L I G H T Z N L U Y
S O L O N G A T T H E F A I R
H E L O H E H T N I E C A H X
B J L L C U L G Y Y J C T W S
M T E E H S L A D N A C S U P
P K C Q O I E I H N S C G Y G
S U D D E N F E A R I P G V O
B Y R U F F O D N U O S E H T
A R I I J A B M J H G Q W Z P
```

- ☐ The sound of fury
- ☐ So long at the fair
- ☐ Last holiday
- ☐ Ace in the hole
- ☐ A place in the Sun
- ☐ Scandal sheet
- ☐ Sudden fear
- ☐ Limelight
- ☐ The big heat
- ☐ The wages of fear

# World Events in the 1950s

```
C R E D I T C A R D Q L S N T
R Z M M I F U B C Z K P J O B
F A M S J D N A F M U W V I R
U U W V I Z H V O T D L N T I
R Q M M T S J Z N H R K W U N
L O M Q A B I I P Q E A J L K
G H A O V N K R K M R I H O S
I S U F P L T O C S R J E V R
R G Z P A J R E A Z J V X E O
K P S U U E J W I Z E L E R B
F R N R A D P G B V B U T N B
R C R N J A N J W Z O K S A E
H P W V C O N A S A G X R B R
T A T T Y Q A Y T M G E C U Y
R A Y X S P L A S W N B L C R
```

- ☐ Korean War
- ☐ Cuban Revolution
- ☐ Warsaw Pact
- ☐ Sputnik launch
- ☐ DNA
- ☐ Vietnam War
- ☐ NASA
- ☐ Credit card
- ☐ Brink's robbery
- ☐ Suez Crisis

## Fashion 1

```
P S F O I T G X Y U P S H W P
K K W C L V M Z G N O L N W C
T C Q L Y X X F D G L N E W R
E O U Q K O B Q R O K F W V O
K S S E H E K A M P A T H H P
C L E W T G Y P T W D R I T P
A U A C G S K D T P O I T A E
J F F D U L X F P F T K E H D
R R N I E I O Z C Z G S S A S
E O T V P Y T V R G A L H M W
H L S O D Y T E E U R I I A E
T O N U G N V P B S M C R N A
A C A M H R M Y S R E N T A T
E X E A M W G A J S N E Z P E
L Y J U A R N L V A T P D D R
```

- ☐ Gray suit
- ☐ Colorful socks
- ☐ White shirt
- ☐ Leather jacket
- ☐ Pencil skirt
- ☐ Polka dot garment
- ☐ Cropped sweater
- ☐ Jeans
- ☐ Gloves
- ☐ Panama hat

## Fashion 2

```
N Y G S S N A G I D R A C M Q
G G X S Q X Z N Y S P C B S N
I A B E T F S H N I E A K T K
N B M R R G S S Z L Z Q P A J
G D N D I N E I D K S N E O O
H N I K K X R O H S L G A L D
A A Y C S U D E D C E I R F B
M H R E E E G Z A A E P L T M
G E A N L W N U J R H T J E K
A G S R D N I B M F N R E L O
R A E E O M W U T J E F W L U
M T U T O X S Y A I T J E A S
E N G L P Z V L C K T Z L B W
N I X A V F R C V I I E R A M
T V H H N N N V L W K R Y C C
```

- ☐ Swing dress
- ☐ Poodle skirt
- ☐ Gingham garment
- ☐ Cardigans
- ☐ Halterneck dress
- ☐ Kitten heels
- ☐ Ballet floats
- ☐ Silk scarf
- ☐ Pearl jewelry
- ☐ Vintage handbag

## Food 1

```
E I L V J U V K M D L W R S W
T T G A Q C K K W B O N E X H
Y D M D B A K E D A L A S K A
L A N K F J U M E A T L O A F
T O A S T I J K I F C Z W B I
R Z I E A J G J M U G O C Z E
D H C H I C K E N P O T P I E
C B E E F S T R O G A N O F F
P Y Z B H N P B D C Z A L F
T B H C E N I R A G R A M Q U
W X S T E S G G E D N A M A H
K F T U X L Z Q V B C T R R A
S K A E T S Y R U B S I L A S
D E X N D I U D A C O K E T Y
G A L S L E E H W N I P N E C
```

- ☐ Salisbury steak
- ☐ Beef stroganoff
- ☐ Meat loaf
- ☐ Jam
- ☐ Toast
- ☐ Ham and eggs
- ☐ Pinwheels
- ☐ Baked Alaska
- ☐ Chicken pot pie
- ☐ Margarine

Food 2

| | | | | | | | | | | | | | |
|---|---|---|---|---|---|---|---|---|---|---|---|---|---|
|A|T|W|X|T|T|D|D|N|F|B|B|S|S|L|
|N|R|E|K|J|O|M|T|E|I|A|A|I|E|N|
|E|S|T|R|R|C|P|E|A|M|R|N|J|O|U|
|K|Z|W|I|I|Z|B|P|G|F|B|A|X|T|H|
|C|Y|J|K|C|T|O|I|H|M|E|N|O|A|C|
|I|F|I|F|S|H|R|M|V|V|Q|A|K|T|A|
|H|P|W|A|V|P|O|I|K|E|U|C|A|O|N|
|C|P|O|D|W|R|V|K|O|A|E|R|E|P|N|
|T|R|A|U|G|U|F|J|E|R|Z|E|T|D|E|
|S|V|Y|N|Q|X|Y|K|C|D|F|A|S|E|D|
|A|H|H|Z|C|P|C|R|B|X|I|M|T|H|P|
|O|X|Y|T|P|A|Z|Y|N|F|K|P|R|S|E|
|R|Z|Z|O|O|F|K|H|B|F|H|I|I|A|A|
|G|P|L|J|Y|F|P|E|X|K|G|E|K|M|S|
|A|S|Y|T|J|N|O|C|S|B|D|O|S|N|B|

☐ Artichoke dip  ☐ Sloppy Joe

☐ Skirt steak  ☐ Canned peas

☐ Roast chicken  ☐ Banana cream pie

☐ Pancakes  ☐ Roast beef

☐ Mashed potatoes  ☐ Barbeque

Food 3

```
C L S K N Y H Z Z Z Q K T Z W J
B B C V X Q Y S Y S R K V R L Q
N O R E C H E E S E B A L L P E
S L U R E T T U B T U N A E P L
G O M Q G O O Q B G J H N S K O
G G P N A S Y O Z T F M L I R R
E N T L B Y G Q Y E R J S Y T E
D A I I J E L L O S A L A D O S
E S O L W L E Y A E X G Q F K S
L A U O H J D F H Z F B P R H A
I N S G Y U V D S L E D Z S Q C
V D S B I B F O O T B D T B U A
E W I F I L A O L T E L H H D N
D I D J Z W I M T C G W N A A U
F C E K N C T H W R O I L R M T
U H S W V F S K C V A X Z S I E
```

☐ Chili    ☐ Peanut butter

☐ Scrumptious sides    ☐ Cheese ball

☐ Glazed ham    ☐ Bologna sandwich

☐ Deviled eggs    ☐ Tuna casserole

☐ Jello salad    ☐ Beef stew

## Travel Destinations 1

```
G J S H A V A N A P V W W J M
D L R O W A E S Y Z A I R A D
B U O Z M L S K H S I N D T B
M Q A C V Z P C H W O R W G V
V L U O L E N I X K I A Y X G
H B R A B U N Q U D U M K M K
X G F Z I G P Z K Y N Z S A T
I I D R T G G A E Z U A X D L
J X N O K X D B C R K O R R F
Q Q N P N O B W I A V F K E G
D D D O N S Q C T W H Y R T O
C C P M Q A H I R F E H Q S M
S I R A P D D H P R Z Z V M K
R E N O T S W O L L E Y O A E
D R A Y E N I V S A H T R A M
```

- ☐ Paris
- ☐ Yellowstone
- ☐ Zurich
- ☐ Martha's Vineyard
- ☐ Madrid
- ☐ Washington, D.C.
- ☐ Havana
- ☐ Amsterdam
- ☐ SeaWorld
- ☐ Acapulco

## Travel Destinations 2

```
R P A L M S P R I N G S A O L
D Q G F A C I S R O C H I T Q
M Y T W A N N E I V A A V L Q
H Q T Y I V T W J L U V A K N
D O A S Q K D J I N Z A N M I
M U S U M K A O L E D N I T A
R C B B T G O Y Q W R A D U G
C B S L Y A G B C Y P T N G A
R W U W I H M D L O J W A R R
B R D P A N T W E R P W C P A
H Z A B D T N P M K T F S W F
B A M C S L B N P C P B W M A
Y G L X T Y D E L I C J X S L
S R A X I R I J V T Z F A W L
K X P R E M O S B Y Z K I M S
```

- ☐ Dublin
- ☐ Antwerp
- ☐ Corsica
- ☐ New York City
- ☐ Vienna
- ☐ Havana
- ☐ Palm Springs
- ☐ Palma
- ☐ Scandinavia
- ☐ Niagara Falls

# Travel Destinations 3

```
G E P I D U G Q Q S U J B N P U X H
P D M K X K X N O K T T F Q W J P A
C F M M Z C N S F Y R Y S Z K F I W
K N Y U Z P M I O N S Y A E Z D T A
R E W V Q A X X E M O R R I M L W I
T B J N I I M A I M L U D M J D I I
N A G N I P O U I F D S I Y W L L S
K O Z H F D Q L W O G N T Z Z T Z
I H C V J U N L B B J B I R Z H
D I K W E Y Y F E D Y C A S L P P A
C A T S K I L L S M O U N T A I N S
I N U C N A C J I K J V P V F N O J
Y E C O S T A B R A V A J I V N F B
A Z I H Q W D H X H X L Q E M W N F
X S V X B U A U M H H C J H A I Z B
E W S A Q B O R L I F Y X F W K P M
D F Z L U E L A S V E G A S F M L M
P R K K C S T Y H O N Y R H E J E K
```

- ☐ Rome
- ☐ Catskills Mountains
- ☐ Hawaii
- ☐ Wiltz
- ☐ Sardinia
- ☐ Cancun
- ☐ Las Vegas
- ☐ Miami
- ☐ Mainz
- ☐ Costa Brava

## Cartoons 1

```
D T I B B A R R E D A S U R C C
N B B U W U N W H B D R D O U S
U U C O T M O O G V N U C O E K
O C D R Z U O O Z P E C G R B Y
H K H E P O G D B H G O P A U X
Y Y U A U L A Y R K E L E G L T
R A Z Q A T M W F C L O O N L E
R N M W B U R O T X N N N A W D
E D T H X H M O J Z A E N K I K
B P D I K K E D K A I L I N N G
E E X B X J P P E H V B O I K D
L P H L Y R S E J A O L B A L J
K I Q H Q T B C A M B E D T E Y
C T S N C P Q K Z X U E S P H Q
U O D F Z S I E U W R P H A V G
H B V U G A F R X X T I B C I A
```

- ☐ Crusader Rabbit
- ☐ Colonel Bleep
- ☐ Bucky and Pepito
- ☐ Mr. Magoo
- ☐ Bull Winkle
- ☐ Woody Woodpecker
- ☐ Captain Kangaroo
- ☐ Rubovian Legend
- ☐ Bozo
- ☐ Huckleberry Hound

Cartoons 2

- Winky-Dink and You
- Clutch Cargo
- Yogi Bear
- Tom and Jerry
- Heckle and Jeckle
- The Gumby Show
- Space Explorers
- Snooper and Blabber
- Capt'n Sailbird
- Quick Draw McGraw

## Cartoons 3

| | | | | | | | | | | | | | |
|---|---|---|---|---|---|---|---|---|---|---|---|---|---|
| Y | D | U | F | H | M | E | L | O | T | O | O | N | S | F |
| C | A | P | T | A | I | N | P | U | G | W | A | S | H | V |
| F | Q | W | H | S | O | W | K | K | A | J | O | C | F | R |
| T | D | F | S | S | L | N | K | F | M | M | D | N | Q | Q |
| H | T | J | J | T | F | T | Q | M | A | J | D | K | D | M |
| R | U | C | I | F | I | R | R | E | T | M | O | T | V | G |
| X | W | T | A | C | E | H | T | X | I | L | E | F | E | M |
| I | M | T | P | W | F | J | P | V | U | F | F | O | L | S |
| U | B | U | G | S | B | U | N | N | Y | Q | X | K | S | O |
| R | Q | D | J | I | D | W | V | P | L | N | C | T | I | Z |
| N | O | G | G | I | N | T | H | E | N | O | G | Y | W | H |
| T | H | E | R | U | F | F | A | N | D | R | E | D | D | Y |
| P | A | D | D | Y | T | H | E | P | E | L | I | C | A | N |
| T | G | E | U | M | I | G | H | T | Y | M | O | U | S | E |
| I | I | V | O | R | T | H | E | E | N | G | I | N | E | C |

- ☐ Tom Terrific
- ☐ Felix the Cat
- ☐ The Ruffand Reddy
- ☐ Bugs Bunny
- ☐ Mighty Mouse
- ☐ Mel-O-Toons
- ☐Ngginthe Nog
- ☐ Ivor the Engine
- ☐ Paddy the Pelican
- ☐ Captain Pugwash

Politicians

```
J G C P V O C X V L I H T K A N X I
Z G I Y X R X G J L F U A S L I B H
K K U J R Z N A W I O N T D E K L S
M I O X G H T C I H Y I S G K I C A
L R E K N E H S B C O N I X S T M B
F D C W O I E J Z R G A T S A A X I
S J A K D N O X Y U I G A I N K R H
B F L D E S D U E H W L B M D H P S
F I L N Z X O F X C Z U O R E R Z I
E U A U O Y R Y W N N B I O R U T N
H M W H A U H Q X O N I C Z Z S G A
K N Y Q M Y E R F T F A N S A H G Z
G N R Z C B U M E S G L E F W C J N
X Y N G C A S X L N E O G N A H I A
S G E C Z I S C I I X K L S D E S T
F V H F X F O I P W U I U K Z V U G
T R D K A I J X F N X N F E K M I E
U C K E E H R N A M G N Y S I R C H
```

- ☐ Fulgencio Batista
- ☐ Nikita Khrushchev
- ☐ Syngman Rhee
- ☐ Winston Churchill
- ☐ Theodor Heuss
- ☐ Tanzan Ishibashi
- ☐ Henry Wallace
- ☐ Nikolai Bulganin
- ☐ Mao Zedong
- ☐ Aleksander Zawadzki

## Politicians 2

```
D K E I Q G R K K S D D U Q U U
W X O G A I I G X E N E A O P B K
I L C Q C M O L S H J L D Q P Z R
G Q N N C X V S M S O L K V U G B
H J A O R P A D A I S U I H K E N
T T R B C U N O R A E A A O C O D
D A F U Z M N V I K P G L O E R W
E H O S V W I W C G H E R Z I G P
I N C U G T G R H N S D K Y P I V
S K S K D Z R P A A T S S G M M T
E T I E V K O Q R I A E A R L A F
N R C K D C N P D H L L B X E L C
H S N I Q C C P N C I R N D H E C
O P A S O H H N I P N A X S L N B
V J R H F A I L X O I H Y U I K X
E F F I P M V I O K O C P Y W O O
R T S E I C L M N U U B W Z E V G
```

- ☐ Joseph Stalin
- ☐ Georgi Malenkov
- ☐ Wilhelm Pieck
- ☐ Francisco Franco
- ☐ Nobusuke Kishi
- ☐ Chiang Kai-shek
- ☐ Richard Nixon
- ☐ Charles de Gaulle
- ☐ Giovanni Gronchi
- ☐ Dwight D. Eisenhover

# Word Leaders

```
U D F S A K G N D D B X X G G M
E M R M O E V I A W F Z A Y I N
W V A I Q D L K L I P C A H O B
E S N R W A R I E G G K T L V P
E M C E X U S T D H R I O O A Y
L V I E C Y T A I T U K Q I N L
T I S H R J A K V E I K R R N L
T P C R Q U M H S I Z X T U I E
A Y O N N K B R E S C K G A G K
T Q F A M Y F U L E O A R T R O
N B R M W U T S A N R V F N O N
E O A G P X Y H Z H T U P E N E
M Q N N Q Y H C N O I A E C C S
E N C Y G S S H O V N I F N H H
L D O S M G D E G E E V C I I E
C A J A J F U V T R S A Y V O D
```

- ☐ Gonzales Videla
- ☐ Clement Attlee
- ☐ Francisco Franco
- ☐ Seán O'Kelly
- ☐ Dwight Eisenhover
- ☐ Vincent Auriol
- ☐ Syngman Rhee
- ☐ Nikita Khrushchev
- ☐ Giovanni Gronchi
- ☐ Ruiz Cortines

## Cars 1

```
F O R D T H U N D E R B I R D P
J D O D B X B F E B R L J U L O
Q A G S A H Y C X C U R E B A N
D R K U E K A H N T L E I U Z T
S O R H L W K E T S G W D I G I
T D R F L B C V R Y C J B C I A
T L A E W K A Y I L H N J K T C
B E U P B G D B U W E Z D W B C
M C G Z Z U I E M K V X F I B H
X A A D D J L L P I R F C L P I
H L J W T W L A H A O F R D E E
W L S R K W A I I P L J J C D F
I I Y S K P C R L G E L T A D T
K D Z T D U W P X E T H D T Y A
D A G B U I C K S K Y L A R K I
F C O I B E P A X C O Y E R E N
```

- ☐ Chevy Bel Air
- ☐ Ford Thunderbird
- ☐ Cadillac Eldorado
- ☐ Chevrolet
- ☐ Buick Skylark
- ☐ Buick Wildcat
- ☐ Jaguar
- ☐ Triumph
- ☐ Cadillac
- ☐ Pontiac Chieftain

## Cars 2

```
C H R Y S L E R I M P E R I A L L
Y X E Y J C H E V Y P I C K U P D
Z B M O G A T T E S I W M B Q T W
N D O D G E C O R O N E T V K W J
E R Y N H C B M L T H X W H P C M
B N I T R A M N O T S A F U J L R
Z X Q V W K G H V X U O B G H F V
E F K A H M H T F F R D H O O S Q
D V R J Z B C L N D S F T X X E K
E Y N C A U W W F B T G M W C Z X
C A D O O X L S Y L H E C A C A S
R K F P U A E G M D M O R V V U N
E T T E V R O C T E L O R V E H C
M S C R I U G K B K X K B Y T Z T
X T B E Q L B E X P T B L C B W W
Z F S K H I Z I Q O C I S X L R V
L O T U S M A R K D U D F Y B U F
```

- ☐ Chevrolet Corvette
- ☐ Ford F-Series
- ☐ AC Ace
- ☐ Chrysler Imperial
- ☐ Dodge Coronet
- ☐ Mercedez Benz
- ☐ Aston Martin
- ☐ BMW Isetta
- ☐ Lotus Mark
- ☐ Chevy Pickup

## Cars 3

```
I N C V F R N F V Z Q W C V E
R N G L J Q A Z W T M D H F R
E Z I I B I J U H P H G E I B
D H E M V V Z E G S X P V A A
Y Y E H N H E U F A Q O R T S
P L L G C I J R L R J V O T E
S W F Y S S T S Z K V G L U L
E H J V I C R S N L E T E R K
H B X E G M I O U M X C T B C
C U A S T I Z T P A J M I I I
S L O P B K I K R B H R M N U
R J Q A H T Y X O O I E P A B
O D L A L F A R O M E O A U S
P O O R F G M X I C M N L K Q
S C I N O S R E P U S T A I F
```

- ☐ Chevrolet Impala
- ☐ Porsche
- ☐ Jaguar
- ☐ Buick LeSabre
- ☐ Fiat Turbina
- ☐ Alfa Romeo
- ☐ Austin Mini
- ☐ Fiat Supersonic
- ☐ Porsche Spyder
- ☐ Vespa

# New Technology 1

```
E I X A J L N F U C Z G X W J
N G M I C R O W A V E P P Z X
E K L S G Y A V X P Y I H C F
L T B H M N I R N T C K Y P F
Y W V S U N S X P Y V O O F F
P J F T U L R H Q Z L I E C W
O F T O G N A R T R O F Y F L
R H T H D V R V O M P K M G A
P Q S A T E L L I T E O Y L B
Y D P X N O N S T I C K P A N
L Q G T F A R C R E V O H L S
O C Y D K Z K Y S C I F F R X
P M R E B I F L A C I T P O J
V J F S U P E R G L U E L J E
T C R E S A L T S R I F J F L
```

- ☐ Optical fiber
- ☐ UNIVAC
- ☐ Hovercraft
- ☐ FORTRAN
- ☐ Polypropylene
- ☐ Satellite
- ☐ First laser
- ☐ Super glue
- ☐ Microwave
- ☐ Nonstick pan

## New Technology 2

```
F B A L V A N X S X A E Z U J
D X A R X W P A C E M A K E R
F X D R P Q A D G B W M G O H
B Z C R C I Z T Z Y G Y K Y J
D F S Z T O H O H H A U H R D
J P O G V U D C G I A G B E W
B O V R T V H E O G M M S T Z
A P A S S E N G E R J E T T I
Y Q X O B K C A L B C L P A C
K C R E D I T C A R D I T B M
H K P M A Z U P M D I T M R V
R E Q K C P H U O B E P L A H
C S I D D R A H D K J U C L Z
M D H B B X C D E I W U T O R
K L E B O K V W M I X L N S H
```

- ☐ VTR
- ☐ Barcode
- ☐ Passenger jet
- ☐ Solar battery
- ☐ Modem
- ☐ Credit card
- ☐ Black box
- ☐ Hard disc
- ☐ Pacemaker
- ☐ Microchip

## Culture and Beliefs

```
D U J I M S I L A R E B I L H
F R A I Z U D E B U V I Z O Q
L I X E V A N G E L I C A L I
Y T I M R O F N O C N O N N Q
S O C I A L I S M A O H D B T
J Q Z P B I G E K T C I E T N
P R C P Q D M I C M V L Z U A
U N K G O E V M O I D G C V T
F A R Z M P X Q D P R A A K S
Y S K P I Y K U T J T Y D R E
S F K G J P A P U H E W R J T
G C K S M L V T O I J W L J O
Y E D Y I N B L N S S E I R R
R Z I S P L I U I F I H S S P
B G M A K C D P U N H N V W H
```

- ☐ Pop
- ☐ Catholic
- ☐ Socialism
- ☐ Liberalism
- ☐ Jewish
- ☐ Individualism
- ☐ Non-Conformity
- ☐ Protestant
- ☐ Evangelical

Summer activities

```
W B O D R I V E I N M O V I E
C Z Z X M I M D R L L R T B F
E N G B E S G K X A I F B I S
R O V G P T L B B X D Z E C E
U I C S V F P G N S M I H R L
A S I Z P F S T N G P O O L W
J I N D C E A J N S O H B D D
X V C S A I E I B L S Y H N T
C E I K G L V H D E T E G D Q
I L P Q Y I H A K Z L N L G O
D E T Q R O N A L P I S W W C
X T O D D C L F S K C E N V J
D M S H E E N U I T I X X J I
V U T R H X L B M B C Y Z Z X
Y T R A P L I A T K C O C O Q
```

- ☐ Picnic
- ☐ School dance
- ☐ Lakeshore
- ☐ Drive-in movie
- ☐ Television
- ☐ Pool
- ☐ Driving
- ☐ Radio
- ☐ Biking
- ☐ Cocktail party

## Winter activities

```
T N B M Y N A M W O N S Z T W
Z K W J X M Q X S N S F G X R
Y A H Q J U C O K G F O U A M
A M E F S C L E O N J R D K E
C Q B S K Z H P O I G I X W Y
V B N A A Z U Y B D O O B N K
I G K F T O T C F D Y J W E H
Q N B H I W O R C E W D Q I S
L H V U N H N L O L U Y N S U
D X I W G O Y R P S F N I T U
W S N O W B A L L F I G H T M
M K H A V H C L G N I I K S F
B O A R D G A M E S Y J G I P
E K N O I S I V E L E T N F Y
S Q R E A D I N G C O M I C S
```

☐ Sledding  ☐ Radio

☐ Snowball fight  ☐ Snowman

☐ Books  ☐ Board games

☐ Skating  ☐ Skiing

☐ Television  ☐ Reading comics

## Spring Activities

```
P G N I K I B T E E D F X W H
G D S T G Z I E H S O Z N I K
L K K B H M E U M O O T K Y L
G F Q X K Y T D T P E I T Z Q
C C X D Y U U B K F N Z M N E
C M W N P U A B S G E N Q T W
T N U H Y L F R E T T U B Q B
T P Y Y L C I D R F L T H F Q
R O T C I N C I P G N I R P S
S R E W O L F G N I K C I P Q
M I B R W R O A D T R I P O A
B O B E O R O A Z X S N L N B
E N B E I V O M N I E V I R D
G N I N E D R A G O W C H S D
G N I Y L F E T I K L N U B F
```

☐ Drive-In Movie   ☐ Spring picnic

☐ Football   ☐ Picking flowers

☐ Gardening   ☐ Kite flying

☐ Road Trip   ☐ Hiking

☐ Butterfly hunt   ☐ Biking

## Fall activities

```
B Y T B L X W Y N G L B T V M S
E Z A M N R O C N I N U R N U F
Z D V W W Q T C S G Z T R O Y U
G Z R M Y S T F A R C E T W Z F
V N E O F Y A X N L C L R H A K
K J I C A Q I U H N O X C L D K
R V M K E D V L A I O A L X H M
U Q Z H C B T D M O K F O U A C
B P Z N H I L R X P E C K O L L
W B J H H O P H I S O D C J L P
Y N M I O S F E T P B T I A O N
K M S H S J Y I L A T L N W W M
X E C E R C V L K P M T C E E I
C S S K G A F I E S P W I Y E J
A Y M B L C N T E V I A P Z N P
W L K T H G I N E I V O M N M U
```

- ☐ Fall festival
- ☐ Movie night
- ☐ Crafts
- ☐ Road trip
- ☐ Apple picking
- ☐ School dance
- ☐ Fun run in corn maze
- ☐ Picnic
- ☐ Halloween
- ☐ Baking

Famous People

```
R O L Y A T H T E B A Z I L E
N T O D R A B E T T I G I R B
E O K T U P E B U Q Y N B K R
O X B Z J G A X K C K L C T L
R K W A L T D I S N E Y B M T
N P H L C C Y V C O D T F P J
O Z O Z A G R A C E K E L L Y
M A R L O N B R A N D O U A G
N L A C W U W B W J T O J I B
Y A A V C P E P D P J Z O M N
L P R E N Y A W N H O J Z Y A
I F U A R T A N I S K N A R F
R X O V S O P H I A L O R E N
A Y E L S E R P S I V L E L V
M G B Y Q Q F F R P E C Z A O
```

- ☐ Marilyn Monroe
- ☐ Elvis Presley
- ☐ Frank Sinatra
- ☐ Sophia Loren
- ☐ Walt Disney
- ☐ John Wayne
- ☐ Grace Kelly
- ☐ Elizabeth Taylor
- ☐ Marlon Brando
- ☐ Brigitte Bardot

## Decoration

```
R M M E G G Q W E M N L F N V C S
R N O S I H S Z C F Y N H D S H L
Z R N F N P N L T I H O P J G E A
E E L L G Y J S O L S S J C A C R
E T G O H Y V R P S Y U W V A K U
S T B R A X V A M R C T S E G E M
R A Y A M A R F G T U R R N R L
E P N L V V G K N T H I E R T B A
Y T U P A Z O R I G Q A Y I P O R
O I R A L B V Z L V Q J O A H A O
F U T T A P M F E D D B F H D R T
R R A T N W G N N W Q D K C Q D S
E F D E C D I N A I U N S L M F A
W Q K R E E G B P J F S A Y G L P
O S X N S N C A J O T C M N K O W
L R I Q R J N Z J V S P A I K O X
F Y S T O D A K L O P X D V D R X
```

☐ Flower foyers  ☐ Polka dots

☐ Paneling  ☐ Checkerboard floor

☐ Floral pattern  ☐ Gingham valances

☐ Damask foyers  ☐ Fruit pattern

☐ Pastoral murals  ☐ Vinyl chair

Toys 1

```
O K V S M C O R N P O P P E R
X Z Z I R H S L I N K Y D O G
S R R B P O N H G C R F F E N
S Q E O O W E D W A O T R K O
I R M Y T D H A K N O T V G G
T E K Y A Y C Y B D Q G I S X
J H C Z T D T Y A R U X X Z L
P X I W O O I W R X P B Z K L
Z G T H H O K K B T L B X T O
X L S A E D N A I J A H E R U
O A O E A Y I C E I Y U Y V I
B C G I D T T A Y D Q V S U
N U O J L E N T X T O Z Y P X
Z U P R O W H F H L H T X I M
U D I J K Z W Q Z E W E D J N
```

- ☐ Barbie
- ☐ Play-Doh
- ☐ Mr. Potato head
- ☐ Tin kitchen
- ☐ Tonka
- ☐ Slinky dog
- ☐ Howdy doody
- ☐ Corn Popper
- ☐ Pogo stick

Toys 2

☐ Doll  ☐ Gumby

☐ Hula hoop  ☐ Etch a sketch

☐ Silly Putty  ☐ Chatty Cathy

☐ Matchbox cars  ☐ Wooly Willy

☐ Colorforms

## Toys 3

```
R D E B J T H F W B T R K R R
O A S E A I I O A R V C L V O
B Q U A S R L N M C C T C F T
E J O A P H B E K I L O T J O
R E H C I H M I P E W N Y D T
T K L P N T Z M E X R O A Y O
R B L N N V A V M D V T V I P
O V O Y I Y O Y O A O F O C T
B Q D O N K E Z Z V U L K Y O
O W N S G K H P R Q B C L V Y
T L I T T L E P E O P L E C I
O F Y O O M E E B S I R F C N
Z S Q Q P L D M K W W U I T B
W S H M C R X N V K I F X N O
M O E E E N U T A L L U P C X
```

- ☐ Yo-Yo
- ☐ Tinker toy
- ☐ Frisbee
- ☐ Pull-a-tune
- ☐ Robert robot
- ☐ Roto top toy in box
- ☐ Little people
- ☐ Barbie doll
- ☐ Spinning top
- ☐ Doll house

## Sports 1

```
P C Q C Y S X E Q G T K F V G
Y K Z R I P S E G A E W I R F
Y Y D Q F N N E P Q D K G B B
G I G X F F T N H L W Y U A T
P T D N Z H B R Z C G T R S T
O U N K I N J G J N K P E K E
M V M N O C G N I X O B S E N
P H P C H U A C T K N X K T N
K Y V V A N A R R J F F A B I
Y G F X Y R R G E H N V T A S
H O S C O A Y K N S X X I L R
Z L I T Z S R Q O I R M N L J
M F U X K I V Y O B W O G K A
F A V W Q I T I V B J O H J Q
O L R E C C O S T X S Q R Q M
```

- ☐ Boxing
- ☐ Basketball
- ☐ Horse racing
- ☐ Soccer
- ☐ Chess
- ☐ Golf
- ☐ Tennis
- ☐ Rowing
- ☐ Figure skating
- ☐ Auto racing

## Sports 2

```
A H O V W S U M G Y G A I C L
Y B G U R Y S Q X B N Z W Q K
H O C K E Y A F X O I M K C A
O I I B U I Z U N T I Q L R T
L L A B T O O F O J K J V I H
N F R I O S B M T V S E K C L
Y Z X J B H C V N F U J L K E
K C D O B B F S I I O D J E T
N A E K V W W C M O F P T T I
U Y O M M I T H D E A Q X K C
R E C C O S V S A I P Z F G S
Y B N D L A T V B E L V V I D
M G B S P E E D S K A T I N G
N D H N V R J J F U N L C U S
I U J W M X L L A B E S A B Q
```

- ☐ Baseball
- ☐ Football
- ☐ Skiing
- ☐ Badminton
- ☐ Athletics
- ☐ Cricket
- ☐ Hockey
- ☐ Rugby
- ☐ Speed skating
- ☐ Soccer

## TV Shows 1

```
Y S K O O R B S S I M R U O C
T H E L O N E R A N G E R X G
D H R O Y R O G E R S S H O W
W H E R E S R A Y M O N D F Z
O V T H E C I S C O K I D I L
Y C A R T K C I D U O Q U F W
A I S K Y D G M R G L M Y A C
E D B P W J L F M G Q C Q R G
F V W W G X Z J F B U O W F X
U V B Q Q C J W P L D J A X W
S R E P E E P R E T S I M X E
R B K C I R E V A M B A K O X
S W O H S F O W O H S R U O Y
X R J I Q L Y A C X W E J S S
E E N Z I P V W T H E Z R Z X
```

☐ I love Lucy  
☐ The lone ranger  
☐ Roy Rogers show  
☐ Your show of shows  
☐ The Cisco kid  
☐ Maverick  
☐ Our Miss Brooks  
☐ Dick Tracy  
☐ Where's Raymond  
☐ Mister Peepers

# TV Shows 2

```
A Y O U R H I T P A R A D E M F
S R E N O O M Y E N O H E H T O
Q Y D I A U W U J V G O C V F G
E L L R K X B O D B K Z H U N U
M K S J A Z Y A Q D H Z E H K Z
A I O T L G K H Z K K G Y H I H
K H E M C J N A I I M B E T W R
N W Y R S V E E A W B O N J R K
O Z B J U N B W T M G N N L G W
E V Q O U O U A G N C A E H F U
S Y C X W W Q G R H J U F E Z L
F A T H E R K N O W S B E S T D
W O H S Y R T U A E N E G E H T
Z J R Z N A O J D E I R R A M I
C E I G R A M E L T T I L Y M L
T H E A L A N Y O U N G S H O W
```

- ☐ Gunsmoke
- ☐ The honeymooners
- ☐ Father knows best
- ☐ Dragnet
- ☐ The Gene Autry show
- ☐ Your hit parade
- ☐ Cheyenne
- ☐ The Alan Young show
- ☐ My little Margie
- ☐ I married Joan

Brands 1

```
A M L I T T L E C A E S A R S
R A M O N O S S M A I L L I W
V G V F Y Z E M T T K P S X X
L S G U G G A N Z T E T O P O
D E N N Y S A A V S U Q Z H K
Z G J S G U W G F N O K M T I
W R V Y T B G J O V L D A M Q
A M X H O L I D A Y I N N W D
Z U B E K C N O B G V Y D M O
F S N C O I G R M Z K G V Z F
Q H D N K H B P P P H I H B S
Q H A N H C K E T E T T P D Q
P I U G H U S H P U P P I E S
R D B U C N D I C A G I V A J
S J T D H R H V F C L A J K S
```

- Dunkin' Donuts
- Denny's
- Holiday Inn
- IHOP
- Hush Puppies
- Cagiva
- Conair
- Little Caesars
- Ganz
- Williams-Sonoma

# Brands 2

```
G G L N U S K C O L B R H W L
U E Y A L N C O R R A B S J Z
I E E T F O S R E T S I M G O
T R A D E R J O E S D N C B P
A D N I E V I R D C I N O S P
R Z Y Z X U Q Z N P M P I U C
C N B T U H A Z Z I P H U A X
E R T E Z V D G M T J I B M K
N I F U L Z O L Y O I A J W F
T Y Q R T R Z M K V S W K N N
E R D O E Y A M J S B C A K B
R I H N M M J Z E P J X M W D
M K J I S A K N J G J F M T W
K E J C Y S P A T K R A B T Z
P R Z S R R Z I V I J N U T S
```

☐ H & R Block  ☐ Sonic Drive-in

☐ Euronics  ☐ Cabasse

☐ Sbarro  ☐ Pizza Hut

☐ Trader Joe's  ☐ Gorenje

☐ Mister Softee  ☐ Guitar Center

## Interesting facts (fill in the blanks)

```
U D F T F O Z R J U W W D C Z
R N U N G W E T C R G V R M D
W Z H W Q G E C D J O E E H M
L E V L R O S R I M I D A L Y
L R C U U T T E S N D I O A S
U G B I Q C A D N L M S Y M T
D F M O H T B I E V L C D V Y
O L Z Z W X L T Y Q Q O E I T
F F A M L H I C L O Q V R O U
Y Z G H A E S A A N J E E G O
I L F L L S H R N F U R U K J
Y L E W U K E D D E E E Q Z U
X O D H H N D Y U A H D N Y T
J D L S N Q N T Y V E T O L J
E O F N K W C C E D C F C U U
```

☐ ___ dinners were introduced on 10 September 1953. (TV)

☐ ___ was opened on 17 July 1955. (Disneyland)

☐ Rock and ___ was born in the early 1950s. (Roll)

☐ Everest was ___ on 29 May 1953. (conquered)

☐ NASA was ___ on 29 July 1958. (established)

☐ ___ King was born in 1953. (Burger)

☐ ___ Hoop was invented in 1958. (Hula)

☐ Barbie ___ debuted on 9 March 1959. (Doll)

☐ First ___ was introduced by the Diners' Club, Inc., in 1950. (Credit card)

☐ DNA double helix was ___ in 1953. (discovered)

## Quotes 1 (fill in the blanks)

```
O F D A F F D Z H I G S M D B
A V P M R X D M K U W K V U Y
O C O P A C E T I C L D J V T
M S T U P I D H V S S I D X Z
K G I D U O Y L K W E A A G H
K Z R A C K G B Q I I T A I X
R B N M U C H Z P L R V H M Z
Q F D O Y D D A D U R J S Y A
I E V I H X F Z I B E K S D P
B G O C R B D N E R B M L B S
Z K U P G X Z Q C T F N L W M
I Q K R S H A D E G J O G N M
T O E U I L A T X Z O D L U G
A M G R F N D Q N C D V Z H G
P S N F N U G U J M Y S E L F
```

☐ "Hey, _____" (Daddy-O)

☐ "That razzes my ___" (berries)

☐ "Fear is ___. So are regrets." (stupid)

☐ "Made in the ___" (shade)

☐ "That's the living ___!" (end)

☐ "I restore ___ when I'm alone." (myself)

☐ "Everything's ___" (copacetic)

☐ "___ Dig?" (You Dig?)

☐ "You're a ___ cat" (cool)

☐ "___ A-Ding-Ding!" (Ring!)

## Quotes 2 (fill in the blanks)

```
A G G M H J I X E T L G K Y H
K R R Z Z Z W I I O J K F S W
Y P V I O Z W W Z G C E C E K
U E W G N T T K O P D S Q P N
A R D R T H S C L B O F P L E
B F T B V E Q M A I T O C D F
I E Z U J Y Q Z R S M N J O W
G C U R A X P N N F K A A T P
L T T N D O Z W D R Z T M W O
K V H Q X S P I Q Y Z I O A Z
V A U N Y B L O O D E X N K B
K J C V N C Z Y H E E V A H Y
A N E O L T Y C L M U W V N R
A X Q D Z S U P G G T R Q L X
G V L P N X Z I F X T R A P A
```

- "Well, nobody's ___." (perfect)

- "I ___ gravity." (defy)

- "Let's ___ rubber" (burn)

- "That was a ___ tickle" (big)

- "Tell Mama, tell ___ all." (Mama)

- "You're tearing me ___!" (apart)

- "___ makes poor mortar." (Blood)

- "It's all make believe, isn't ___?" (it)

- "They abide and ___ endure." (they)

- "I just ___ to be wonderful." (want)

Style 1

```
H G E M B T M J Y J V U Q B F
Z J I G P Q E L A U C Z D R J
U S Y Y K O O L C I H C W F R
N Z B O V E J Q N D Q E O Q D
A Q M C B R S W W J X S M K R
M B W P V Y U Z L D U C A L L
O E C O V C D C Q A H H N Q L
W A W O V U U D N P I G C I L
E T L D P I B N E N T F A M A
V N B L V Z N G H T F T S S H
I I P E G F A T N Y K U U L T
T K J C I F O I A C Q G A N Y
C Z B U Z U O H U G N I L I Q
A B E T S B Z D Q Y E J T B S
I M J W B O H E M I A N L G U
```

☐ Curvy  ☐ Chic look

☐ Teddy boy  ☐ Duck tail

☐ Woman casual  ☐ Active woman

☐ Poodle cut  ☐ Vintage

☐ Bohemian  ☐ Beatnik

## Style 2

```
N I P O P D N H C F G M S D M L E
O F E V B W T Q C C N E T T I V O
I I N K O L P M C P A X I J X Q Y
H A C O U A I E K B I S G Z B H N
S F I L F M T L G E I Q W J T T Y
A Z L G F R D X N D A Y F Y F J X
F K S X A O K N S L W O U W M U R
Y R I U N F B M R K A S K U G W U
L F L W T H S E J T H W O P X D O
L X H N H J K N Q E E R O D L J D
I I O C E J H S V V Z D L H V S A
B R U W Q O G C H U V L N A F F P
A C E G D P L A C V M P O L V T M
K G T X H B S S D W C I M C Q N O
C R T G Z E V U O N Y X M X R V P
O O E Q S G G A P F Y I O A G M J
R V S B U Y H L R D A E C O U E I
```

☐ Pencil silhouettes

☐ Hawaiian

☐ Pixie

☐ Common look

☐ Formal

☐ Bouffant

☐ Rockabilly fashion

☐ Mens casual

☐ Pompadour

Style 3

```
K E R V S D C G E A Z A L C Z D A K W
O L L S D I R H I Q T P R R B Q A O M
O Y Q P N E L P E O C O L K W M Q O S
L T O O A Q Q U G K J S O S D M C L V
R S T R N W L E K F S O N Z O Y M G B
E E A T H D U H Z E L B M Y L Z H N J
S R F S A Y Z D R E F G Y J G V X I X
A U Q T F X V D U D K Z L D Z O X N S
E S V Y W U L G A I V C M V J M A E P
R I G L T D A O K W I W V O Z V Q V J
G E U E N E D W V F K J U P T Z V E O
H L C R L P O M B O O L L Z J L L L W
M R I Y X E H N G T H G U N Q V Y A G
H D V A Q V O X M L Z E Y F U H O M Q
F I Y I N F J Q B O V C W C W F D R Y
E T T E U O H L I S S S A L G R U O H
S T W K B I L L O W Y S K I R T S F U
K K I C O N T I N E N T A L S U I T W
W G V K N U R T S T N A H P E L E A J
```

- ☐ Dirndl dress
- ☐ Ivy League look
- ☐ Greaser look
- ☐ Billowy skirt
- ☐ Sport style
- ☐ Elephant's trunk
- ☐ Leisure style
- ☐ Hour-glass silhouette
- ☐ Continental suit
- ☐ Formal evening look

## Newspapers

```
C I M W C D D C O P D Z T I A C
R F B U O J P M X D C Y H S H V
Q Y V T H E P E O P L E E M A N
U R R I J Y V W Y E P Y G V A U
Z K F D P B J O U T W H U T D S
L I A M Y L I A D E H T A H M A
R Y K R K V U D V C R J R E T N
X V H N L B G U R Z F D D T P O
R O R R I M Y A D N U S I I N Z
D S U N D A Y P O S T S A M J I
B D B S F H C G T C D Q N E B R
I J P R T Y V A C S M F X S W A
H P A R G E L E T T S A F L E B
H J N O R T H E R N W H I G P R
D W H I E J Q L F G S P D N H W
E V E D N A A I N N A T I R B Q
```

- ☐ The Guardian
- ☐ The Daily Mail
- ☐ Sunday Mirror
- ☐ Arizona Sun
- ☐ The Times
- ☐ Belfast Telegraph
- ☐ Sunday Post
- ☐ Northern Whig
- ☐ Britannia and Eve
- ☐ The People

## Magazines

```
E H S A H T Q X E H R W X I I C A
L A P B O E W R U Z J S E Q J I G
D Y O B U P I T G C Y D H D O L N
H R R O S C F H O I E F X H C B R
E U T S E L U E V F Z F G F Z U I
H C S E K N G N H T T Q M K I P B
R R I L E X Y A S N E W S W E E K
I E L L E O K T I A R N J U O R H
B M L E P D S I T R A L J Z Q W J
O N U S I Y C O I U N N Z O I E G
R A S I N T A N R Y C K O O L N F
W C T O G X X X B O B X K O X E H
T I R M P C P E F A X B C C N H W
J R A E Y U E K Z S F H Y B V T G
X E T D H D D F S E M D A X A B I
X M E A E Y Q W I F P I F W K L H
V A D M D U C U G L D V H V S L Q
```

- ☐ Life
- ☐ Look
- ☐ Housekeeping
- ☐ The nation
- ☐ The new republic
- ☐ American Mercury
- ☐ British Vogue
- ☐ Newsweek
- ☐ Sports illustrated
- ☐ Mademoiselle

# Books 1

```
W B Y K H W T F Q S V K A X F M T R
J Q P F G X H P N M U I P X Y T H N
A J Y M A A E K S O L C V B F H E O
T H T P X O C T D U Y S O S R E O S
L S R T N G A L L R H Q R S S C L E
A S A Y Z A T A A M A K V J W A D V
S U P Y S V C S F A Z F Z K H T M I
S I A V T I H F Z N K B F S S I A T
H U L G C H E O C I F H Z F L N N A
R Z L I T Z R E C N O X I Q I T A N
U V A R T R I C S H R S M G R H N A
G A F O Z O N I M A I Q F J L E D F
G E S B Q T T R I V R V G F P H T O
E F G O X C H P D A X J A R Z A H S
D U N T L O E E K N I J J Q D T E E
J P I L Y D R H W A I F N Z N H S T
C I H E A Z Y T N P A P N L I E E O
S X T V E M E K A O H P W F X J A N
```

- ☐ The Catcher in the Rye
- ☐ Notes of a Native Son
- ☐ The Old Man and the Sea
- ☐ Atlas Shrugged
- ☐ Things Fall Apart
- ☐ The Cat in the Hat
- ☐ Our Man in Havana
- ☐ The Price of Salt
- ☐ Doctor Zhivago
- ☐ I, Robot

Books 2

- Invisible Man
- Lolita
- On the Road
- Siddhartha
- The Daughter of Time
- Casino Royale
- Lord of the Flies
- Exodus
- Waiting for Godot
- The Price of Salt

# Innovators/Inventors 1

```
C Y U V D P J M M E X N G R C W
C L L R K F O K Z R H R A I C I
H G P E T D S P W I Z Z N C U L
A R W V T S E D Q O R O G H K S
R E O L S R P U W G J J S A W O
L G J I R E H L G E N L K R D N
E O T S B Y W K H R G O P D Y G
S R X D U I O B I G G E C K P R
G Y W R J U O S A C M P A N K E
I P S A Z S D I C R H R H E O A
N I V N F R L W J A D I S E S T
S N A R A M A N C M K N A R F B
B C Q E M P N H Z T U X S B X A
U U U B N O D J L Y I Y M P I T
R S C R A R T H U R M E L I N C
G P D E E H O R T O N E F R C H
```

- ☐ Frank McNamara
- ☐ Charles Ginsburg
- ☐ Gregory Pincus
- ☐ Marc Gregoire
- ☐ Wilson Greatbatch
- ☐ Richard Kneer
- ☐ Arthur Melin
- ☐ Bernard Silver
- ☐ Joseph Woodland
- ☐ Dee Horton

# Innovators/Inventors 2

```
P C M R V T O H M W X N M J V
T I Y U M L V Q W H M F M G N
A T T A N O I L U G W Y H T E
Z L Y L E W H E W I T T L I C
V E U G E N E P O L L E Y N P
R N A V J O N A S S A L K N W
A G T T N V Z B J U X M V L N
B G E R A L D P E A R S O N D
I Y X R E L D N A H H T U R I
N D A V I D W A R R E N Q S Z
A W M S X H R D C K G H I X N
R E V O O C Y R R A H S V Q G
A E C Y O N T R E B O R P T F
Z P L Y B B I K K C A J K P N
L D B T R T T Q N C X O M S O
```

☐ Harry Coover  ☐ Gerald Pearson
☐ David Warren  ☐ Jonas Salk
☐ Robert Noyce  ☐ Ruth Handler
☐ Jack Kibby  ☐ Lew Hewitt
☐ Eugene Polley  ☐ Gulio Natta

## Basketball Stars 1

```
T K N W F R O L S Q J P N T V
R L B I L L C A L H O U N H H
J A C T D F Z O D O X D W N M
I I M W A Z A X G N A H V A A
M O V E R N M I K K E L S E N
P E N A L Q W Q M Q O N L S N
O B O E K B O B C O U S Y B U
L O M A U R I C E S T O K E R
L D J T F R T W J A F R Z P Z
A W Q H F R E D S C O L A R I
R V T B T I V X S D M T J H I
D T O M H E I N S O H N P J Q
C J N A L A N S A W Y E R J Y
T S F L N A K I M E G R O E G
N A B A R I E L M A U G H A N
```

- ☐ Vern Mikkelsen
- ☐ George Mikan
- ☐ Maurice Stoker
- ☐ Bob Cousy
- ☐ Tom Heinsohn
- ☐ Jim Pollard
- ☐ Bill Calhoun
- ☐ Ariel Maughan
- ☐ Alan Sawyer
- ☐ Fred Scolari

# Basketball Stars 2

```
J G V Z Q O G W V Y J V P P A
A F T P U E Z D M E L B N T R
C H A R R Y G A L L A T I N N
K W L K R B Q S P D N R A D I
C S E T E N E T K R Y E L M E
O E O D K C T T H A P D E K J
L I B Z R H F S V Y B H P X O
E V A Y A B B U E E Q O A R H
M A R O B T Q O L G H L V Q N
A D N O F I S F U R A Z U D S
N B H M F J O Y K O V M D E O
N O O U I V J R Y E W A O P N
Q B R X L W Y R U G Q N P D V
V D S F C M V A V O F Q R E Z
Z X T A J R A L P H B E A R D
```

- ☐ Harry Gallatin
- ☐ Larry Foust
- ☐ George Yardley
- ☐ Bob Davies
- ☐ Jack Coleman
- ☐ Red Holzman
- ☐ Arnie Johnson
- ☐ Ralph Beard
- ☐ Leo Barnhorst
- ☐ Cliff Barker

# Basketball Stars 3

```
G A G N A R G F O L B O B T U
N O L L D N A L L O H E O J Y
G A B E G Q U S U G O M O E L
F F M S X Z Z N B X P Y J A
L C A R M G E W I B L Q K J V
X Z I F A P R L I V D E S K N
N A A U I H L O A N V Y G Q E
R H V R O C S D Z C M M S T L
C F E G L H N L P A X P B K S
Q K O O V V T E L W O Y V G O
E U S H S F P F I I W F C C N
R S Z R E Z N A W Y B B O B B
E E D M A C A U L E Y A G N O
B B R Y J Q K I X K X F D V B
C B R L A T E R M A R T I N B
```

- ☐ Bill Sharman
- ☐ Ed Macauley
- ☐ Bobby Wanzer
- ☐ Later Martin
- ☐ Nelson Bobb
- ☐ Bill Closs
- ☐ Leo Mogus
- ☐ Alex Groza
- ☐ Joe Holland
- ☐ Bob Lofgran

## Basketball Stars 4

```
F D P D J S L A B W Q H L L I
O B W P A U L A R I Z I N O N
Q F F R A N K K U D E L K A P
R B J E M Q R N J Q D H E I I
Y J A K C M N I Q V H H Z K L
L U I C W U J D Z U S F E V L
R E K L A W Y D A R B Q O I I
X A L Y R O B E C N I V U Z H
J E K A B O B P E T T I T I P
N A M Y W T K C A J E Q G W Y
S M C R O Z H C C S M U E N D
R E N D R A G N R E V B D P N
Z J O P A U L W A L T H E R A
Q X Z U M A Q M S R H S Y J D
S E M A L M C M U L L E N Q T
```

- ☐ Bob Pettit
- ☐ Paul Arizin
- ☐ Andy Phillip
- ☐ Jack Twyman
- ☐ Vern Gardner
- ☐ Frank Kudelka
- ☐ Brady Walker
- ☐ Mal McMullen
- ☐ Paul Walther
- ☐ Vince Boryla

## Basketball Stars 5

```
H Y E S M A R K N A R F D B E
L W N A T C L I F T O N M R C
S A S E Y A H C S H P L O D Q
B N P Z L O N E D Z K P C Y N
Z Z X N E I L J O H N S T O N
H A R R Y G A L L A T I N A B
Z N T N A J F Y L R H X L N E
L A P L Z Y I O I Y R N D M E
D D M X R J N U O X R I H F D
U A P K S K L U F E O J C P L
Y V M Z V M A H N O D B O B E
S R O L I A S Y N N E K O Y E
X Y I R J Z V E K X D E O T D
J T R E B L A H K C I H C X E
O K M M M N L L Z J F K L M T
```

- ☐ Dolph Schayes
- ☐ Neil Johnston
- ☐ Frank Ramsey
- ☐ Joe Fulks
- ☐ Kenny Sailors
- ☐ Bob Donham
- ☐ Ed Leede
- ☐ Chick Halbert
- ☐ Nat Clifton
- ☐ Harry Gallatin

# Baseball Stars 1

```
J A C K I E R O B I N S O N S
T V C B N F O B U S W N O D O
N P G G M X T U I X G A S T G
T Z I R Y D M D L V L M O E E
B P K E D B L A K E V E N D O
D I K R F O F U I P Y L I K R
V H O K N N J J L K T O M L G
T E D W I L L I A M S C E U E
W I L L I E M A Y S W Y I S K
B Q L C B R R Z G T X R N Z E
I O J F K E D F V V E R N E L
N I S A W D T D M G Y E I W L
J O H N A N D R E I H J M S D
P O I C I R E P A S I U L K E
E O R I U B A H P O B A I I H
```

- ☐ Jackie Robinson
- ☐ Willie Mays
- ☐ Ted Williams
- ☐ Minnie Minoso
- ☐ Ted Kluszewski
- ☐ George Kell
- ☐ Luis Apericio
- ☐ John Andre
- ☐ Ed Blake
- ☐ Jerry Coleman

Baseball Stars 2

```
C N A Y G M R N X J A J J A J
U O O S L Q V L Z D M O L O K
R B I L L E V A N S R C H F B
T W Y H O J L I V Q P N Z U O
S K N P G C Z S A C N U S F B
I C K C O Y G U O Y L T O O B
M X L R N I Y M A V W F L F Y
M G W Z V K X N A L I Y L L S
O I P U E L T A F C H D Y S H
N E A H B O F T J K D G D C A
S P C O N U L S M V F S R T N
E Z X E T Y B O D Y R R A L T
Y Y L D U Y O O K F O D K L Z
O L L I R U F L R A C E E Y A
I C D Y O G I B E R R A E K N
```

- ☐ Stan Musial
- ☐ Larry Doby
- ☐ Yogi Berra
- ☐ Johnny Antonelli
- ☐ Curt Simmons
- ☐ Bobby Shantz
- ☐ Al Corwin
- ☐ Solly Drake
- ☐ Bill Evans
- ☐ Carl Furillo

Baseball Stars 3

```
B K Q T B O S L G Y X E X J N
S A L M A G L I E I K J T N S
D G F X U C K Y V C A R X P X
U A L L E N A P M A C Y O R E
K W R T A C C A L A B R A M S
E G G T O N Y J A C O B S L T
S M Z L G H L X I D R P O R M
N L P G N I L P P A E K U L U
I B U T I D E L I G R B A Y H
D U O X U B M A D D K A Y N I
E E K B F Q N Y D A R B M I J
R H F N B O I R W W A I M S N
V V P G P O J B C W P W E H Q
O M I C K E Y M A N T L E Z U
H R E G T B Q D U C L H P T Q
```

- ☐ Roy Campanella
- ☐ Mickey Mantle
- ☐ Duke Snider
- ☐ Bob Boyd
- ☐ Sal Maglie
- ☐ Cal Abrams
- ☐ Jim Brady
- ☐ Luke Appling
- ☐ Tony Jacobs
- ☐ Eli Grba

Baseball Stars 4

```
R E A R L Y W Y N N F P E H D
E T V D U Z M K F E J P J C D
G Q S D E T N L B R R E S W R
L D E L F J H U L N S S O Y F
O F U N H Y N Z S I B B A O J
B G B K T U B Q L E O W A G E
M L I L E N W O R B L A H J R
I L O L C C V Q A A L W S R R
J E W M H C A N Y N M S I K Y
E B Q O C O D R N K J D V R C
Z S J O P E D T M S E G A C A
B U V T R J P G R E U G D Z S
T G P S H I E T E H L D B U A
V D O T F D J D T S E T O A L
E N F H H C I I S Q A X B Y E
```

- ☐ Ernie Banks
- ☐ Early Wynn
- ☐ Gil Hodges
- ☐ Bob Anderson
- ☐ Hal Brown

- ☐ Jim Bolger
- ☐ Bob Davis
- ☐ Jerry Casale
- ☐ Duke Carmel
- ☐ Gus Bell

## Baseball Stars 5

```
N U T U K A I Y S U V O K S W
Q A L M R C J R S R R V A Y E
S J M Z O C A N G A X M R D N
S N T P D N A L L M D U D E W
J B J I A V T P B E G I U S L
R B A U E H H E N E E V T X A
L J D L R K C T I M O Z Z J H
L X A I I I E M A R J J P G F
O T S N N G Z T A F V C Z N O
Q N E J T Z H E N S I I J G X
I R J E M E T K F L R S N T H
W X F R W Z H A N K A A R O N
G Y R S I E I R R U C L L I B
M F N N U D M I J B B D M O E
N R R H L G B C T O X O E S V
```

- ☐ Eddie Mathews
- ☐ Ralph Kiner
- ☐ Hank Aaron
- ☐ Joe Black
- ☐ Sam Chapman
- ☐ Bill Currie
- ☐ Sam Dente
- ☐ Jim Dunn
- ☐ Al Evans
- ☐ Monte Irvin

## Football Stars 1

```
V K U W M D K K S O V J Q J A I
K X R I C H A R D L A N E A O T
M M D R O F N E L E W A J C L T
P N N T V H R Z A I Q R G K L E
Y N H M N K X X T O P O O C E H
A X O D A F K W P L L L L H N C
L S M T B H L U Y E F V M R N R
E Z R E S T A T R I H L R I U A
L U X B S L O R Y U B P V S T M
A U O Q R L A M G W W N U T N O
R C W L W J T W F O H W G I E N
Y R R J B C R R Y E T R R A L I
U U T A N V L H V B A T W N M G
J E N Y A L Y B B O B R O S E I
G Q F A E S X L S H W O S E N G
V T H V T T L B C W L M B N O N
```

- ☐ Otto Graham
- ☐ Bobby Layne
- ☐ Tom Fears
- ☐ Bobby Walston
- ☐ Len Ford
- ☐ Gino Marchetti
- ☐ Richard Lane
- ☐ Jack Christiansen
- ☐ Yale Lary
- ☐ Emlen Tunnell

## Football Stars 2

```
R U M M H Y U V L F R O C W F
T A A R T D O N O V A N W Z S
D R O F F I G K N A R F Y M R
R O O S V E L T B R O W N R C
U E L R O Y H I R S C H I W J
E I E W I I F G M V A W O C B
E R A Y R E N F R O S P P V T
T R N V X V D X O C V J U B C
N I L K C O R B N A V M R O N
B T Z L L I R D O D E L A D E
W V L E O N O M E L L I N I R
W I L L S H E R M A N A P B D
Y L F D U Z T D V T I T O U L
O Y O R H A R L O N H I L L W
C J W Z Q M E H T U G N F G T
```

- ☐ Norm Van Brocklin
- ☐ Frank Gifford
- ☐ Elroy Hirsch
- ☐ Roosvelt Brown
- ☐ Art Donovan
- ☐ Leo Nomellini
- ☐ Harlon Hill
- ☐ Ray Renfro
- ☐ Will Sherman
- ☐ Dale Dodrill

## Football Stars 3

```
G R Y D M L R O E H K V Q O W
V P N C W Y A L U E N A F N W
S J N M U V D L Z E I U I I A
D I E G D F N I F R R P O C L
B M H E W B E E Q N B R T C T
I D L G R S G M P I Y D A U M
I A E T M G E A B E R Z N D I
Q V C X N S W T B S R F U N C
F I M W Q Z R S O T A E T A H
U D H N X P A O B A L V R B A
H H G N W O B N C U X S O O E
B R U H F D K Q L T V E F N L
K M H H I M C P A N E J E U S
A Q F Q F K I D I E A Y O R A
G I E E F Y D E R R L J J B B
```

☐ Ollie Matson  ☐ Joe Fortunato

☐ Hugh McElhenny  ☐ Walt Michaels

☐ Bob Clair  ☐ Bruno Banducci

☐ Dick Barwegen  ☐ Jim David

☐ Ernie Stautner  ☐ Larry Brink

Football Stars 4

```
N T B R O S E Y B R O W N F A
O E O G F J S D Q V N J U M L
R R B O A V I F A V T S E F A
M P B L L T E M G T D I P D N
V D Y E E J B L P O W G M B A
A J D G N D O A K A M X Y F M
N E I R N F B R Y N R O V R E
B S L O Y L T G O N U K L M C
R A L E M D O A H J S H E T H
O M O G O G N I E M H H S R E
C H N L O C E Q G R K J U Q K
K U C L R V F A Y V G R G T S
L F V I E H F J V Y D V I M C
I F U B J E Y K X I O O K W S
N M Z Y D I C K S T A N F E L
```

- ☐ Lenny Moore
- ☐ Alan Ameche
- ☐ Jim Parker
- ☐ Dick Stanfel
- ☐ Bill George
- ☐ Sam Huff
- ☐ Bob Toneff
- ☐ Bobby Dillon
- ☐ Rosey Brown
- ☐ Norm Van Brocklin

# Football Stars 5

```
P L C H U C K B E D N A R I K
S E O B I R B Y H S K A F U C
E A T I T D I M H C S E O J H
N L Z E W X N F E P X X J F A
O U B O P N S G U U F A T T R
J I Q A R I X X P K F U K Y L
B Z M E F G H V V B Z X R Y I
U Y Z K L T U O B R C R F K E
D L N H D F M O S L E F D H C
T G C P O C W T L P T N L E O
R A Y M O N D B E R R Y E H N
C S P H H R P O S J K J O L E
Z A Q S J Y J I Q H O B G B R
Z V J O H N N Y U N I T A S L
U F U P R E L T U B K C A J Y
```

- ☐ Joe Perry
- ☐ Raymond Berry
- ☐ Chuck Bednarik
- ☐ Lou Groza
- ☐ Joe Schmidt
- ☐ Jack Butler
- ☐ Johnny Unitas
- ☐ Pete Pihos
- ☐ Dub Jones
- ☐ Charlie Conerly

## Soccer Stars 1

```
J W O T T E N R O G I C A S L
O S C O R O G S O N A J P Z C
H H Y O P L J G B R U L O S O
N Z Z S X V E U D Z W N K A L
N J D Z L B R N U M E M D K I
Y I Y Q P C D R W C S E N S N
H R U E H M F D Q N E O O U M
A Q L Z J F Q A L E E L M P C
Y E M O F K Q C T Z L G Y C D
N Y U V D H F P D X E P A N O
E K R I W C O T S N R E R E N
S I S C O K R O D N A S G R A
V K A V L Z T I J W Y G K E L
L T I A C G K E S X D L U F D
R P P F A A D B Z S R I Y K X
```

- ☐ Raymond Kopa
- ☐ Pele
- ☐ Sandor Kocsis
- ☐ Ferenc Puskas
- ☐ Johnny Haynes
- ☐ Ernst Ocwirk
- ☐ Uwe Seeler
- ☐ Colin McDonald
- ☐ Igor Netto
- ☐ Janos Gorocs

## Soccer Stars 2

```
J H C C X G S S I A V Z Z A L N
G L I A J Y E T Z P O A J L W G
G E V R U U G A B F F Y W F V O
E N O R L L H N Q U Z T J R I Q
R N N A I A K L N E V Q B E J H
G A I G O G H E E N M I C D O F
Y R T E B R L Y R B H Z B O Z P
R T U S O O M M G O U Y Z D S L
R S L N T S L A R D T X K I E M
A K I A E I R T A Z U G S F Z
H O M O L C S T N B X C H T B M
P G S J H S U H N Q U T Z E O C
G L O T O P U E U K H G X F Z F
S U L C K U J W G P X K D A S C
H N I R L H U S B U V H F N I Q
Z D M O G W M M D Q F R X O K R
```

- ☐ Alfredo Di Stefano
- ☐ Stanley Matthews
- ☐ Gyula Grosics
- ☐ Jozsef Bozsik
- ☐ Gunnar Gren
- ☐ Harry Gregg
- ☐ Lennart Skoglund
- ☐ Milos Milutinovic
- ☐ Joan Segarra
- ☐ Julio Botelho

## Soccer Stars 3

```
I X E I P F P V E E Z R X W F
F L P P S V A H B D S L L L R
U S P P T A G W H U R F N A A
H E D A H L N X E A E M C D N
E N A N G E E C L R V I V I C
J O H A I N S W M D J R N S I
H J Z H R T I M U S I M Y L S
E N Z D W I M E T T R S R A C
G E N R Y N O T R R S C E V O
H K Y A L I N Y A E E Z S N G
U S B H L V S X H L E J U O E
H G F R I A S O N T K N U V N
D I P E B N O V L S M G E A T
K K W G M O N Z Y O P W Y K O
C W W O S V J L X V S R H I S
```

- ☐ Helmut Rahn
- ☐ Billy Wright
- ☐ Francisco Gento
- ☐ Gerhard Hanappi
- ☐ Eduard Streltsov
- ☐ Ladislav Novak
- ☐ Agne Simonsson
- ☐ Valentin Ivanov
- ☐ Kees Rijvers
- ☐ Ken Jones

## Soccer Stars 4

```
M E L O C I N O N U R B E Q L U
I S J E L O D V A L S I T E R B
B F J A Y O Q O J U S T X S M B
A T T U T I L A J O S T I C H Y
L H O R S T S Z Y M A N I A K S
A R Q C A T F V F I L C V K W L
B K Y Y G U F W Y B A G B B Z M
U Z E R A U S O T I S I U L O G
K Q J P V V K K N T K F I Q S R
O Y O W T G C C Y T Q A V C F G
L N F J T D M V Q T A U S T G R
Z B J K W X R C V F Z I M Y X Y
S C N A B J S N W J D W N R T I
A O X T J O H N C H A R L E S E
L P M I G U E L M O N T U O R I
W P B O P I V A N K O L E V L M
```

☐ Just Fontaine  ☐ Lajos Tichy

☐ John Charles  ☐ Bretislav Dolejsi

☐ Horst Szymaniak  ☐ Bruno Nicole

☐ Ivan Kolev  ☐ Laszlo Kubala

☐ Luisito Suarez  ☐ Miguel Montuori

## Soccer Stars 5

```
N G E O R G I N A Y D E N O V
I Z G X N N S N P X L G C E A
L U K R A M G R E B R A V R O
S T E L L A M A R I N O T N A
L D Y J F X X O L N E G S T T
I O U E L L I Y X N Y G R N I
E H I Y L E V Y A S H I N V R
D W Q H F N I R M A H T R U K
H G K A S Z D N U B O S Z E D
O D U N C A N E D W A R D S I
L I N O T N A I P R E G O R V
M T I V S X I Q J L X V V I F
R O B E R T J O N Q U E T H V
B K G O E D A J L T K H I J L
W H J Z Y G Q H W Z T G X W X
```

- ☐ Duncan Edwards
- ☐ Lev Yashin
- ☐ Kurt Hamrin
- ☐ Nils Liedholm
- ☐ Roger Piantoni
- ☐ Antoni Ramallets
- ☐ Dezso Bundzsak
- ☐ Georgi Naydenov
- ☐ Orvar Bergmark
- ☐ Robert Jonquet

## US Allies

```
B I M L Y N Q G F P Y J Q M G
K T Y A R Z D Q E J K I U X P
Y A I C E L A N D Z R P N Y Q
F L Y K D V M Y J T A A I N W
U Y P R V V U P B O M D T A X
A L F N P P I I U P N A E M S
B V R R O O G U P S E N D R T
T U A P E C L V I Y D A K E J
Y P W G O O E F T N Z C I G Z
E E K R M R B L O G Q E N T O
V Q B B N R T R H C P C G S W
S B Q L M X W U D B V N D E A
E Q W R C A E N G R Q A O W J
V R B E Y N O A U A C R M A B
W S Z G V T W S R X L F N V H
```

- ☐ Canada
- ☐ Denmark
- ☐ Iceland
- ☐ Italy
- ☐ Norway
- ☐ Portugal
- ☐ Belgium
- ☐ United Kingdom
- ☐ France
- ☐ West Germany

## US Enemies

```
L V Q O N O R T H K O R E A O
D H J F J Y L B A X I X M O A
B W Q H P Y V T M R Y X O W I
W R O M A N I A V Y L O E C K
A F H O N I Q A V N K A R Y A
R B R Q H F C E K O J J O N V
S U Z X D D H G T I Q C Q A O
A L Z D N R Z N H N A H A M L
W G B G A X I A P U I F L R S
P A K V L Y F N N T X A B E O
A R I P O X H O X E A G A G H
C I L X P R M A L I A K N T C
T A Y R A G N U H V S O I S E
S D H D U M L E L O V H A A Z
R K J D V K B X U S I L Y E C
```

☐ Soviet Union  ☐ Hungary

☐ Poland  ☐ Romania

☐ East Germany  ☐ Czechoslovakia

☐ Albania  ☐ Warsaw Pact

☐ Bulgaria  ☐ North Korea

## Board Games

```
A W F H D P L I J H L Y J B A
F E D J G N Z M K J L A T H A
R V A D T L A K B O F N I I R
I R M J L Z H L P Q K T M C N
C W A D D H Y O Y O L Z S Z E
A Q J A E O N J M D D B O J G
N J C R R O R E D E N E M Y X
T B I Z M Q L O G R A A U J W
A K F E L B H X X H P Y C L V
H Y F I B S M S K G Y C X T C
T D A A B W H J N Y A O W D I
I R R E H K W Y A H T Z E E E
L C T Y T S R H C R N C K W I
S C C T R I F O Y I Z G X N I
N R P S X R N A P R E T E P S
```

☐ Monopoly       ☐ Risk

☐ Cluedo         ☐ Why

☐ Candy land     ☐ Traffic jam

☐ Yahtzee        ☐ African tahti

☐ Scrabble       ☐ Peter Pan

## Best Selling Products

```
R R O C T C D K B M T V X Q F
C E I H X X O B H C T A M B K
A X D E N O N G H F V H V A F
V I A V E Z O P I G H M E J L
I M R R P D H O W W R K T G Y
C N T O L U E O R D Q Z Z T L
T E E L A H I H L T F B T L U
O H K E T S F A R C F U O Q I
R C C T S F H L T F P D P L S
T T O B I C C U R Y E F Y I M
V I P E R E D H L I V F H D S
M K Y L C D N L B R T V D R H
U B N A C P I R Z D N G O U Y
L O O I I S A K T Y T D H W Q
Q S S R B B D A Z T X A Z U T
```

- ☐ Barbie doll
- ☐ Silly Putty
- ☐ Sony pocket radio
- ☐ VTR
- ☐ Bic Cristal pen
- ☐ Hula Hoop
- ☐ RCA Victor TV
- ☐ Kitchen mixer
- ☐ Matchbox
- ☐ Chevrolet Bel Air

## Candies Invented

```
H  L  C  A  R  K  H  M  I  I  S  Q  I  A  Z
H  K  V  N  O  K  E  Z  J  P  E  Y  T  O  J
E  Q  R  F  H  F  O  C  E  J  H  T  K  C  B
O  I  D  S  T  R  E  C  R  P  J  S  Q  Y  H
U  N  S  C  D  A  O  R  Y  K  C  O  R  U  X
G  A  T  O  M  I  C  F  I  R  E  B  A  L  L
J  T  A  H  O  T  T  A  M  A  L  E  S  H  Y
E  F  R  F  G  D  C  V  O  P  O  X  K  D  D
X  I  O  E  J  W  D  X  X  N  X  J  Z  C  W
V  V  N  D  U  M  D  U  M  P  O  P  S  N  M
Z  B  R  A  A  G  F  C  M  G  T  E  R  W  P
G  V  Y  K  X  B  L  A  C  K  T  A  F  F  Y
E  C  A  L  K  C  E  N  Y  D  N  A  C  B  N
S  A  G  M  P  P  I  X  Y  S  T  I  X  D  E
S  A  T  E  L  L  I  T  E  W  A  F  E  R  S
```

☐ Atomic fireball       ☐ Pixy stix

☐ Candy necklace       ☐ Certs

☐ Hot tamales          ☐ Black Taffy

☐ Pez                  ☐ Rocky Road

☐ Dum-dum pops         ☐ Satellite Wafers

Movie Stars

```
N Z K T Z Q V A U J P D R Y A
U X K C Z U N X U O N A E O U
Y L M H I I O J G H V E P K D
L D K A L L C Q C N X N O M R
L E A K R C H X C W C Y O T E
E A V Y J I S I D A H A C X Y
K N O C A Y L C A Y C W Y D H
E M N E E G E Y O N G N R T E
C A M V U U G I N E Y H A N P
A R I T Y H P N T M R O G S B
R T K H W D J B I F O J U D U
G I C M V K Y S G D O N X L R
L N J T K C G K J W Q M R L N
T R A W E T S S E M A J B O N
R M A R L O N B R A N D O D E
```

- ☐ Marlon Brando
- ☐ Marilyn Monroe
- ☐ Audrey Hepburn
- ☐ James Stewart
- ☐ John Wayne
- ☐ Grace Kelly
- ☐ Kim Novak
- ☐ Gary Cooper
- ☐ John Wayne
- ☐ Dean Martin

## Important Dates (with events)

```
4 9 5 1 2 8 2 1 2 9 8 2 1 9 5
5 1 6 6 9 0 8 4 3 3 2 7 0 1 0
9 0 8 1 9 9 5 4 0 6 2 9 1 7 1
1 1 9 3 9 8 8 0 4 8 0 5 7 9 3
0 5 6 4 3 5 0 5 6 2 1 2 5 7 7
7 1 5 4 6 6 3 5 1 5 9 0 9 2 9
7 6 4 1 9 8 1 9 6 5 1 6 5 9 6
1 6 0 1 9 0 4 9 3 6 7 6 9 4 2
4 8 2 6 8 3 7 6 9 1 7 1 6 2 1
3 9 2 0 4 8 8 2 2 9 2 2 0 5 9
9 8 0 5 9 1 0 4 1 5 7 8 1 6 5
1 5 5 9 1 4 4 7 9 9 5 4 0 0 3
9 8 1 1 0 5 4 1 5 0 2 3 8 6 9
4 4 4 4 6 4 1 4 5 3 3 2 9 3 7
7 1 1 7 8 2 4 9 6 9 5 6 5 2 0
```

☐ 17 June 1950 (first organ transplant)

☐ 25 June 1950 (Korean War starts)

☐ 05 March 1953 (Joseph Stalin died)

☐ 14 May 1955 (Warsaw Pact signed)

☐ 01 November 1955 (Vietnam War starts)

☐ 05 May 1957 (launched Sputnik)

☐ 21 January 1954 (first atomic submarine launched)

☐ 31 January 1950 (Truman approves Hydrogen bomb construction)

☐ 03 January 1959 (Alaska becomes part of the USA)

☐ 02 June 1953 (Queen Elizabeth's coronation)

## Top Universities

```
D P A P X Q Y C P M Y O V R S P H G S Q K C C Z Q L
D I O F H N G L F F T I A B W T T O O Z Q A U W Z J
G T U O O U V R A L I L K G F I T M U P X L B I F X
A T I J U B F I V S S P J F O A T X T H Y I V B V Y
X S B E B Z W C Q T R W W K X R H S H V X F G E J Y
N B E Z Q L L H L E E Z H Q F C R C E P A O F D R M
I U M P V S C M C I V X M E O J E A R T J R Y I P Q
F R I U Y I X O B L I Y O W R Y G M N Y V N K N M K
A G D B A I H N Y I N N C D A R B A U T I B B C C
M H J S O Q Z D T D U J M T K Y M R R Z Y A J U W T
Z U I L J D Y U X M R P Q O N N J I K R T S D R M W
O N S J A J R N T V E S D Z Y X Y D A Q I T A G Z H
L I T H H O I I M O T E P B X V Z G N G S A K H N C
M V A G R K A V Q U E Y R X C P Z E S P R T S U B I
K E T E D T Z E B L X X R Y I V N I A H E E M N Z I
M R E K R I F R C F E H O U V X G S S U V U Z I G Q
E S U B V R C S X E M I T X M V I D U H I N T V H U
V I N U D A J I N K X K G O M B V Q N A N I U E W T
S T I C L L I T X D H Z A D H B Y F I Q U V U R O P
T Y V T F D K Y N V Z K X J Z B C K V T O E A S B I
C U E C J T W J O O E Q M S N V H L E W T R U I M I
K Y R M Q Q G N P J K W R E W Q F W R Q N S I T P M
V Z S Q Z U F H D R T C B D M N I V S U O I S Y A X
B S I W Q J A M Y W K C N A M G S P I R R T C J C U
X H T J X O D B N Q N S W W X B C D T U O Y M A G D
K Y Y R M V Z R F W Z E W V N D J T Y R T K P K C K
```

☐ Southern Arkansas University

☐ Richmond University

☐ California State University

☐ Edinburgh University

☐ Exeter University

☐ Oxford

☐ Cambridge

☐ Toronto University

☐ Bemidji State University

☐ Pittsburgh University

## Popular Drinks

```
E A N M I V S E A B R E E Z E
R L O W P C C Z I L L A O D Z
B O A T Z E Z H C N U P N I G
B C Z C G C U B A L I B R E E
U E V O D K A M A R T I N I W
E T I R G E S P U N E V E S Z
W I N J L L X I S P E P T E Z
S R I H A L O C A C O C E F D
B T T U N L S N X D G L R V G
J E R G H U N O T F M K T Q L
S I A W N Y W L L C C I P C G
Y D M X R C C O L A B B X D L
M W U K I Q R X O Q C F X Q Z
D K F S S K T I R D D V V D C
W W W Z F S C R Y X H L O G V
```

- ☐ Gin punch
- ☐ Coca Cola
- ☐ Martini
- ☐ Diet-Rite Cola
- ☐ Pepsi
- ☐ Seven Up
- ☐ Vodka martini
- ☐ Sea Breeze
- ☐ Cuba Libre
- ☐ RC Cola

## Water Sports

```
Y K N I Z S U R F I N G I M R
E B V O Y G G I Q O Q M P N O
F H K L F V N G N I M M I W S
I T M O Z M I I H U D P E T J
D H K P G B E I L C T R R I S
K Z A R X A O H O D O N B J L
R U P E S G N L S W D N B R K
W B Y T Z M A D I M W A G A P
N J W A U R C N N T S I P W N
S E Y W L S G Z E N S H S N W
U G L L G N I V I D N S S P D
A P Z K S L M J R M B R V J M
C U R R A C H R A C I N G V M
U U G N I C A R Y G N I D G Z
L W A T E R S K I I N G K A H
```

- ☐ Water polo
- ☐ Diving
- ☐ Swimming
- ☐ Rowing
- ☐ Dingy racing
- ☐ Currach racing
- ☐ Water skiing
- ☐ Surfing
- ☐ Paddling
- ☐ Canoeing

## Planes

```
X P H X T Q L X E R B A S F J
E J I C L H S T R A T O J E T
Y A N U A N R M B N E W D R M
L O C K H E E D U I V X E U H
S P R A N A N D G V X B E X V
S P T M U I X Q H D D O H B A
D F S A L G U O D G W E K U H
R B I J D B N G R K Q I C P C
I H I P N V H I V I D N O N W
B K T V X H A E C C L G L U F
K K I H R V O O D O O V Z C J
C W O W O E O J W V O H R J Z
A W Z C G D D L Z D Q Q Y U L
L E H C H M Q B U N L N R P T
B H S T R A T O C R U I S E R
```

☐ Voodoo ☐ Boeing

☐ Sabre ☐ Stratojet

☐ Douglas ☐ Covair

☐ Lockheed ☐ Lockheed

☐ Blackbird ☐ Stratocruiser

# Cold War Terms

```
E I L R A H C T N I O P K C E H C
C I T Q A K M L D H N V I V I Z V
O J W A L P G R E R P R T U D H E
M G V C I I S E G I O G K Y C T T
M V E I A K C T Y N I M U E E L C
U V R R H A W R C W O G N I W W A
N C C K R J R U D I O A G D L F N
I B O S Y X R P I Z T H S C R G A
S E M N X T M P B O E M V S C B R
M R J A A P N C D N L H V X U G R
A L B I M A D M A N T H E O R Y A
R I N U Q W E S I L G N H W E S C
T N R Q G U Q W X T I J S A Z S C
Q W W W O J Q H E P W P K A R A M
L A S P A C E R A C E L U P F B D
A L J M G C V W A R S A W P A C T
Q L D Z U Z X T M W X V U P S I P
```

- ☐ Iron Curtain
- ☐ Berlin Wall
- ☐ Warsaw Pact
- ☐ Madman theory
- ☐ McCarran Act
- ☐ Arms race
- ☐ Checkpoint Charlie
- ☐ Space race
- ☐ Communism
- ☐ NATO

# 1950s in UK

```
K C W I R N K H R J P I J X X U T
N G F E I G H B B O N A P A Q J L
N M X L D N A C S Z R I V W F N T
D Z G H T E B A Z I L E N E E U Q
N I A T I R B F O L A V I T S E F
S U E Z C R I S I S G F A U T I N
Y W Y S K R C P U H Y O C K Q Q Z
K L F U O Q X R T U O P U K C Y B
U N X M U L T I C U L T U R A L H
W I L O K B V N E Y E L H H T N G
A H R K I N G G E O R G E D I E S
Y E M F B W X G P G I L H G O J B
W I N S T O N C H U R C H I L L C
U P A R K I N G M E T E R Z G V K
G N O I T A R G I M M I Q Y P S E
L Y M I C R A C I N I M J J Z C B
Z J M U T Y K Z B J W G Z J G C Q
```

- ☐ Festival of Britain
- ☐ King George dies
- ☐ Winston Churchill
- ☐ Multi-cultural
- ☐ Queen Elizabeth
- ☐ Parking meter
- ☐ Mini car
- ☐ Suez Crisis
- ☐ DNA
- ☐ Immigration

# 1950s in France

```
N O I S N A P X E C I M O N O C E
O G X F R J B X H Y D S U I B B H
T M L Z X M X S W L J V E R F V B
R P Q O R S C W D I D P I Z H N M
E W I N I P U U T D Q G E E C O M
D H Y B Q R D E O U I P E D I I O
A P D D W K U T Z T G K Z B W T O
M R Z V B T D A T C C S M N I A B
E O C T C I Y E T U R A U E B G C
A T B O G D B U Q N E I H F R E I
F H S P Q A V P L W E K S A V R M
F V F H R C U X X L Y C J I P G O
A X Z D T U J S Y A P E N V S E N
I I O Y H C N E V I G V J I E S O
R T U H G P L Z L P F R Q R V E C
E L L U A G E D S E L R A H C D E
H Z Y N N S E S A I R A M A V I V
```

☐ Charles de Gaulle  ☐ Economic Boom

☐ Vincent Auriol  ☐ Givenchy

☐ Economic expansion  ☐ Suez Crisis

☐ Brigitte Bardot  ☐ Viva Maria!

☐ Notre-Dame Affair  ☐ Desegregation

## 1950s in Australia

```
A R H E H M W F G Z P Q O S I O S
U E S M M O M I S E A T O S O D U
S W A U A V L H K F E Q Q R S U N
T O R R S D M D N S C J V V M H B
R M C R Z E I L E X G U W I Z Y E
A N R A L V I Q L N R V I D G H A
L W E Y O Q J Z U Z C O P R C N M
I A T R B Z T H N K E A F A M U M
A L S I A P L V W E B W R A B E I
N A A V E O I V J X M Z Z S J E X
D T M E R K Q M H H B T Z G H Y M
R C Y R H B N H Z U M A R K A A A
E I K F H B T H G K R B Y E T S S
A V S L I R U S S H P N J R B Z T
M O A O B D Y F Y M L I I B F O E
E O N O F L L N O F S A K U E P R
K L A D N O I T A R G I M Y O Q F
```

- ☐ Robert Menzies
- ☐ Migration
- ☐ Victa lawnmower
- ☐ Australian dream
- ☐ ANA Skymaster crash
- ☐ Holden cars
- ☐ SEATO
- ☐ Murray River flood
- ☐ Sunbeam Mixmaster

# 1950s in Canada

```
C P T F C J A R M B O E D X F X L
V A Q N M D X S X D I R L W K N Y
R B N R E Q I Y Y M O D O O K D F
S R H A X R Q S M T N W R X X D F
C V O I D H U I I A H E Y A L P Q
G S A N P A G A N N A T B Z F Q R
C P L K O R P C L N F C E J X Q C
F O A F A I Y E W T X L P J F A P
K M L T S H R A N K S O A B I Q P
E D I O O F R A A S B S Z T L Z P
W O Q D M T I X M A I U I E I A W
N J G B J B C C B M C O W U W O A
C E G U K O O Y D F B Z N B O F N
S E W G Y W B P F U D O O P F L L
G W T S N O Z O L B N Q B P L W B
Y M Z I O H I V Q A T F D J Z A U
D B W M M E B X K N N F Y T D X N
```

- ☐ Louis St. Laurent
- ☐ Colombo Plan
- ☐ Disinflation
- ☐ Canada Pension Plan
- ☐ Nancy Hodges
- ☐ Korean War
- ☐ Baby-boom
- ☐ Marion Orr
- ☐ Immigration

# 1950s in India

```
D B M V C G B H U V M S R C V A
G H A G R A C H O L I P G X Q T
A I D N I F O C I L B U P E R R
O V E R P O P U L A T I O N M U
K V M Z K Z S R Y L M G J Z R K
S T I Y M J Z K C Q N A U W T I
Y R A J E N D R A P R A S A D T
B R M X R E D S R F X W L B P O
R J X E T T V J W F U U L L V H
N O I N I M O D Q B J Z E S Z D
U R H E H L A L R A H A W A J I
A N N A C O I N S Y S T E M W R
P O S T I N D E P E N D E N C E
G J M R C U W P U I A V U C D P
L T P I D E L H I P A C T R L J
Q J Q E T H E U O E Q K H F Z B
```

- ☐ Post-Independence
- ☐ Dominion
- ☐ Dhoti-kurta
- ☐ Republic of India
- ☐ Rajendra Prasad
- ☐ Delhi Pact
- ☐ Jawaharlal Hehru
- ☐ Anna coin system
- ☐ Overpopulation
- ☐ Ghagra-choli

## 1950s in Germany

```
E U M E M B E R O F N A T O T F L
W W I L H E L M P I E C K K R B O
H T R E A T Y O F P A R I S E S T
J G A G W L T H U S K E Q N A C T
C U P O H H I N G D A C J T K O
U P N O I T A L F N I S I D Y K G
S V H P Q X N H Q L J W L U O R R
G Y P H T J S O G Q B H M N F D O
K M T H E O D O R H E U S S Z C T
P Y X P Q N R G P P K J T T G J E
J D E U T S C H E M A R K E O S W
R E U A N E D A D A R N O K R Q O
W A L T E R U L B R I C H T Z M H
S Q V Z R P Q Z F U Z W Y E E Q L
E V J J D K P O S K W H T S L Z G
A M T T O S Q G L Z P J H P E J N
X T Z Z Z X D Z G N A H K P C P L
```

- ☐ Theodor Heuss
- ☐ Walter Ulbricht
- ☐ Otto Grotewohl
- ☐ Treaty of Zgorzelec
- ☐ Disinflation
- ☐ Wilhelm Pieck
- ☐ Deutsche mark
- ☐ Konrad Adenauer
- ☐ Treaty of Paris
- ☐ Member of NATO

## 1950s in New Zealand

```
I P I C J R I I E S M D V J T X B P
Y N O L O C H S I T I R B O G W K U
T M S P K W U V O E P D Y J O K L E
B M R R N U O H P M D T T Y L Z F Z
X C M K W A E A Z M Z Y H O D R Y Q
L W Z S X D O K P E I P R Z E L P Y
K V Y V E D N A L L O H Y E N D I S
I M B C Z P A V Q T U Y H L A R N J
I T S I N T H E B A G Z W L G D D K
F V L X U B L R D C G E Z H E W P B
S E M A G E R I P M E H S I T I R B
T M Q D U O M O O B Y B A B I R Z Y
T I S I V S N E E U Q T S R I F P X
P Y E U F M H B B K J G F A I G N X
L N I L V E D Y N N H O J R I J K V
I A D S C S E L W Y N T O O G O O D
H X I D C Q Y Q I N V N R B K T N B
R U K Y A L A J A N R P D A K L S S
```

☐ Sidney Holland ☐ Johnny Devlin

☐ Golden age ☐ Baby boom

☐ Selwyn Toogood ☐ First Queen's visit

☐ British colony ☐ It's in the bag

☐ British Empire Games

## 1950s in Africa

```
T O E C V P K Z P S B C N I N
N W W H C X L B A B Y B O O M
E C N E D N E P E D N I G Y N
G N I S I R P U U A M U A M Z
Y U K W A M E N K R U M A H S
D E M A H O M I T I T I B I B
E R U O T U O K E S D E M H A
H B U A V S P B F B W K P D G
B L W Z I Y X S B R Y Y X E F
Y W F A I C A R U Q Q P P Z X
W R E T P A H C M O D E E R F
F W M M I G H J C Z E Z M R R
Z D E C O L O N I Z A T I O N
A U V R A W N A I R E G L A C
D M A R G A R E T E K P O Z X
```

- ☐ Decolonization
- ☐ Independence
- ☐ Kwame Nkrumah
- ☐ Freedom Chapter
- ☐ Margaret Ekpo
- ☐ Algerian War
- ☐ Baby boom
- ☐ Ahmed Sekou Toure
- ☐ Bibi Titi Mohamed
- ☐ Mau Mau Uprising

# 1950s in Mexico

```
J V N O I T A L F N I S I D O W X O C
S N O I T A Z I L A I R T S U D N I I
E X B K S I K X R T I B R U A U T A U
I S A H B K X E P R B Q Z M M K E O D
X E B Y Q I Y S B F Z C O P X W C F A
H F Y H V Z T S I H V D E D P Y O B D
H M B Q B F Y L C F E E W S G A N V U
I E O X V L L S Y R V M O X M P O C N
A E O H W V P G N S A Y M U Z D M Q I
R H M Y P G B I E T J P W K F X I Q V
Z V B H W D Z B N I X T E S S G C B E
S O G T G A W T X H U I S R T N B H R
V E C B T U W B W Y L T U X L R O Y S
C Z E I S W B Z Y D G B T W I R O V I
Z P O B I R H K Z K M U W B R J M Q T
F N H H F P T O U G X K B I Q C J X A
A D O L F O R U I Z C O R T I N E S R
G E D A R T N G I E R O F X B K Z Q I
I A G Y T I L I B O M L A I C O S H A
```

- ☐ Modernization
- ☐ Economic boom
- ☐ Skyscraper
- ☐ Social mobility
- ☐ Ciudad Universitaria
- ☐ Industrialization
- ☐ Foreign trade
- ☐ Disinflation
- ☐ Adolfo Ruiz Cortines
- ☐ Baby boom

# 1950s in China

```
I P K P H Y O E M T P R D F K R G W
S O L W K L Q O G R A I M I L E R A
M J L K P G D Y Z W Y N L R F P E L
S A H I A Q N T N I O D O S T U A M
Z R O S D H O A C A X U C T U B T R
F F S Z Q Q E T M L L S F F E L C O
Z L X Y E R J N N N H T H I K I H F
R T B L O D A U M E S R F V O C I E
X M A K Q A O O R U E I T E F O N R
C E W W X K O N N O W A T Y G F E N
J S U T A B H H G H C L O E W C S A
D R Y L Y K D G A Z H I Y A U H E I
U J O B F W D R A K Q Z A R R I F R
W Y A T Y N F A O S J A W P Z N A A
D B T U O H A Z N J T T J L Q A M R
G M C Y U V S I F E I I A A I B I G
L J E B E Y G G S C Q O Q N J T N A
L Z T I F S U J V A I N P Z D F E I
```

- ☐ Korean War
- ☐ Great Chinese Famine
- ☐ Baby Boom
- ☐ Industrialization
- ☐ First Five-Year Plan
- ☐ Mao Zedong
- ☐ Republic of China
- ☐ Asian Flu
- ☐ Agrarian Reform Law
- ☐ Zhou Enlai

## Misspelling 1

```
L N F F K D F G D E W R U R H
Q O H R Y N U C B Q Z W K O N
G I X S R A L U C A T C E P S
Y H F R T M Y L P U P P J L N
V S M F E E R I D O Q C Z O I
L A D W R Z K W X U D E P C Q
K F Q J U T E C R N L G M I N
C I K S T Y D C I E Z K U S M
K Q W M C M M X C R V Y M U V
I N P T A M J T H Q C W R M S
B L H Z F L I O K G R I Q N Y
X L L J U O D D I D N E L P S
G J U U N O Q Y B G U R M I S
P J Q B A T N G N I W S D S N
A O O Q M G N I Z A M A V Q Y
```

☐ Sving ☐ Amasing

☐ Criccet ☐ Splendit

☐ Musik ☐ Spektakular

☐ Ellection ☐ Rabgy

☐ Manuelfacture ☐ Fasion

# Misspelling 2

```
Z H N J S V Z M Y K E Z O T S
J U J O I R F E H J S N Y S M
X W X H E E U A N H V O Z M J
E N N N R C T N H Y Q I N O D
M E O S U H I I P E V T O D D
V C W I S A I N T T R A I E O
E N P M T R G G A R I L T R E
R A J Z M A J I C L Q U U N Y
P M C A K C P P H X H P L I U
Y R S K Q T P U O S W O O Z A
O O K E G E L N C Y G P V A H
G F R V I R A C K C I L E T G
F R T M M L E E E V O J R I Y
Q E D R B T L T Y C Z D O O I
V P W N O I T A N O R O C N Q
```

- ☐ Caracter
- ☐ Revollution
- ☐ Meanning
- ☐ Koronation
- ☐ Modernisation
- ☐ Perfformance
- ☐ Hocey
- ☐ Alies
- ☐ Poppulation
- ☐ Okupation

## Misspelling 3

```
T X S S W H I Y B M B J J T E
R P E P U J P O O H A L U H H
A T R N E E T D L Q K P G A G
N N X O A A T G S O F D P O E
S E D M R T K T L X V X A B Y
P D M I S O I I E X P C L P V
L I K I C E C O N U W L O Y A
A S W N S T I K N G O L A U B
N E Y V O E A T A A H H M Q D
T R B E N H F T I N L H L A E
A P A N H P E J I V D I Y I B
T C Y T H O C F G O I R S E S
I K V I H F P G A F N T O M M
O I K O B M R D J T Y O C L L
N A N N G J Z Y W Q L Q P A L
```

- ☐ Nationalicm
- ☐ Diktation
- ☐ Prezident
- ☐ Transsplantation
- ☐ Speakin

- ☐ Activyties
- ☐ Rock and rol
- ☐ Hulla hoop
- ☐ Infention
- ☐ Silhouete

## Misspelling 4

```
V K Q S X F R O T N E V N I H
G I X Y T I C I R T C E L E I
O Z I R R R G Y Y K L O U R P
G D I Z A D O Y Q R R B W L A
J N A T E C H N O L O G Y K U
R P R O F E S S I O N A L E L
M G T K M A N U F A C T U R E
P S A X E D U C A T I O N E T
O Q U Z T N E M U N O M F E O
T D W O X O S E L B A L L Y S
E F U F L S B J A D H C D Z G
G K N C P U O S W N H O L I O
F H G F O P B V R S O X K T U
R B P J R Q J A D S T J F J V
S C I E N C E G F U U K M M A
```

- ☐ Profesional
- ☐ Edukation
- ☐ Faboulous
- ☐ Innventor
- ☐ Tehnologi
- ☐ Sience
- ☐ Manufacturre
- ☐ Silables
- ☐ Elektriciti
- ☐ Monnument

## Misspelling 5

```
D E M O C R A C Y L O F S O Z
M Y W M Q B I O Y G D V D L R
E R U S A E R T M P Y Y Q A R
O V X C D E C O R A T I O N X
J M A B S V I Y M U Z S Z X D
B E N V G Y Y M B B F Y I I U
X K O I E Y G N I K O M S P V
C O M M U N I S M R F X J W D
F E K V X R G C U C X D I K J
D D K Q I M A N N O U N C E E
J L A I N O L O C X N I P W V
G C C B T O W J E L Y T S V B
Y N O I S I V E L E T S W B A
I M F D D T T H G I L F Z O J
G C K S Q H Y G X F B L B D U
```

- ☐ Anounce
- ☐ Televizion
- ☐ Stylle
- ☐ Dekoration
- ☐ Treassure
- ☐ Collonial
- ☐ Democraci
- ☐ Comunism
- ☐ Fligt
- ☐ Smokking

# Misspelling 6

```
E G T D S M G R J I Y L U K A
R M M J J A N Y Y I B R I E L
U L A E C N E U L F N I D V O
T L T R K K H J E C M A D X C
C A A N T Z U S N C C M N T A
E B S F R I G B N E W O E B C
T T D Q X E N N D L I R H X O
I E F R L P V I D T M S L C C
H K K A C G N O C C R T J B U
C S M G S X G U L R S C B L D
R A C B A H D H U U F B F F S
A B B A Z O I B B X T U Q M E
L F I A R V E O X P H I I W T
S B D P T J N E N B E W O Z X
I L E S V V H U P R I S I N G
```

- ☐ Produktion
- ☐ Deccade
- ☐ Revollution
- ☐ Aprising
- ☐ Influente
- ☐ Fasion
- ☐ Arkitecture
- ☐ Basketbal
- ☐ Coka Colla
- ☐ Martinni

## Misspelling 7

```
R N A L Y R U L D O C Z C Q D
Q T O Y J O R L E H O S L T J
D Y L I M A F U F A Y T I K O
P T V I T V I N T A G E B M Y
E N P D H C Z D U D H K E E B
F E I W K Y E N M S H W R A X
I M C Q R V M R L D I W T W U
Q A M C C I F M R A P A Y X O
B I I J K V N Q W O R G U G E
C L D O Y E D Y A H C U W R W
U R P R I M E M I N I S T E R
H A S O U N J N N K K X F A P
I P L M S I T P A B R G F S N
T P P P Y L I R A M I R P H O
R W V Q E L K I N G D O M E U
```

- ☐ Corection
- ☐ Primarilly
- ☐ Baptizm
- ☐ Prive minister
- ☐ Kingdum
- ☐ Parliamment
- ☐ Lyberti
- ☐ Famili
- ☐ Nattural
- ☐ Vinntag

# Misspelling 8

```
T V D N O I L L E B E R I U D
Y R R L E A D E R U P T R T I
H R O T A T C I D D U A M G V
D A X X K T A D C T R C V P
Z V P Q D V N N P S K F D L E
Z O Q N X I E F R T W K A I R
Q T N F D R B E L E A X G J F
F O G W T S P U M E S I G E O
J T J A V U V X M O V I N G R
E R E J S J S W A R N I N G M
E H U N I V E R S I T Y W C A
T R P W M S I N I M E F U B N
L O D B T X T L V A L Z V G C
Z D Q B G X J J B R O G J M E
U C G B M D A A L W N S O T M
```

☐ Univerziti  ☐ Teatre

☐ Femminism  ☐ Warnning

☐ Diktator  ☐ Performmance

☐ Lider  ☐ Captan

☐ Super starr  ☐ Rebelion

110

## Misspelling 9

```
E X Y A L G A R T D Q R C G R
L W E T M L U C A H X F K W L
B O G M H R F Q X O V A S A L
A V M Z K Z D N M X I C K R
T S B Y F L V I T B L I I S E
T Y I L D U M J N A T A S P
E T V L B O P G V S I M I J U
G E R I D V U J I B G S L S B
R I Z B N F O T G B T I O N L
O C K A E E A V Z W I C P R I
F O Q K A T I V V T M A Q A C
N S W C S K O B N O B R E B M
U X J O Y U B F R Q R E X B Q
Y G F R U M W S C A V K M Z S
D Y C U L T U R E G B F T T U
```

☐ Statisticall ☐ Societi

☐ Rokabily ☐ Calture

☐ Unforgetable ☐ Dominno

☐ Rasism ☐ Barbbie

☐ Repablic ☐ Polittics

## Misspelling 10

```
U K S K E F I W E S U O H Q R
H D N T B D O C N X N U U S N
I G C B R O N O O M Y E N O H
S Z G D G N O C P P A N L L C
T F Q B I U L D I Q M A I L H
O K B P X T S H R A W S M R R
R T K T Z S C C E T T O Z H O
Y G B V E O Y X O E E E T D N
V N E Y R K R L N M I T P W O
A S B C A A K I U N P J W C L
M Q I S E G N Z W F R U T T O
I M W F T G F Q R E A F T T G
U G K R Q O S E S C T U J E Y
M J L T R A V E L L I N G H R
Q P W P L A Y G R O U N D R R
```

☐ Trravelling ☐ Computerr

☐ Honeymon ☐ Listenning

☐ Donnuts ☐ Microcip

☐ Playgraund ☐ Hronology

☐ Housewive ☐ Historyy

# Answers

## 1950s Slang 1

## 1950s Slang 2

## Popular Music 1

## Popular Music 2

## Popular Music 3

## Popular Movies 1

## Popular Movies 2

## Popular Movies 3

## World Events in the 1950s

## Fashion 1

## Fashion 2

## Food 1

## Food 2

## Food 3

## Travel Destinations 1

## Travel Destinations 2

## Travel Destinations 3

## Cartoons 1

## Cartoons 2

## Cartoons 3

## Politicians

## Politicians 2

## Word Leaders

## Cars 1

## Cars 2

## Cars 3

## New Technology 1

## New Technology 2

## Culture and Beliefs

## Summer activities

## Winter activities

## Spring Activities

## Fall activities

## Famous People

## Decoration

## Toys 1

## Toys 2

## Toys 3

## Sports 1

## Sports 2

## TV Shows 1

```
Y S K O O R B S S I M R U O C
T H E L O N E R A N G E R X G
D H R O Y R O G E R S S H O W
W H E R E S R A Y M O N D F Z
O V T H E C I S C O K I D I L
Y C A R T K C I D U O Q U F W
A I S K Y D G M R G L M Y A C
E D B P W J L F M G Q C Q R G
F V W W G X Z J F B U O W F X
U V B Q Q C J W P L D J A X W
S R E P E E P R E T S I M X E
R B K C I R E V A M B A K O X
S W O H S F O W O H S R U O Y
X R J I Q L Y A C X W E J S S
E E N Z I P V W T H E Z R Z X
```

## TV Shows 2

```
A Y O U R H I T P A R A D E M F
S R E N O O M Y E N O H E H T O
Q Y D I A U W U J V G O C V F G
E L L R K X B O D B K Z H U N U
M K S J A Z Y A Q D H Z E H K Z
A I O T L G K H Z K K G Y H I H
K H E M C J N A I I M B E T W R
N W Y R S V E E A W B O N J R K
O Z B J U N B W T M G N N L G W
E V Q O U O U A G N C A E H F U
S Y C X W W Q G R H J U F E Z L
F A T H E R K N O W S B E S T D
W O H S Y R T U A E N E G E H T
Z J R Z N A O J D E I R R A M I
C E I G R A M E L T T I L Y M L
T H E A L A N Y O U N G S H O W
```

## Brands 1

## Brands 2

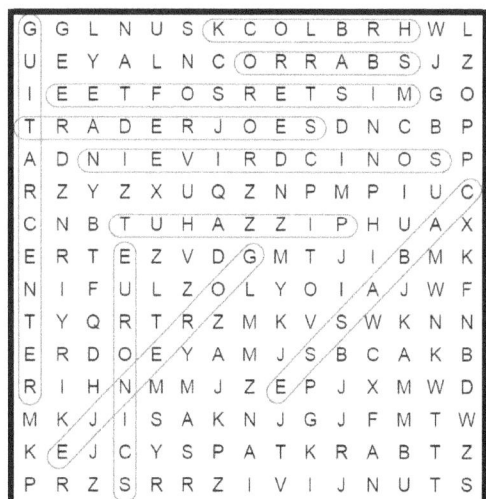

## Interesting facts (fill in the blanks)

## Quotes 1 (fill in the blanks)

## Quotes 2 (fill in the blanks)

## Style 1

## Style 2

## Style 3

## Newspapers

## Magazines

## Books 1

## Books 2

## Innovators/Inventors 1

## Innovators/Inventors 2

## Basketball Stars 1

```
T K N W F R O L S Q J P N T V
R L B I L L C A L H O U N H H
J A C T D F Z O D O X D W N M
I I M W A Z A X G N A H V A A
M O V E R N M I K K E L S E N
P E N A L Q W Q M Q O N L S N
O B O E K B O B C O U S Y B U
L O M A U R I C E S T O K E R
L D J T F R T W J A F R Z P Z
A W Q H F R E D S C O L A R I
R V T B T I V X S D M T J H I
D T O M H E I N S O H N P J Q
C J N A L A N S A W Y E R J Y
T S F L N A K I M E G R O E G
N A B A R I E L M A U G H A N
```

## Basketball Stars 2

```
J G V Z Q O G W V Y J V P P A
A F T P U E Z D M E L B N T R
C H A R R Y G A L L A T I N N
K W L K R B Q S P D N R A D I
C S E T E N E T K R Y E L M E
O E O D K C T T H A P D E K J
L I B Z R H F S V Y B H P X O
E V A Y A B B U E E Q O A R H
M A R O B T Q O L G H L V Q N
A D N O F I S F U R A Z U D S
N B H M F J O Y K O V M D E O
N O O U I V J R Y E W A O P N
Q B R X L W Y R U G Q N P D V
V D S F C M V A V O F Q R E Z
Z X T A J R A L P H B E A R D
```

## Basketball Stars 3

```
G A G N A R G F O L B O B T U
N O L L D N A L L O H E O J Y
G A B E G Q U S U G O M O E L
F F M S X Z Z N B X P Y J A
L C A R M G E W I B L Q K J V
X Z I F A P R L I V D E S K N
N A A U I H L O A N V Y G Q E
R H V R O C S D Z C M M S T L
C F E G L H N L P A X P B K S
Q K O O V V T E L W O Y V G O
E U S H S F P F I I W F C C N
R S Z R E Z N A W Y B B O B B
E E D M A C A U L E Y A G N O
B B R Y J Q K I X K X F D V B
C B R L A T E R M A R T I N B
```

## Basketball Stars 4

```
F D P D J S L A B W Q H L L I
O B W P A U L A R I Z I N O N
Q F F R A N K K U D E L K A P
R B J E M Q R N J Q D H E I I
Y J A K C M N I Q V H H Z K L
L U I C W U J D Z U S F E V L
R E K L A W Y D A R B Q O I I
X A L Y R O B E C N I V U Z H
J E K A B O B P E T T I T I P
N A M Y W T K C A J E Q G W Y
S M C R O Z H C C S M U E N D
R E N D R A G N R E V B D P N
Z J O P A U L W A L T H E R A
Q X Z U M A Q M S R H S Y J D
S E M A L M C M U L L E N Q T
```

## Basketball Stars 5

## Baseball Stars 1

## Baseball Stars 2

## Baseball Stars 3

## Baseball Stars 4

## Baseball Stars 5

## Football Stars 1

## Football Stars 2

## Football Stars 3

## Football Stars 4

## Football Stars 5

## Soccer Stars 1

## Soccer Stars 2

## Soccer Stars 3

## Soccer Stars 4

## Soccer Stars 5

## US Allies

## US Enemies

## Board Games

## Best Selling Products

## Candies Invented

## Movie Stars

## Important Dates (with events)

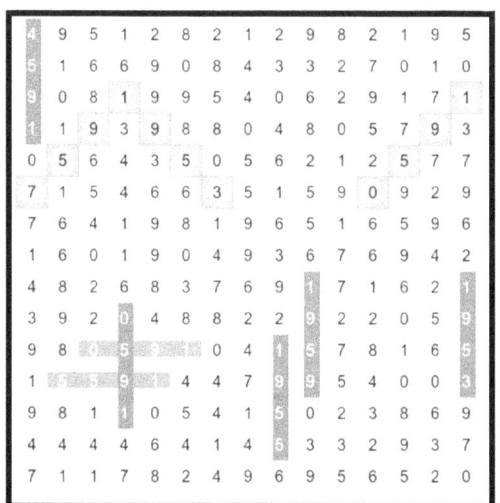

## Top Universities

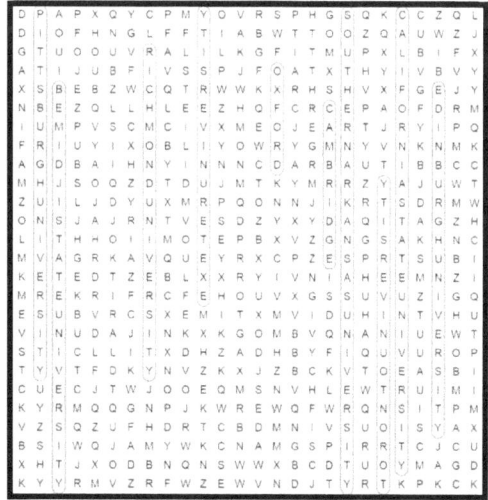

## Popular Drinks

## Water Sports

## Planes

## Cold War Terms

## 1950s in UK

## 1950s in France

## 1950s in Australia

## 1950s in Canada

## 1950s in India

## 1950s in Germany

## 1950s in the New Zealand

## 1950s in the Africa

## 1950s in the Mexico

## 1950s in the China

## Misspelling 1

## Misspelling 2

## Misspelling 3

## Misspelling 4

## Misspelling 5

## Misspelling 6

## Misspelling 7

## Misspelling 8

## Misspelling 9

## Misspelling 10

# Book 2:
# Coffee Animals Word Search Book

# Introduction

What's the best way to stimulate your mind? Coffee or word search puzzles?

With this book, you can do both!! And you got animal shaped puzzles as well!!

While everyone loves our word search books, one piece of feedback we received is that the shapes of the puzzles got repetitive by the time they reached the end of the book.

Well…. Not any more!

We have puzzles in 6 different shapes of coffee and animals. It's great fun to solve word search puzzles about coffee in a coffee shaped word shape. And the same with all our animal shaped puzzles.

Word searches also help you improve memory and retention. Searching for a word in a maze makes you remember it better. Word searches also improve pattern recognition, vocabulary, and general knowledge.

This book has puzzles that people of any age will enjoy.

Heck… A lot of people buy this book just for the unique shape of the word search puzzles.

So, go ahead and enjoy this book!!

## Coffee Bean Types 1

Find five different types of coffee beans in the puzzle below:

```
Q  J  I  B  R  D  H  M  C  N  H  M
H  A  G  N  C  L  A  K  H  X  T  D
E  Y  N  Y  F  R  E  Z  R  T  S  S           K  O  I
Y  H  I  L  X  Y  G  F  O  U  D  U      X  I  S  H  L
E  V  F  T  T  H  L  F  X  S  N  H   S  F  W     H  I
S  S  A  L  T  W  I  N  V  W  J  M  F  V  D        N  I
K  H  L  R  B  F  B  G  I  H  N  K  N  C           U  H
X  C  N  B  A  B  E  L  S  D  R  Q              G  S
Q  O  U  U  E  B  R  P  T  I  Q  M        K  L
K  D  V  P  A  T  I  G  Q  R  V  N     D  A  O
Z  S  G  J  V  P  C  C  L  B  P  F  U  J  R
V  S  E  S  T  V  A  B  A  C  S  Q  I  K  N
X  G  Z  V  V  T  E  A  Y  C  X  S  G  W
E  Q  P  Y  S  W  S  Q  W  Y  G  Y  K
N  D  E  U  F  L  H  V  E  S  A  H
N  M  B  V  E  L  R  A  Q  X  W  N
G  O  K  C  F  Y  H  P  G  V  N  L
R  X  X  T  Z  N  U  Q  W  L  J  K
F  E  H  I  U  B  L  E  M  R  K  Y
N  G  T  A  Q  X  L  I  N  F  Z  Q
```

## Coffee Drinks

Find 5 common coffee drinks in the puzzle below:

```
B W J P G O F G R V C A
G F K T T Q L G B R A E
F E S Y H G A B W O P C           T M C
D C U T H R T D L S P Z       O S C P V
Q F C E U M W M M A U J     K I C   E X
V W O S F Z H E A I C A B C D     F Y
V N F P R W I M Z T C K V O       L H
F A N R R F T N G Z I A         W X
B B R E I Y E O L A N C       O A
H Y Z S H Y X F I E O A     W D L
X S Y S L P S A Q J R T   J B S
L P Y O P A B U T G L W M A D
R G K K H Q T C W Y S O S T
Q G M Z X S Z T C Z S D C
B N Z D J J H H E O W I
Q D E R M F W D Y I U N
N E C U L W C K S A T G
H D E O V J M N H L V E
M W V J Z J H B Q R V H
D L S J Z P O L F R Y V
```

143

## Coffee Geography

Find 5 of the largest coffee producers (country) in the puzzle below:

```
Y Y T Y O P G B I W V F
K I N D O N E S I A G R
S I L C X T T I J J E R         V G H
I F K C A G Z V Q F T N     E Z H O C
N R F O I P N U M W H L   E E H   B U
W W I L O C E A U R I R P T K     L I
I X W O P T N B F Z O Q F T       K U
M A Y M R T K G A R P X         T Y
W Z S B E D O R U G I I       Z L
G L T I K W B X M K A O     P D C
U J V A H A Z P V A A M   Q J G
U S U T V Y Y F V L Q L K S W
U Y P X T L V W M Z T J E T
U P Z V H K K G H G S Y U
U V W H U J Z A Q S H D
Y K W J C Z Y A C Y O B
K F Q Y J H E B H B B I
P J P Y U L K X M D B J
N R J Q V D J F A R S O
R M B B F C X G U A S J
```

# Coffee History

```
Q T A B D W U N X Q Y G
Y T H T J L D C E C J G
Z X S Z V X C C W R R G      F W C
T H T W S R H X S U C Z    V J R O B
O M W H F S W C X U P E   U N H   G A
I X T G L K Y M L A C G E N K     D E
L N Q C O L N T S I X K A M       Q Y
O C Q K A P W B N Y Z I           O O
I Y U T Q Q Y E P S P J       K G
V Y I D Y M V H C O F P     T H V
R H Q G Y U Q M I S Q A     V O V
B X M J E A O H Y B I N Z L W
U H D X H Z T O S O Q G F I
U D Y O R E Z O Z A Y E S
V J J X F S X S Q F Z H
J E Y A E F W T T A M M
W K G E E L A L L X P R
H Q Q N M C D H J D X V
E U D Y M E Z A V V Z W
H G N V Y T N M Z C O N
```

1st country to consume coffee (Yemen)

Country that invented 1st commercial Espresso Machine (Italy)

City in Europe that first imported coffee (Venice)

Most traded commodity in the world. Coffee is the second most (Oil)

1st country to discover coffee berries (Ethiopia)

## Common Coffee Terms

Find 5 common coffee terms in the puzzle below:

```
S Z V H L N S T P W H X
E C C P C I M Z W J B I
O T L A A R B J E Q O Y         W G J
U J B H F M M E J R S W     T X Q O C
N A F E F K C G I B N F   X U X   Y P
B L G G E X Y Q Z D S S R O Y   B S
O I B D I U T X L P X F Z Z     I I
M J B O N V C S Q P O Z     W G
U B K I E M R W C N U V   S G
L L W M E G H K L K I U   P X L
P U A Y N L C I A K N W N B B
N O R S Q V X O T M A N L T V
F A C L Z S S N T V W S F A
I C E V N S I P E Z C T P
B O Z U E C K U Q Z A R
S L P R K O B P K Z Y B
O T P C R F R R H Y Z Z
U S E T R K D Z I Y D I
E V F A K V E H J M O A
D G A R M C U O X C C T
```

146

# Coffee South America

Find 5 common coffee drinks in South America below:

```
Z Z T D Q Y Q N D D N Q
H S B V H A K C M B N J
K Z H I P N P M C L Z S         A H W
O S F O U U B N Q R R J       A N O P T
B M I P U I X D U B V Z     Q L G   N X
M G P X A J R B R B T Q U A Z     B A
D Z C R X I C I X B J V Q J       N Q
C D T F E P N U Z R W V         X S
A O E O I E F L I V W X       S A
I O P P N E U X C Y L Z     X T W
E N E A C T P U P A B L   A N R
H N Z X I S A Q P P B L W O N
N E Q M H N N V X R I L P W
Q T T V A P C A S X W S C
G T S I Z O M O J B W A
H B G H K T T S P Q Z K
T O H F F N L L H A G J
M N I W A C E R R A D O
B H Z S H X N X S X N S
S U D X U M H R J T G I
```

147

# Coffee USA

Find 5 common coffee drinks in the USA below:

```
W B U U Q B I S D F V P
I C A L F W F U C D Z H
P O T H N O O C J F R R           S R H
V R V O B N L Y S L G A     U J   B L N
K G I L I S G T Z T C X   C N P   O J
M Y H R J T E R I Q V B B G F     E R
R X G A D E R H B D V P E H       U U
B G H Y P D S T W U G Z         Z Z
L B U S T E L O K N O U       P R
H B R F E Y S A M K W Y     E V W
B Z V X I L T Z W I L Q   A G Y
Q K T A W M A S D N D Y K Q L
T Z F Y J O R U N V K U W H
L B J X R T B F J J C Z H
I C B O H U U Q M G D F
X U R Q A O C U G O A U
H S X C A B K N P I V I
C N A E V O S P K J C X
N P S V B V K A L F R S
G F E L K B J D V F J Z
```

# Coffee Australia

Find 5 common coffee drinks in Australia below:

```
G W W K Y P I E S X P A
X U X D Y G T E D Q I X
S E W A W K Y B J N J M          X U J
A Y G Y M P B D E L T C      H B N C R
B K F X G P A P K X M I    F W G   H P
R I E W M N H C P M L A K L H     S I
U C Q Y A W D P D K G R Y O       O J
N H F R R A B R L W Z V         I X
U T W T K I L Z F C L J        R R
H G U V E D A F P D J E        R Q N
H L B K T O C L N X P U      A K E
Q A T N L T K V S R P Y B N H
H D W B A A S I D W D P Q S
N J W I N L T K Y R M C T
E H E P E C A F O Z V B
S G E S C H R F L Y E A
H Y X X M E C C A L Y Z
E D L J F M D J U J T Z
R K F V X Y A S O H W C
R B O C W N X Z P A B A
```

149

## Coffee Vietnam

Find 5 common coffee drinks in Vietnam below:

```
B X V T D I N C I B X L
Q O Z H R J H Q T C W J
J G B H I J I C D O C L           Y S S
J G B M B E N Y G H H H     K K Q L C
Z S N U X G Y M V Y V V   L N K   P K
K Z T N P N R H R V A B I L T     E J
F Y C H E S T B R E W V X N       C O
F O E Y M C A E R T U H         Z T
A G U W U P R Z W V O C       L L
F G N K X V P J N J I Y     N C P
N N D V W R B Q H Y W A   Q Y Y
Z W S X I G K K J V D A S Q V
O R W T B N G K X O T B L Z
K T Z K T P A T Y Z R K M
T B X E P X H C D E Q V
F T W Q K T K K A P R R
D E L Z A Y K I L F Z X
V D V L P R M Y D N E G
K Z A Y I R H H A G O N
J D D G V E R I H F Z X
```

**Insects 1**

Find 5 common insects below:

```
            J B             H Y
          K E             E C
        J T             N I
        O D         B F
      Y T           P R
      C J D Z W W U
        K   G   T                 A M
F P S F U W             E P J G R A Y
S B T X C T K     G O N X G S M B M J Z I
    J Y Y T N J N I X Y H F O F C U W O C A
      I Q L C V C F T S I G J H H W Y P B C F Q
        J I W Y T N B V Y G A Q A T F L Y P H J M F
          D K H S G V W C H N H C O C K R O A C H X B
            S H K C R I C K E T X I M H E P W Q M Y V Z B
              F Z E S F H M P B T Y P K N M S V D A E X K K
              O G G R A S S H O P P E R P M X P X X C R U L
              Z N F D O J I K U O G O W M X C Y L W V B E
              K T F C M P W G L Q M G K K A S U F H N T
              S O     M A                 P U       E M
            P T S T   R W G             A G B K   C T L P
```

## Insects 2

```
S N
W   X
P A L                       H I N
L V C                   O U R L L
E B T E             G N K P E W A
  Q J T         K J Q J V O N A B
    T A       X R I X K U U L Z F E
    Y G C W E X X W D D A N X Q V E
    A I L F B A G B O H I Z U T Q F T
    O R K C I Q R L F W F N R C V H Z G
    N W C P G W K W O I O Q J T Y S T J O
      C M A G Q Q A I C F F Y E Z V V V Z
      M A E E E U I P G U M X U I F J L Y K
        N F B E E T L E C S D L W R W H         F
        T Y Z J O U P R F N T J F W L           E
        I       L               L     Z
        S       D               H     J
        L       D               Y     N
        M       Y               M     N
        B       J               B     M
      J Q    L K              Z E   B C
```

## Insects 3

```
Q A
B   K
B O P             P I Q
A M O           F M J O Q
V S Z M       M D G K P I P
  F K F     F H O O P U S G M
    K G   U N X Y K F Z U A J V
    V N V S Q M D Y Q K L M D J S Y
    T W B L T W O M P N I B A S A X Y
    K R F J O W L T T S H Q D E F H L W
    X S F W A S P H H L V I G D T S V O Z
        H E S O T L I C E J U U Q W I D R L
        C G K R O S P I D E R S S K R R M M J
          O W W F B P P K A T U B K Q A D     B
          W G B J Q N E A M B S P T K R       Z
          G     Z             H   P
          U     H             M   D
          W     Q             Z   M
          Q     A             G   Q
          U     C             Y   F
        E J   S X           F X   A M
```

# Mammals 1

Find 5 common mammals below:

```
W B
J   F
D H Z           M G I
P O X       V K M H V
C M O E     Q J N G C P Z
  E W L       H S O R X F F Q F
    O K     X P G C J L P M X X F
    D K Q T D B Q S T U C T D J G R
    X B V D C X J J I R J T L U A W C
    V T E U J H O L D Z W X E Z Y C Y E
      B I O V K A K W R A C C O O N Z L U P
          J F Y P P F W Y F Y K R P D O W T I
            U H V O D B G B F O S S A M P Z V X M
              E U Y W B G W W L B W I J P D Q     U
              D K C O F K M J U F D M T R Q       I
              G       R             Z       T
              E       P             Y       F
              H       T             N       O
              O       R             B       P
              G       T             L       J
            Q Y     L A           Q W     I X
```

154

# Mammals 2

```
M  A
L  N
A  A  F              I  X  A
K  Y  K           W  E  S  D  M
X  G  B  T        G  E  H  E  V  C  A
   J  L  M     Y  X  F  U  A  H  P  Y  N
      T  E  Q  B  K  U  H  L  B  Z  Z  K  D
      Q  U  O  T  X  S  S  N  A  Y  I  A  N  M  R
      G  H  I  P  P  O  P  O  T  A  M  U  S  J  Z  C  I
      W  A  G  J  A  Z  T  G  P  H  T  R  Q  K  A  Y  F  L
      W  M  Z  V  P  R  T  R  A  L  W  G  N  A  L  J  R  W  L
         B  C  J  A  W  D  J  I  O  I  D  E  N  H  G  D  S  A
         R  S  B  D  T  M  N  A  T  W  Y  T  G  F  T  W  N  D  B
            E  B  W  N  E  X  T  A  Y  I  E  A  L  Q  G  J        Z
            U  T  W  X  G  P  Z  W  D  G  R  R  Z  Y  B           Z
               Z     W                       O        G
               Z     R                       O        I
               M     R                       S        I
               W     F                       V        E
               B     U                       I        B
            O  U     C  T                 U  S        H  N
```

## Mammals 3

```
R  F
H     S
G  N  D              G  S  T
C  M  U           Q  F  Y  S  R
D  V  G  I     D  X  W  B  K  B  B
   B  O  A     S  B  O  V  G  K  E  X  E
      N  S     R  H  I  N  O  C  E  R  O  S  C
      G  J  T  X  C  N  P  D  S  N  I  H  R  K  O  R
         Y  M  L  D  Q  F  U  G  F  O  Z  T  E  Y  W  T  W
         F  W  U  Y  Y  I  K  X  W  R  D  R  Y  R  U  M  D  L
         M  P  O  Q  W  D  X  Q  L  M  A  A  T  V  K  B  E  W  M
            R  P  Z  N  U  P  N  B  H  R  A  E  K  G  T  G  D  X
            T  A  N  T  E  A  T  E  R  Q  H  E  S  P  W  R  G  G  P
               M  P  U  W  X  K  V  E  H  C  Y  Z  H  N  O  W        Y
               Q  G  I  H  O  F  V  J  B  V  M  V  B  F  U           M
                  P        G                          P     N
                  I        C                          F     D
                  M        P                          Y     H
                  K        M                          J     O
                  G        A                          I     G
               A  Z     J  I                       N  L     F  R
```

# Birds 1

Find 5 common birds below:

```
                        O W L A J B
                      F C U C K O O P
                    G B   B Q F   P S K
          I           Z F V Y K E Y L O U           G
        Y             A P O S T R I C H W         C
  R                   P U K J D T Z F S             C
  M                   S W A Z D J X G               L
  O H             Z J K V I Y C B O X           F T
  D A           Y C Y L W J E B R F M           N P
    U         X L U E M P C L M P L A A N     V L
      F H A W K O A L A R G T S C W K Q D H
            Q O K D P O Y G F T U L Y R U I
            S A O J J U Q K P D S T D W I X
            Q O K I L X H O J I D W V X C J
            X U P G F V O D S H E U Q B T L
              R T P K S C Z B M U X T X Q V
              O O Q T Q F R M K S G O A A A
                W B O A L A U H K N B M L
                F X A I T G X L R N P P
                  K U O E N G D A J Z
                  N V H X B S N C S
                  J V Y O J T Z   M
                  T     W U A M   C A
              P I L               P X J
        R I C P R                 B E P S N
```

# Birds 2

```
                        Y L Z I M U
                      L Q J U X N E Q
                      O T   J A B   T O M
            U         B R Y I H K E E O M           X
      X               J W S T F D N E D T       L
M                     N S T Y A T R V B             F
R                     H R B R N I U G               C
T M                 U I D C T B C P P             I O
Y N             L F Y F U G Q F A D K N           C P
      V       K C E Y W N F B M U Q F I P       F R
      S W X Z X O I I O P J K E U P A T D E
              G L R E M P Q E Y K X S L P S R
              K L J M X R C P V H O V T F U E
              Y M U M H X F A S S G R S O B T
              X H M A J W H R F X H M K K R G
                  A P F I I K R E L C I K L J K
                  G J A B S S O V P M O O W G O
                    G S Q R H T Z V T L M Z N
                    I A U A X M R P R R E K
                    U P V C D C P W V U
                      A E J U O C Z X N
                      H N F M P B S   K
                      T   V M Z B     U Q
                P J Q                 J Z W
          R S W N M                   B P U N S
```

# Birds 3

# Snakes 1

Find 5 common snakes below:

```
A  U
B     E
T  P  S              S  D  I
N  H  I           N  O  A  E  R
F  C  P  T     N  M  H  W  P  C  U
   M  Z  M     Z  W  O  Y  Q  U  M  E  Q
      A  K        W  T  S  I  N  Z  A  S  X  M  O
      L  M  N  Q  E  K  W  B  C  Z  Z  P  U  V  V  Y
      F  G  B  M  S  B  X  I  I  E  V  G  R  L  O  E  Y
      S  L  M  A  J  N  S  Y  G  G  D  S  W  A  O  O  J  R
      U  K  Q  L  R  G  A  L  C  O  N  S  T  R  I  C  T  O  R
         I  Y  S  H  J  T  K  T  R  E  E  S  N  A  K  E  T  N
         J  A  F  R  C  C  E  E  N  Q  Q  Z  L  W  A  M  M  Q  B
            E  F  G  U  H  U  V  T  S  A  R  X  F  I  R  D        R
            U  B  P  V  N  T  N  X  A  H  H  C  S  V  D           E
               G        I                          K        F
               Q        X                          R        S
               E        E                          F        I
               F        Z                          W        E
               O        L                          O        F
            M  N     P  L                       A  D     U  J
```

160

## Snakes 2

```
      O W
      F   G
      B E Z                     K A E
      D U X               F F C D P
      U P I B         D A Y D Z Z E
        T P U       R D Q W Z E R L W
          C L     D J V E C N J S I Y D
          Q H U O L E U S T X J S A G U X
          G T A I P A N J Q O W E G N X P K
          Z J M B C S U L F H R W O D Z U Q Z
          X U M V E S E A S N A K E Z U K O N E
            X P Y T H O N O C B S M K I M E X V
            A T J I J T E C O B K K X J S G A O D
              T K Q R A T T L E S N A K E G I       W
              I M N N Z O F X G A V K B Z -         N
              E     V                 O     E
              K     F                 T     A
              X     D                 E     T
              T     K                 S     E
              A     H                 T     R
            Y E   Q T             M S   A G
```

## Snakes 3

```
W O
Q   V
I Y I              S D V
I A P              R T G V U
A N E L        E B C O P G C
  U R F      W T K V H R J G W
    C A    W U W Q H V B O A O H
    R H N P R A S I N A R N V H P D
    J E U A P A D C Y O U Q M C O L X
    A R W P C P G D O W X S Y I M R H H
    E W A L S O F O E X E R D D W Y W G M
      B W T C U N J Z R C O B R A O F P J
      R C M B Y G D H B J P P S C I C I T F
          Q S U C U W A Y G E Y T I Y Z C       X
          O T E T P U U P X R F D W C Y         Y
            E   U                 P     T
            S   X                 H     P
            E   Y                 T     H
            S   U                 T     C
            U   T                 T     I
          R D   D K             B G     U M
```

## US Animals

Find 5 common US Animals below:

```
O  R
X     W
R  P  M                    C  H  N
B  M  O              X  N  D  R  R
Q  S  O  Y        A  D  S  Z  C  H  K
   N  S  B     U  S  L  X  B  W  K  F  I
      E  W  X  Q  R  J  L  Z  V  H  O  D  K
   B  Q  B  F  Q  K  A  K  S  I  C  W  Q  C  F  H
   N  H  L  N  D  V  C  O  J  E  G  O  Q  A  S  G  R
   P  K  N  X  F  K  C  W  A  I  J  A  U  F  B  K  O  D
   S  P  U  F  T  K  O  G  G  M  K  J  T  G  R  G  V  Q  S
      T  G  G  M  G  O  B  U  Y  U  K  I  O  A  X  E  W  W
         E  H  A  L  X  N  D  A  Z  Z  Y  I  P  R  R  F  B  A  F
         J  W  G  G  N  E  R  W  A  R  S  M  B  R  J  T        S
         H  K  D  Z  M  H  A  R  M  U  T  P  U  T  A           Q
         G        R                       H        B
         A        E                       S        A
         M        X                       M        W
         A        V                       S        Q
         R        L                       M        Y
      W  U     O  P                    P  U     A  B
```

## Europe Animals

Find 5 common Animals in Europe below:

```
R R
S   Y
D R V             U I U
G A Z           E O O G Y
E P B B       W H I L M F Z
  W A C       C W X T C S A Y Y
    K X     D F R E P L L J H K X
    T R E I N D E E R Y O D S D D A
    D M I N K W T Y L N L W X Y N B X
    A O A D P H M A A X J P Z Z I T K Y
    B Z W I C D Q S K K Q X W H L D H G F
      G K T B B A C H E B R O W N B E A R
      R M B F S K E Y M O O S E X B L Q D P
        R Q I C O H K N F G V F V C W Z       L
        O F S C P R F W V R X L N L D         H
        Y     G             V     Y
        B     Z             D     B
        O     M             L     I
        O     Z             D     B
        J     Z             E     G
      K S   C M           M K   K O
```

## India Animals

Find 5 common Animals in India below:

```
    F   Q
    Y       S
    E   I   X                               D   Q   H
    B   U   G                           C   V   M   M   Y
    C   G   K   N               M   V   E   A   B   P   L
        X   F   J           D   J   Q   N   K   A   B   R   X
            B   M       I   R   H   I   N   O   C   E   R   O   S
            A   D   L   Q   E   S   A   Q   B   S   U   W   E   N   V   M
            B   B   X   G   Y   T   B   M   R   E   D   P   A   N   D   A   L
            Z   Y   I   Y   T   Z   C   V   F   L   V   P   N   Y   C   C   H   X
            E   T   Z   G   F   D   I   E   Y   K   G   T   H   J   O   D   R   Z   L
                S   D   I   N   Y   P   G   M   D   X   P   D   D   B   T   D   W   L
                C   I   H   J   R   S   N   I   Y   W   K   D   E   R   D   J   J   I   X
                    J   E   L   E   P   H   A   N   T   W   A   V   A   E   G   Y           R
                    F   C   N   F   A   S   Q   H   U   Y   M   H   S   M   J           X
                    U               U                           P               Y
                    S               O                           C               K
                    L               P                           E               F
                    K               C                           F               L
                    O               Q                           N               J
                        Y   Y       J   T                   M   Q       P   E
```

165

## Australia Animals

Find 5 common Animals in Australia below:

```
B A
M   O
B D J             Z G K
P V N           N C P O G
S B Y B       C L J I O P H
  N U L     S N H X G K T N F
    B J   G F A M F H A O O S W
    X C E W Z D B Q K M B A S D L R
    B R O F G M I B A J U M F J J K K
    Y M Q C W Y K N N E R R L U I I S X
    F S A K K D J O G L R X W N V F V M F
      G A G S A A H A O A X S V Y W X X D
      Y W D P V T X R L I N V L J J I L K I
          U B B I F O O G A H U Z P W S M       V
          F L W X E H O Q S Z W F Z T Z         H
          U     R               Y   L
          M     S               B   J
          V     F               B   V
          I     S               T   T
          E     A               O   N
        W Z   V Z             S Y   Y D
```

166

## African Animals

Find 5 common Animals in Africa below:

```
O B
K   A
M X D                 W K J
D D H               M I I L I
J C R B           S Z V W L B J
  O J J       P X Z A L W D H M
    E M     X V K T V Y M Q E Q E
    O V B K P X T C F M Y L Q B L L
    W R N A K B Q A F M P K H J E T S
    F C T M B F G I R A F F E D P E E R
    L Y T C W O O R I F H U M T H G S T Q
      I F N K O O T E N D M J E A M P T U
      H Z S U R X N Y L I O N R N J T T Q Z
        B O S M I O H M X G C I T K I C     E
        V X S R F R G G B E S H O N R       D
        P     T             P     W
        A     T             A     I
        P     V             J     D
        L     Y             R     R
        U     C             V     W
      O J   W V           Z Q   Z J
```

167

## Animals that start with A

Find 5 animals that start with A below:

```
X A
T   S
D B X                   W Z E
U V E                 Y Z L G M
O C K U             A A H R Q E P
  K Z N           K A N A V J E O F
    F E         R T T L T P D U R S U
    H T J V L L M D B E P J Q S N E
    U L Q N A L R I I A A R Z E A T K
    B N P W A G O U T I T T G C A T A Z
    I N J Q A L X J E K Y R E H H F H E H
      G M F T A L L I G A T O R V Z F X A
      T I H I S S D V F L W F S J Q O B P X
          A G L I T B P G N G I Z S X E I       D
          L Z B Q C C A C V A Q V W S X         Q
          P     A                 B     Y
          A     M                 L     J
          C     Z                 Q     J
          A     J                 R     U
          D     V                 U     T
        C C R H                 Y A   L G
```

## Animals that start with B

Find 5 animals that start with B below:

```
Z B
F   W
Y F U                       F H Q
Z U X                   X T H Y J
Q W P Q             E V R D V M Y
  C P V           U J F I T Q T V B
    B G       W S G E Y X F I V S J
    K A B Q G O Q H P R X H B N P K
    M I B W F P O Q Q O Z V C J X B L
    R B N O G B A N D I C O O T D A N G
    D B Z M O G Y T N F B A T A R D O R Q
      A K C Q N J I F X Y F G P W G B O S
      P Z L E L S O C N B E A R J E A L T B
        C L T I Z P G T X J J P A R T O     T
        J V I M S A Z A F S M T Y B Z       P
        J       G                   D       B
        A       Z                   X       L
        O       K                   G       Q
        L       Z                   Y       T
        J       L                   Q       X
      Z V     L X                 A U     O P
```

169

## Animals that start with C

Find 5 animals that start with C below:

```
    L  I
    T     B
    S  C  D                    Q  Q  J
    J  Z  N                 X  R  M  P  R
    E  Z  U  B           H  Y  Y  B  M  Q  I
       M  T  Z           C  A  T  Q  A  E  G  E  P
       J  Q        V  W  I  I  Z  B  P  C  W  G  W
       A  Z  P  T  C  O  C  K  A  T  O  O  L  H  U  E
       Z  X  C  D  M  E  C  S  K  D  P  E  O  E  D  M  B
       D  W  X  F  C  Q  G  O  Y  M  M  U  B  H  W  M  X  D
       K  N  Y  P  E  G  O  V  B  A  Y  C  V  J  Y  C  X  O  Q
          V  C  K  S  V  Q  P  C  R  L  W  B  K  Z  U  V  A  D
          Z  H  O  C  S  O  Y  U  P  A  F  F  N  T  V  N  G  L  P
             Y  K  C  T  O  P  N  N  I  V  Q  X  Z  E  O  Q        L
             A  C  H  E  E  T  A  H  Y  O  W  M  N  T  A           E
                O        Z                    Z        O
                R        G                    J        I
                Q        F                    W        P
                M        F                    L        O
                C        W                    A        C
             R  P     S  G                 O  Q     B  U
```

170

## Animals that start with D

Find 5 animals that start with D below:

```
F I
L   A
F B R                       P S D
T S O                     B S D U V
K M Z Y                 W L W Z E Z J
  F R F             U K A R V D B J C
    O O         B H T V D S U K F K L
    G S Z A N F O D I U L A D M Q R
    R R S Q K D M R N W O U O W D E G
    S U Q U X M O A G O A Q V X N L V X
      G F A F L L A G O P C Q E G B L G L U
        F D B F P W O V Q U X H G W K H F M
          I E R R S O N P L G A B I Y I X P Z W
            E V V B R N S G J U Y V T W P Y       N
            R B I B F Q P Z O Z O Q R Z M         X
              I     W                 E     T
              X     Q                 U     K
              R     U                 E     U
              U     S                 C     E
              S     Z                 M     V
            X J   P U               H C   B D
```

171

# Animals that start with E

Find 5 animals that start with E below:

```
L A
F   O
D R X                   U E L
V I X               Y K K Q H
Z F F F           O I Z I F S F
  X Y U         B F J V E F W Y Z
    K K       Q D C F L B L U X N F
    Y F K K T V E A G L E E Y T M Y
    E Q C S M K O O P E V P P U I E K
    Q D Z N L B Z G F E W X J H Y X M Y
      G C Z E X E C C L G Y A O A G G U R
        C C G Q Y V E Z Q V R X W S N Z C G
        U B U N C Z D Y B J W E E Z K T W R N
          Y C S H U Z F Z T T F T X G F O       R
          K Q Q P Q V F M X B P P E Z M         O
            Y     L             A   Z
            X     B             H   Y
            L     M             F   Q
            A     I             E   N
            P     L             F   O
          I C   T Q           R C   Z G
```

# Animals that start with F

Find 5 animals that start with F below:

```
                                                            S
X A                 C              B                        S O
  E M             R H           B M P C P                     I
  C W       Y   F Q           P V F Z P J B H               W F
    T U Q W P F T       H I P V C M R B S I W               V X
    X M Q J E V O     O F T L T T H W I J A N P             L Q G
    G I N S Z A G X U Y O D E W F F J B R S F H       S D T
    R P P C V J H X I L M R F C M P A N F F A L C O N
    L B Q E Y A R R S E R G V F I N C H G S T Z W G
      Z F F Y B   K L E N L V F E C R D K C F Q A P
        S S       F Y D Z P E F U E P C N Q B A
                  E K K Z W V J T V Q B Q T G
                  F Z P P O J G N X D I S N
                  G     P Q W S W T C K Q M   U
                  R     S L J J U R Q N D H   M
                  T     U   X E M M O J   M   R
                  V     M     A P L C     K   W
                  W     D       W P       X   J
```

173

## Animals that start with G

Find 5 animals that start with G below:

```
                                                            W
U I               Q                 E                     D V
  S C         F Z           S M S L L                       J
  P I     I F L         R P O P C R A C                     F G
    S K K O O U V     O M F P A S U J C V T                 N P
    Z Q G C L H K   K B E U K G I Q R H B S P             N R P
    L Q E Q Q J G W B L L J H B O K B B P T N U       O M P
    M H Y K N K W A J Y O N R W O A I B C O M A B E S
    R X Y G E C K O Z U G P V G D J T P B D D B W E
      I O P Q P   I P E V W U X X X D R L C I L K L
          J F       Q F L Q Q G J G B U B G A B K
                    L E F L G I R A F F E Q I U
                    R Q Z U E L Y F Y X Y D T
                    A   D Z Y U E B H F A M   T
                    U   Z P B P N P L Y I A   L
                    O   R   W E Y G I O   A   Y
                    J   A     T R I G     A   G
                    I   T       K B         G K
```

174

# Animals that start with H

Find 5 animals that start with H below:

```
                                              L
O P              T            P             C U
 R L            F L          S A G G H         J
  G Y      I  J A           T J H M X K F G   K X
   O C M C T C C      H A M S T E R E I X R   A H
    Z P C D N B U   Y O K S H R A S Z N E I W  F C W
     O D B C L D Q C Q Z M Q K Q A E L W R O M D   Y T F
      S D Q H A R E Z I H K H E D G E H O G D T Y Y I E
       Y I S R D Z Y F X A Y Q H V K M L A A A F Z L M
          G N Q N G   P Q W Q G D H D K U I R Z Q G J P
             D K     O K J V P D A P E M O J A K V
                    N Z J N B R U H J W P H Q I
                    A V Z L H T G Y S F M N N
                    S   Y J W C G T B C Z U   E
                    F   F E L C G I F A R F   Y
                    W   S   F F R P Y H   P   V
                    F   M       S Z V G   G   Q
                    F   C       S G       M   E
```

175

## Animals that start with I

Find 5 animals that start with I below:

```
                                                              C
U I                   J              C                     T O
 J E                I X           N V Y S D                 D
 P O      A   U D           Y I S O P O D V                I X
   F Y E L P R V      N S F B D C J L A E E                C A
   A O L W I W R    P E X K I I A V V B G A Z              R G T
   F N I C J V M K Z O S I S R U Q S P N Y T G       F B A
   W D V Q H Z X H Z Q K B N L O H M A A Q X W O A I
   I A A X Y N Q P K C L N G C T D U Z T M I R L E
     Z W X R J    C N Z T Y Q D H G M J K B Y A L U
         F W      H L V C H M I W V I O U P W L
                  G T H U F T Y F O F F M R T
                  C R N C R I S I V R I S A
                  S   Y I I S S B I A M Y   L
                  W   I M H U S W P I A P   K
                  X   Z   M B D K C V   H   X
                  O   Z     X G P G     M   S
                  H   S       F E       A   W
```

176

## Animals that start with J

Find 5 animals that start with J below:

```
                                                    R
    G L             T              W             E J
      R Q             B F         F D Y G Q          F
      Z Q      S   A D       Q T L F N X Z R         F T
        P T M E J H F     T V T O W R S T T J J      E V
        L J L T E E P   K L U H S X W X O L N H A  F K C
        J N D K R Z R O B E O A M M E X K Y S T W B  Q V V
        J K H X B H N X M X U Z S G K H G I I Q G G R R F
        V R R A O T E I Z Q R S U Y U R F B T F E A H Q
            P I J A S   E P H L U M I G Y B H T L U P N L
              Y G         L J A C K A L A H N U G C D V
                          G T J U E L R M N K A Z R J
                          L V E R E K E L B J O L Q
                          R   C J C U U M Q J M Y   V
                          E   K A J S B Z L L R S   A
                          L   J   T G T R I V   O   I
                          I   K     H Z O W     Q   I
                          B   R       Q O       T   D
```

177

## Animals that start with K

Find 5 animals that start with K below:

```
                                                          S
B M             Z              H              B J
 O K           K Z            K R H P P        O
  O O    N   F A           P M I B K G I K    H J
     A O G F Y D F       Q N F L R W I T D R X   J M
      L N V O D S T   V V J F D F O I X Z W K S   B Z X
       A Y F U G A O W T L Y J C N I Q I Y E S G R   Z G H
        N I M O O K U H R Q V F U B Y P S Q H G E C P O U
         D S K C P L O C L L N S C G U O V P U X J B O D
          L S Z M F   O I X K D I V O A W N C Z H R U T
           K E       K I N G F I S H E R Y J A Q J
                   Q A L H H Q I O Y W J G P O
                   D C B D W X M R S M N R Z
                   W   I U Q Q L O J A N M   U
                   K   Z J R X T D K F I V   E
                   E   W   A R P L X J   Y   B
                   D   O     M A D S     B   C
                   M   Q     H K         D   U
```

# Animals that start with L

Find 5 animals that start with L below:

```
                                                            L
   P V                S            R                      I   R
    R L          F T        I M Y H J                       H
    E U     L    L M       U A J C X Y O R                 X X
     C V B L M R R      X I J Y E V N H U P B             G L
      N H I Y G K J    R Z B N E L U G M K P O X         D C Q
       P T P L U X Z T D C A L V F E E D P S N H C      C S Q
        V J G N H B U Y J H L R I J L O S Z Y D G B X Q J
         K V E L C I P O P L M C P K Z D P L L U Q D A U
          M W Y C R   I W C Y F G D M K G A B K J H T J
           A D       V R F D T Q N P S Y R C J Z O
                    K V M D E M O M D W H D K N
                    T F T D Y W O A M W V M A
                    H   E R V I L F X Y A N   M
                    T     P F C N K U Z Y Y Y U
                    L       Y   C E C Y Z S   S C
                    Y       U       S E C Y   E B
                    I       G           X H     G R
```

179

## Animals that start with M

Find 5 animals that start with M below:

```
                                                                    R
B I                   D              J                            Y V
  F K               X B            J U F R S                        O
 S Q      V    X W           S R C N C D R U                       A S
    U S S M T M X      J Z O Q M D D G U L X                       Q S
    X W J D E A Y    R E C O H E A I X G Y E J               Q B W
    Q M G V Z C K B I E I R F T B N D R P Z D C         F P M
    S X R N H A R P R M N L S R T E A N P E V S A F X
      I X V I Y W G T Q O R T S D S N B T F I Z C T T
       R B D V A   X M G O U K A H K E J E Q K Y M T
            F M    A X W U C H M E G O C E T H U
                   B I V Y Z M A C A W N O Q T
                   G U U H S J N F D N Y G R
                   D   J C U O D T Y S W J     Y
                   U   E S U E R C N S J B     F
                   O   H   M L I C T V   T     F
                   C   Y     H L S R     W     C
                   L   Z       L C       X     Q
```

## Animals that start with N

Find 5 animals that start with N below:

## Animals that start with O

Find 5 animals that start with O below:

```
                                                        Z
    K M              K            D                     E E
     O P            B M          G L G U G               I
     V P    E   D A        A W L C O P V I              G F
      O O B O P L Q     I Z W Y Z W E H S K T           T A
       T D S Y R S W   H B Y J L U R C X X R P V        S N F
        A L L S T A A V U T T W B X I I M O X L O R   U F V
        U G L I U O N D J V O O B R E Q S E O E K Z G I K
        L U T D N M N G T L Q J T W S W S C K L Z G Y Y
         L S K B T    B U E T S G X Z X S I R Q Y L I G
            F M       Z T O Y A O A R F I S H C S E
                      N B A L K Y V R V F U P K V
                      C C D N T J C I V X Y R R
                      S   R G J V V Z O N L I   M
                      M     I W F V R B N Y O N   C
                      T     M   H M R W V D   C   H
                      R     N   E K M P       B   U
                      F     Q       U Q       D   I
```

# Animals that start with P

Find 5 animals that start with P below:

```
                                                    Z
P E                 L           T               D W
 Q Y               U D         Q E R P D         D
 N Z      Q   T L           T B F I W N T I     T L
    H E Q J T M V         F O K R W C N T V T D   J H
    A K K M Z P H       T N N O O J W S K N N Q M   M N G
    R I L P A R R O T G S J P B O P J O H L J B   I S P
    E S R F I R F S D C C X E F G K X W L L K R N U M
    O I R S G A P I X F X Z L G B R H L K R E I P H
      H Z N X K   P H Q G W I Y J L W M I M U Y Z N
          W D     E B N J C H H S C E B G T K A
                  E A W N A D N E R X N A I J
                  H M C V N E T K E E L K W
                  F   D O C O E J P P E P   Z
                  O   I E C V F O Q X Q V   K
                  M   X F K M K S B   H W
                  J   S   W Z P W     D Z
                  R   Y   X V         U Q
```

183

## Animals that start with Q

Find 5 animals that start with Q below:

```
                                                            E
A  P                 L              N                     F M
 B C              Q M            N P W J M                  J
 Q V       R    P Z            B E Q U O K K A             A U
   B M K T Z G U        A Q Y U U W Y U T T Y              E M
   D M I P C Y C    U G Q J P G B N Q F N R N            U W K
   S A Q E U M A O L R H U C C T U O H W F E H      G R Y
   E J U O I B L N F Q Q U A H R O Q U E L E A H C W
   E T Z Y I X I Y A M H U V I J O C P I Q U T Z W
     F K T T Z   F Z P T V E O L F P L R Z C O R Y
         Q G         I Q E M D T J W M D A F S W U
                     R Y K B S L Z X G L L L B Y
                     E O U Q E N U A W X U W X
                     Y   H D X O I W L Q Q W       E
                     P   Z J K T J G H B Z W       N
                     U   O   R N J G Z C   M       M
                     E   R       P U A V       G   U
                     I   Z       G O           F   K
```

## Animals that start with R

Find 5 animals that start with R below:

```
                                                          N
    N O              T              U                   F Y
     L R           A Q            I B V O S               H
     L A      L    R N         X C R S N L W W           X O
       C H M X D G K       N P M N Q N K Y R V L         T A
       C D F P E C W   R P F Y W Q C Y C A T F O       F M V
       O D Z D I H O A A Y K H Z H E H K T S N G Z   Y Q G
       O B O C O X M S B B H S V H Q F C T D S X T R D Y
       N S I Y Y S I A B K Z P R C R Z H L Y H X V T H
         E S X R J     S I E P Q V P V M D E L R A V E N
             L U       T P Y X V O A J D S X Q Y A U
                       S N P F J L L Q J N P W S P
                       F H Q F S T E T Y A T I B
                       O   P M I T K A J K E U   E
                       F   M W P C P B F E B P   V
                       O   L   H K U Q Q E   W   Y
                       O   C   H N C Q       B   M
                       W   G     G G         V   J
```

185

## Animals that start with S

Find 5 animals that start with S below:

```
                                                                P
    C E                   V                I                  T L
      U J                   V Q              Z A S C C          U
      A Z       C   W T           J Y E N W X M T             S I
        P K Q W N F C       B E P U S A C Y X L Q             D H
        H B T W M J Q     Y S I T I U K Y D I A H Z         M X Y
        N Q G W B T G F F G G E C Z E O H O H R Y C     E W Q
        Q S P W B S L B U J M U E M Q E I B K N S I A Y U
        S A L A M A N D E R U H N Z G E O Z O F E X N H
          G Q P W H     G G G L Z X E S H N I E G L T G Z
              V K         I G H O Z Z M O L J O C L H X
                          J E S E X U M A K O M L J U
                          F X A P H L E L L A X O O
                          O   W V A S G N J K X S     C
                          G   F S Z Y U A Y U U N     T
                          W   I   P D B U X M   L     M
                          M   S     V M E K     T     U
                          J   H     Z B         M     Q
```

## Animals that start with T

Find 5 animals that start with T below:

```
                                            K
G P                F          W             B U
  G K          O T      T T Y M L             X
  Q T    J  D X      O T O L B F E E          Q C
    S P Q E J R V    C M Z A U S M W W B U    M V
    U C T G F V O  B I E P R M F L Y Y A D H  E G M
    T P G E Q V Z V Y T V M A T E J Z G Y S I K  B Q Y
    W H T D R P R L Z W V F N S Q T R N W A W G Y K C
    G R G Z V N E K U E F O T P P P S I W R P F Q N
      D G V E T   J U S A D U A F B E T L R E V D S
        C D       A T R G L Y M F L F J T W X X
                  X U H O A R X A K D I I I P
                  S F Z R L L Y N R M W G S
                  R    O C D H F X R I U E   Q
                  M    K G W O Y E H N N R   Y
                  A    Z   B H T F E R   Y   W
                  I    C   L U J J       L   B
                  W    K       G S       K   T
```

187

## Animals that start with U

Find 5 animals that start with U below:

```
                                                            Z
I V                     D                U                  O B
 Z W                   L J            B F M T I             R
 M J        S   O C           V J A B L W J A               B N
  P Z E R K U J       S D C Z V R F Q C Q Z                 I Q
  W T F R S X F   W D L P N I E F W K Q Q N                H N U
  L N K B K U U B D F U J M N L H O D H P R M         C Z N
  E P G J H Y C D A E V L S Z L D L N H T C L R O P
   O I X K X L W J E C N Z J S A Z A F V B U U B M
    Y E F U T   R L D B G Y Q B V K M D H O C U U
       B T       C N R Y S K I U F N T I V O M
                 U C U A K A R I T F Q G J C
                 U C T A D U D X S A D O W
                 E   H Y B X G G X S L I   Q
                 L   F F W M X D V S W Z   H
                 W   R   Q E S D V V   V   J
                 R   G   K A B Q       V   Q
                 N   L   Z J           W   Y
```

# Animals that start with V

Find 5 animals that start with V below:

```
                                                              Y
   T T              L              B                          I F
    T K           R Q           F G X T M                       D
   R P      D   G J         Y M X C G V T N                    A C
    O S U E V B R       Q U G J I U J H E E M                   X L
    V H Y S I U R     N K A D W S K J F K V Q F              V M L
    A J Z O Y E L F X T C E L U U W G Q O H N C           H Z Z
    C Y K U P W N T U J L M M W V V Z N O W F P X P L
    I F F I A D G Q U O G I Y V I M I Q S F J N F R
      Z V M C F     P V R D P L I X I B C Y Q Y Q Q Y
          J G       J F E Q B K E S H P U S N I M
                    U D P A J E N E P N R N O M
                    L A N O T R S Q S H S B A
                    R   W Z S X P F L N P C   D
                    G   E G O Y X A S L T H   B
                    L   H   L Z Q R B W   H   N
                    M   W     H B C A     S   J
                    M   K     V F         G   P
```

189

## Animals that start with W

```
                                                L
M Y                T              U             N D
 Q K              G O          L T A U G         X
 A P     P    P M         V Z E P N R V S       Z W
   U R M X R C C      F I W A L L A B Y R Q     G Q
   K Q H V L V K    A M B I R M I R B B T B E   I J N
   L E E N S E T U Q G M J X W N O V M D L G H  H T I
   C I W A S P R S Y T H Z D A U A I K A M H R V D D
   J P S A K X B T S V G S Q L A E G H H G N N G M
     H D K Q K   W R S W S F R U U W V U W H O E H
       S P      F X S A N O V L O F Y U J G U
                E P B V L O F A R M Q A Q L
                H Y Q N N R U N Y W N B E
                V   S T I Y U K N A J S   U
                F   O T R Y A S D N A V   E
                D   D   K G H D U E   C   F
                B   I     R R B W     Q   S
                Q   D     L F         L   O
```

190

# Animals that start with X, Y, Z

Find 5 animals that start with X,Y,Z below:

```
                                                        R
Q Y                 J               Q                   H I
 O W               U W             V N J Z H             V
  D G     K     B Q           Z D S D L B G S           A Y
   A T N O U F W       X O X Q M S L C U L S           M O
    L S G S R E Q   B I Q E C W F B I P X Z X         F K R
     N W D I I I O S M N O F Y C K Y M W E W X M     R K Y
      X Z U F M Z E B R A J F E P P V S W T C Y J R A O
       P F H Q J D P T U O J K Y F O K P N M P A P P D
        F W Z N J   B X P U X V O B O A J J F K G F F
         H D       U D R E X E N O P S A C G E L
                  F O W D X - R A Y F I S H P
                 U A U N Y J I Z X E V Y T
                E   B B U B T J J V D P   X
                 G   I G P C Q O V C C D M
                  W   N   P Z Y Q R C   W V
                   F   O     T V P D   E K
                    B   N     Z Z     B D
```

# Answers

## Coffee Bean Types 1

```
Q J I B R D H M C N H M
H A G N C L A K H X T D
E Y N Y F R E Z R T S S         K O I
Y H I L X Y G F O U D U     X I S H L
E V F T T H L F X S N H   S F W   H I
S S A L T W I N V W J M F V D     N I
K H L R B F B G I H N K N C     U H
X C N B A B E L S D R Q       G S
Q O U U E B R P T I Q M       K L
K D V P A T I G Q R V N     D A O
Z S G J V P C C L B P F   U J R
V S E S T V A B A C S Q I K N
X G Z V V T E A Y C X S G W
E Q P Y S W S Q W Y G Y K
N D E U F L H V E S A H
N M B V E L R A Q X W N
G O K C F Y H P G V N L
R X X T Z N U Q W L J K
F E H I U B L E M R K Y
N G T A Q X L I N F Z Q
```

## Coffee Varieties

```
B W J P G O F G R V C A
G F K T T Q L G B R A E
F E S Y H G A B W O P C         T M C
D C U T H R T D L S P Z     O S C P V
Q F C E U M W M M A U J   K I C   E X
V W O S F Z H E A I C A B C D   F Y
V N F P R W I M Z T C K V O     L H
F A N R R F T N G Z I A     W X
B B R E I Y E O L A N C     O A
H Y Z S H Y X F I E O A   W D L
X S Y O L P S A Q J R T J B S
L P Y O P A B U T G L W M A D
R G K K H Q T C W Y S O S T
Q G M Z X S Z T C Z S D C
B N Z D J J H H E O W I
Q D E R M F W D Y I U N
N E C U L W C K S A T G
H D E O V J M N H L V E
M W V J Z J H B Q R V H
D L S J Z P O L F R Y V
```

## Coffee Geography

## Coffee History

1st country to consume coffee **(Yemen)**

Country that invented 1st commercial Espresso Machine **(Italy)**

City in Europe that first imported coffee **(Venice)**

Most traded commodity in the world. Coffee is the second most **(Oil)**

1st country to discover coffee berries **(Ethiopia)**

## Common Coffee Terms

## Coffee South America

## Coffee USA

```
W B U U Q B I S D F V P
I C A L F W F U C D Z H
P O T H N O O C J F R R           S R H
V R V O B N L Y S L G A       U J B L N
K G I L I S G T Z T C X     C N P   O J
M Y H R J T E R I Q V B B G F     E R
R X G A D E R H B D V P E H       U U
B G H Y P D S T W U G Z       Z Z
L B U S Y B E E O K N O U         P R
H B R F E Y S A M K W Y       E V W
B Z V X I L T Z W I L Q     A G Y
Q K T A W M A S D N D Y K Q L
T Z F Y J O R U N V K U W H
L B J X R T B F J J C Z H
I C B O H U U Q M G D F
X U R Q A O C U G O A U
H S X C A B K N P I V I
C N A E V O S P K J C X
N P S V B V K A L F R S
G F E L K B J D V F J Z
```

## Coffee Australia

```
G W W K Y P I E S X P A
X U X D Y G T E D Q I X
S E W A W K Y B J N J M         X U J
A Y G Y M P B D E L T C     H B N C R
B K F X G P A P K X M I   F W G   H P
R I E W M N H C P M L A K L H     S I
U C Q Y A W D P D K G R Y O       O J
N H F R R A B R L W Z V       I X
U T W T K I L Z F C L J       R R
H G U V E D A F P D J E     R Q N
H L B K T O C L N X P U   A K E
Q A T N L T K V S R P Y B N H
H D W B A A S I D W D P Q S
N J W I N L T K Y R M C T
E H E P E C A F O Z V B
S G E S C H R F L Y E A
H Y X X M E C P A L Y Z
E D L J F M D J U J T Z
R K F V X Y A S O H W C
R B O C W N X Z P A B A
```

## Coffee Vietnam

```
B X V T D I N C I B X L
Q O Z H R J H Q T C W J
J G B H I J I C D O C L        Y S S
J G B M B E N Y G H H H      K K Q L C
Z S N U X G Y M V Y V V    L N K   P K
K Z T N P N R H R V A B I L T    E J
F Y                    V X N       C O
F O E Y M C A E R T U H        Z T
A G U W U P R Z W V O C        L L
F G N K X V P J N J I Y      N C P
N N D V W R B Q H Y W A    Q Y Y
Z W S X I G K K J V D A S Q V
O R W T B N G K X O T B L Z
K T Z K T P A T Y Z R K M
T B X E P X H C D E Q V
F T W Q K T K K A P R R
D E L Z A Y K I L F Z X
V D V L P R M Y D N E G
K Z A Y I R H H A G O N
J D D G V E R I H F Z X
```

## Insects 1

```
      J B          H Y
      K E          E C
    J T          N I
    O D        B F
Y T          P R
C J D Z W W U
  K    G    T          A M
F P S F U W        E P J G R A Y
S B T X C T K    G O N X G S M B M J Z I
  J Y Y T N J N I X Y H F O F C U W O C A
  I Q L C V C F T S I G J H H W Y P B C F Q
  J I W Y T N B V Y G A Q A T      P H J M F
    D K H S G V W C H N          X B
    S H K           T X I M H E P W Q M Y V Z B
      F Z E S F H M P B T Y P K N M S V D A E X K K
      O G                P M X P X X C R U L
        Z N F D O J I K U O G O W M X C Y L W V B E
          K T F C M P W G L Q M G K K A S U F H N T
          S O    M A              P U      E M
        P T S T    R W G        A G B K    C T L P
```

# Insects 2

# Insects 3

## Mammals 1

## Mammals 2

# Mammals 3

# Birds 1

# Birds 2

# Birds 3

## Snakes 1

## Snakes 2

# Snakes 3

# US Animals

## Europe Animals

```
R R
S   Y
D R V                       U I U
G A Z                 E O O G Y
E P B B           W H I L M F Z
  W A C         C W X T C S A Y Y
    K X       D F R E P L L J H K X
    T         W N F T Y O D S D D A
    D         W T Y L N L W X Y N B X
    A O A D P H M A A K J P Z Z I T K Y
    B Z W I C D Q S K K Q X W H L D H G F
      G K T B B A C H E                
      R M B F S K E Y       X B L Q D P
        R Q I C O H K N F G V F V C W Z       L
        O F S C P R F W V R X L N L D         H
        Y     G             V     Y
        B     Z             D     B
        O     M             L     I
        O     Z             D     B
        J     Z             E     G
        K S   C M         M K   K O
```

## India Animals

```
F Q
Y   S
E I X                 D Q H
B U G               C V M M Y
C G K N           M V E A B P L
  X F J         D J Q N K A B R X
    B M     I   
    A D L Q E S A Q B S U W E N V M
    B B X G Y T B M                 L
    Z Y I Y T Z C V F L V P N Y G C H X
    E T Z G F D I E Y K G T H J O D R Z L
      S D I N Y P G M D X P D D B T D W L
      C I H J R S N I Y W K D E R D J J I X
      J                       W A V A E G Y     R
        F C N F A S Q H U Y M H S M J         X
        U       U                 P       Y
        S       O                 C       K
        L       P                 E       F
        K       C                 F       L
        O       Q                 N       J
        Y Y   J T             M Q   P E
```

## Australia Animals

## African Animals

## Animals that start with A

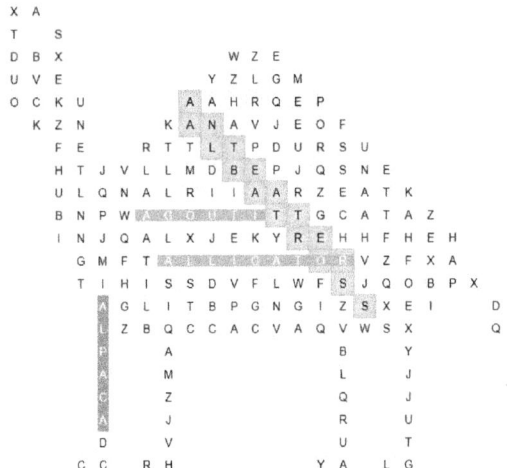

## Animals that start with B

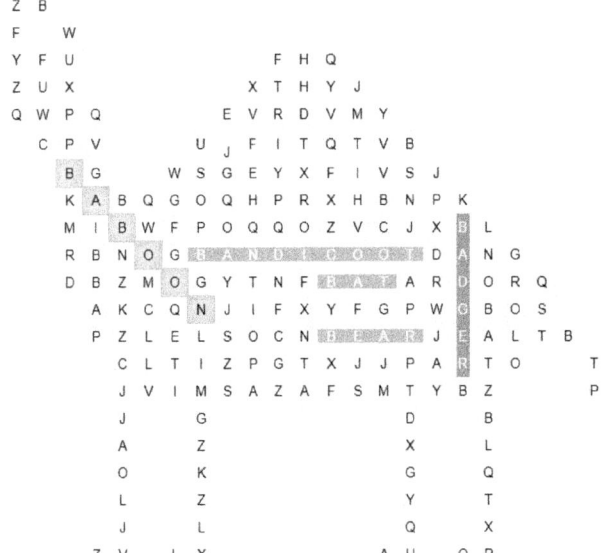

## Animals that start with C

```
L I
T   B
S C D                    Q Q J
J Z N           X R M P R
E Z U B       H Y Y B M Q I
  M T Z         Q A E G E P
    J Q     V W I I Z B P C W G W
    A Z P T             L H U E
    Z X C D M E C S K D P E O E D M B
    D W X F C Q G O Y M M U B H W M X D
    K N Y P E G O V B A Y C V J Y C X O Q
        V C K S V Q P C R L W B K Z U V A D
        Z H O C S O Y U P A F F N T V N G L P
          Y K C T O P N N I V Q X Z E O Q       L
          A                 Y O W M N T A       E
          O       Z                 Z       O
          R       G                 J       I
          Q       F                 W       P
          M       F                 L       O
          C       W                 A       C
        R P     S G               O Q     B U
```

## Animals that start with D

```
F I
L   A
F B R                   P S D
T S O                 B S D U V
K M Z Y           W L W Z E Z J
  F R F       U K A R V D B J C
    O O     B H T V D S U K F K L
    G S Z A N F O D I U L A D M Q R
    R R S Q K D M R N W O U O W D E G
    S U Q U X M O A O A Q V X N L V X
    G F A F L L A G P C Q E G B L G L U
        F   B F P W   V Q U X H G W K H F M
        I   R R S O N P L G A B I Y I X P Z W
            V V B R N S G J U Y V T W P Y       N
            B I B F Q P Z O Z O Q R Z M         X
            I   W                 E       T
            X   Q                 U       K
            R   U                 E       U
            U   S                 C       E
            S   Z                 M       V
          X J   P U             H C     B D
```

## Animals that start with E

## Animals that start with F

## Animals that start with G

```
                                                W
    U I             Q              E             D V
     S C         F Z         S M S L L             J
    P I    I  F L         R P O P C R A C         F G
     S K K O O U V     O M F P A S U J C V T     N P
     Z Q G C L H K   K B E U K G I Q R H B S P   N R P
     L Q E Q Q J G W B L L J H B O K B B P T N U   O M P
     M H Y K N K W A J Y O N R W O A I B C O M A B E S
     R X Y         Z U G P V G D J T P B D D B W E
       I O P Q P   I P E V W U X X X D R L C I L K L
         J F       Q F L Q Q G J G B U B G A B K
                   L E F L           Q I U
                   R Q Z U E L Y F Y X Y D T
                   A   D Z Y U E B H F A M   T
                   U     Z P B P N P L Y I A     L
                   O   R   W E Y G I O     A     Y
                   J   A     T R I G       A G
                   I   T       K B         G K
```

## Animals that start with H

```
                                                L
    O P             T              P             C U
     R L         F L         S A G G H             J
    G Y    I  J A         T J H M X K F G         K X
     O C M C T C C                       E I X R   A H
     Z P C D N B U   Y O K S H R A S Z N E I W   F C W
     O D B C L D Q C Q Z M Q K Q A E L W R O M D   Y T F
     S D Q         Z I   K               D T Y Y I E
     Y I S R D Z Y F X   Y Q H V K M L A A A F Z L M
       G N Q N G   P Q   Q G D H D K U I R Z Q G J P
         D K       O   J V P D A P E M O J A K V
                   N Z J N B R U H J W P H Q I
                   A V Z L H T G Y S F M N N
                   S   Y J W C G T B C Z U   E
                   F   F E L C G I F A R F   Y
                   W   S     F F R P Y H   P     V
                   F   M     S Z V G       G Q
                   F   G       S G         M F
```

209

## Animals that start with I

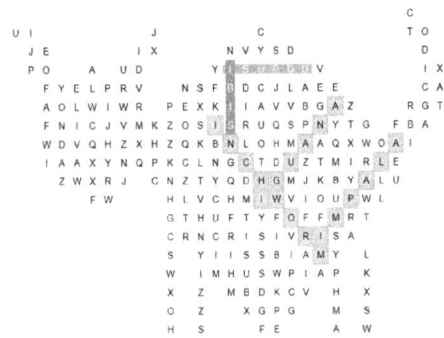

## Animals that start with J

## Animals that start with K

## Animals that start with L

## Animals that start with M

## Animals that start with N

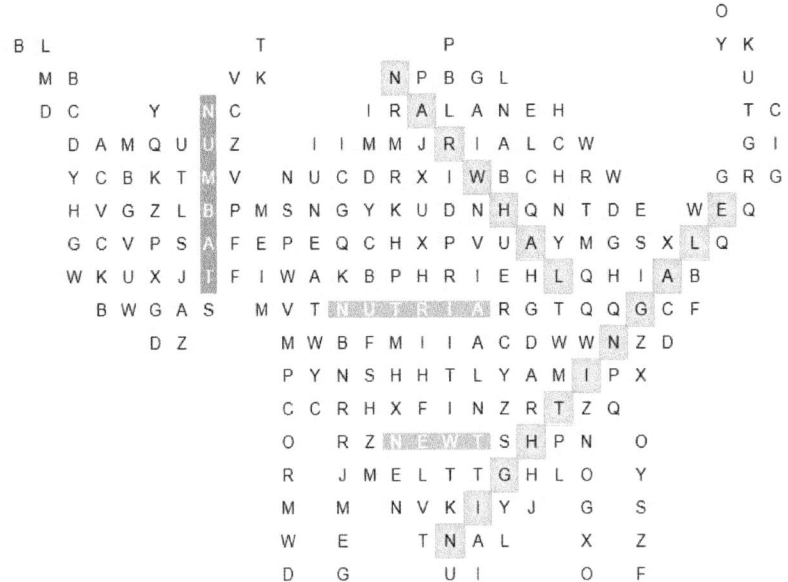

## Animals that start with O

```
                                              Z
K M             K           D             E E
 O P         B M         G L G U G         I
V P    E   D A         A W L C O P V I    G F
  O O B O P L Q    I Z W Y Z W E H S K T    T A
  T D S Y R S W  H B Y J L U R C X X R P V  S N F
  A L L S T A A V U T T W B X I I M O X L O R  U F V
  U G L I U O N D J V O O B R E Q S E O E K Z G I  K
  L U T D N M N G T L Q J T W S W S C K L Z G Y Y
    L S K B T   B U E T S G X Z X S I R Q Y L I G
        F M     Z T O Y A           C S E
                N B A L K Y V R V F U P K V
                C C D N T J C I V X Y R R
                S   R G J V V Z O N L I   M
                M   I W F V R B N Y O N   C
                T   M   H M R W V D   C   H
                R   N       E K M P   B   U
                F   Q           U Q   D   I
```

## Animals that start with P

```
                                              Z
P E              L           T            D W
 Q Y         U D       Q E R P D           D
  N Z    Q   T L       T B F I W N T I     T L
    H E Q J T M V    F O K R W C N T V T D      J H
    A K K M Z P H   T N N O O J W S K N N Q M   M N G
    R I L             G S J P B O P J O H L J B  I S P
    E S R F I R F S D C C X E F G K X W L L K R N U M
    O I R S G A P I X F X Z L G B R H L K R E I P H
      H Z N X K   P H Q G W I Y J L W M I M U Y Z N
        W D       E B N J C H H S C E B G T K A
                  E A W N A D N E R X N A I J
                  H M C V N E T K E E L K W
                  F   D O C O E J P P E P   Z
                  O   I E C V F O Q X Q V   K
                  M   X   F K M K S B   H   W
                  J   S       W Z P W   D   Z
                  R   Y         X V     U   Q
```

# Animals that start with Q

# Animals that start with R

## Animals that start with S

```
C E                         V                   I                       P
  U J               V Q             Z A S C C                          T L
  A Z       C   W T           J Y E N W X M T                          U
    P K Q W N F C       B E P U S A C Y X L Q                        S I
    H B T W M J Q     Y S I T I U K Y D I A H Z                      D H
    N Q G W B T G F F G G E C Z E O H O H R Y C                    M X Y
    Q S P W B S L B U J M U E M Q E I B K N S I A Y U              E W Q
                            U H N Z G E O Z O F E X N H
        G Q P W H     G G G L Z X E S H N I E G L T G Z
            V K         I G H O Z Z M O L J O C L H X
                        J E S E X U M A K O M L J U
                        F X A P H L E L L A X O O
                        O   W V A S G N J K X S   C
                        G   F S Z Y U A Y U U N   T
                        W   I   P D B U X M   L   M
                        M   S     V M E K     T   U
                        J   H     Z B         M   Q
```

## Animals that start with T

```
                                                              K
  G P                       F               W                 B U
    G K               O T           T T Y M L                 X
    Q T       J   D X           O T O L B F E E             Q C
      S P Q E J R V       C M Z A U S M W W B U             M V
      U C T G F V O   B I E P R M F L Y Y A D H           E G M
      T P G E Q V Z V Y T V M A T E J Z G Y S I K       B Q Y
      W H T D R P R L Z W V F N S Q T R N W A W G Y K C
      G R G Z V N E K U E F O T P P P S I W R P F Q N
        D G V E T   J U S A D U A F B E T L R E V D S
              C D       A T R G L Y M F L F J T W X X
                        X U H O A R X A K D I I   P
                        S F Z R L L Y N R M W G S
                        R   O C D H F X R I U E     Q
                        M   K G W O Y E H N N R     Y
                        A   Z   B H T F E R   Y     W
                        I   C     L U J J     L     B
                        W   K       G S       K     T
```

215

## Animals that start with U

## Animals that start with V

## Animals that start with W

## Animals that start with X, Y, Z

# Book 3:
# Garden word search puzzle book for adults

# Types of Gardens

```
N J E U C P B L F F K I C H Q
T M T B D Q A B L J E H T H D
H J S D H C O P O W I N T E R
O J B F I K H L W N P N F F S
N N Q P P J L E Y W C Y Q S
J I O G S P J S R F X N J I O
I R A G Z S E Y F D F I F G A
T P G R P E H G L F I W K L L
B O T A N I C A L G A P N P T
T N Y R E G N A R O E T R M H
O Q E D R N K P C B G Q J H U
L D J T O A A R T Z W F F F
R P A O E Z B L P K U V O L D
J E L M Q A S V Q P X S O A Z
Z R L G X X L N O F Y R R W K
```

Botanical garden

Cactus garden

Flower garden

Chinese garden

Orangery

Rain garden

Roof garden

Tropical garden

Winter garden

Tea garden

## Gardening Tools 1

```
U A Z W I E U X S C S M H L J
R E D E E W L H U G H T J U R
T M O T D E E L X N O Q O K G
R N N Q W A T Q F I V R M O S
R W P O R I J R S N E N A N B
I E R S V F C Z Q U L Q J W S
B T Y A Q R H T J R Q Z J Y I
W A T A B J P Q V P X L R J O
M O C C R M A T T O C K A H N
R G I K D P M N Y Q Z Y Q L B
H K U T P P S F C A C R I X K
P E W F Q A O G L R U Z P N U
Z O A P K F C L E E E X T Q B
L H Q P E P Z K P W T E U U K
S R O S S I C S F S K A I R V
```

Find the below gardening tools in the grid above:

Weeder

Garden scissors

Garden trowel

Backpack sprayer

Boots

Pruning shears

Cultivator hoe

Mattock

Shovel

Wheelbarrow

# Gardening Tools 2

```
U B V E M K G A G G E O I A G
S H O H L P M A L F K Y F M R
B C P F O K R V I Q A E K Q K
V L Y X H D C N U V R E W M I
Q D F T E E K I Q G D Y V U J
B O U N H N D J S X N M V P S
Z S H G E E V G Y N A B R Z P
B O I D W O T E E F H W L V A
E V R X D E Y G L S O E M S D
N A B A Y U B I L L H O O K E
G M L G I A P O Q W R E H D M
R E T N A L P B L U B B A G T
K N E E L I N G S T O O L R D
A H V M L B S M X K Q C U R S
H E B A B V Y J J Q H U M U E
```

Find the below gardening tools in the grid above:

Hand rake

Garden knife

Billhook

Hedge shears

Spade

Garden hoe

Bulb planter

Sickle

Kneeling stool

Scythe

## Gardening Tools 3

```
A T P O D D N W D Y P Q S S B
I Z R R W R R D U O B W W E K
W P T M U O C Z H Z G V D V L
C F V P T N O F Y L V R O O E
C G D T I E I H P D L C C L A
P R E B M T S N V F H X G G F
Y R R K X R C G G A L P A G B
J R M K E Z I H N S X X R N L
Q J R N O M C D F W A G D I O
T E U Z W V S K L O U W E N W
A R K N E E P A D S R C N E E
P W E P E X Q O J M A K H D R
A P D D R E M M I R T Z O R Y
H H E T A E R C B N W A S A A
T R C Y I N L R L F G E E G W
```

Pruning saw

Garden hose

Hand seeder

Gardening gloves

Pruners

Knee pads

Pitchfork

Leaf blower

Wrotter

Trimmer

# Gardening Tools 4

```
T O J Z B J E Y K L G F W Z Z
E E J A Z V P V A I A H Q S T
L O H F D Y L W V E R X Z H V
Z S E C Y A N E A G D P O J V
Z F P M T M L Z X B E R T G T
O M S R O A R K I G N Q U A W
N X Y W I G H G B R I E L R S
Y G E Y T N P K E P N W N D K
A R I K H T K M Z O G O I E N
R Z J U X X O L Y M F T B N F
P X M X O V O K E J O V G C J
S P H F E C A Z T R R J W A T
E K A R N E D R A G K R N R M
S D W A T E R I N G W A N D N
W M E W M R A R B R E G D I W
```

Gardening fork

Thorn remover

Garden rake

Hatchet

Spray nozzle

Watering wand

Sprinkler

Garden card

Lawn mower

Widger

# Gardening Tools 5

```
E S U I T K Z T E J Q N E P R
W R F R K Z O B N R J R Y O O
R J O T O Z T A A T I B F I T
N P O T B I S N C W I U E N A
G I S X A K B B G I B K E T R
N R E G A R D E N S P A D E Y
E K A R F A E L I T U L B D T
B B G S T Q M A R T X O B S I
V L W R S U K V E I P J K H L
N A Z Y L S R A T L H C A O L
T Z Z C Q C H Q A L P Y I V E
U Q H C B U W E W E A V N E R
R E B P Q J Q L A R Z I O L K
R B Q O I V E P V R S V K L M
R E G D E P E T S R S C W P C
```

Pointed shovel

Mulcher

Leaf rake

Aerator

Watering cane

Garden spade

Grass shears

Rotary tiller

Step edger

Twist tiller

# Butterfly Gardens

```
Q O V B R E K S E M Z T U P O
I G M I A X E K L X S Z N E H
G S W A L L O W T A I L U R P
I E I W L H N E I B O X J E R
G E Z O I O I N B D A N B N O
Q K L T P R U V U Y M H X N M
V O V D R T E O H L G Q D I E
A A S T E R F L O W E R S A U
H I D P T R B Z R K Z W P L L
Z F E C A D B M U F C V G S B
F M V L C R X E X U S N P N V
S Y F F D C P O R C E N O T S
N G P B A D I J W R P G Q T V
P I O W E Y U S G B Y F F U D
G Z D X Q J Z B N Z E Q M L R
```

Caterpillar

Monarch butterfly

Petunias

Aster flowers

Elderberry

Perennials

Stonecrop

Buddleia

Blue Morpho

Swallowtail

# Container Gardens

```
S S P T X C N H Z L Z F X U W
W E U O Q F M G W Q P Y O J R
T B I P T B Z R I A A H B J U
U O G R G T P O T S R F T O E
T P M L R Y I A J C S R N L K
M B A A N E I N O U L S A E P
F N P M T N B N G B E O L Q L
O W J N U O T W W M Y N P G X
K Y D T X A E Y A B I F N F Y
I A E A I I Z S Q R B X E M S
M P A N Q V B L N F T Q D B B
K U E A I N O G E B A S O L N
G R Z Q E P F D S X R Y O S O
S P E P P E R S D A P Z W P W
E H N R S A L O P L S Z M Y K
```

Pots

Tomatoes

Parsley

Containers

Begonia

Strawberries

Wooden plant box

Petunia

Peppers

Potting mix

## Demonstration Gardens

```
T K Z M H M E L N D F E V G S
I E R O Z E E W X R G U E R L
K B A C O D D D B A B Q D O L
B R J C G I E A B H P I U W I
Q H N E H C M E T C A N C I K
C C J L K I O P X R G H A N S
J X M N T N N Z Y O J C T G L
R G T Z G A S G P D E E I M A
F R A E B L T X G R I T O E C
S D X L I G R K V A K N N T I
R C M V I A A K A Y R E A H T
V C W A Y R T Z Y K M D L O C
I W G M E D I U L C S R E D A
R Y U K L E O F F A A A A N R
F Y F R J N N N U B Q G T L P
```

Teaching garden

Demonstration

Backyard orchard

Learning landscape

Educational

University garden

Practical skills

Medicinal garden

Garden technique

Growing method

# Gardening Methods

```
L D O H T E M G N I W O R G D
G A R D E N T E C H N I Q U E
R S N U Z D H O C H D L L H M
K T H O F J V J H U D H S G O
I K U P I V O P N S D H Y D N
Z A Z Q R T O G M G E X R N S
P N V K V U A B U D V V Z H T
J S Q A H G A C E Q T G R X R
W M Y J K F V K U Z R E D K A
R A L H N M U R Z D D S V Z T
V G F S F M K J W P E R R D I
T E A C H I N G G A R D E N O
M E D I C I N A L G A R D E N
D R A H C R O D R A Y K C A B
P R A C T I C A L S K I L L S
```

In-ground

Raised beds

Vertical

Hydroponics

Aquaponics

Square foot

Upside-down

Hanging gardens

Organic gardening

Container

# In-ground Garden

```
E H G Z O A B V W J L T S P N
J X K S G E R C V Z J R L C A
C I I Q W Q A H F Z K A B Y M
G O A S P O J A G W N D C H K
A W M F T O R C L T L I B V U
R U R P F I S T I E V T S D G
D V L G O X N N H E S I V L N
E K K M O S G G Y G S O L V I
N X H N P S T X S R I N O X L
F H W U E M U Q Z O E A K F L
E Q H E B N F E J O I L R B I
N C D S Q Y E K C W O L T T T
C S G N I W O S T C E R I D S
E S Z I N G R O U N D B E D S
O I D I V O Q L F X Q K L H L
```

Existing soil

Traditional

Planting seeds

Direct sowing

Straight rows

Cheapest

Tilling

In-ground beds

Compost

Garden fence

## Raised Garden

```
L D G H D S T D R B O L B S G
P J H J D E R H A Z G I E N R
A H Z E D A B Y I Z A L B E O
Y E E T I H A N S I V V K D W
S W R N L U M B E R B E D R I
F H A A I J X S D D T W Y A N
Y G X K T S O Q B F O Q Y G G
E E J Q Y I C U E P I O V E S
Q U Z D O L O A D W A U W L E
H H E H D F Y N S Z R H J O A
X O B G N I T N A L P E Q H S
V L R L S A S W A T N N H Y O
L G L O S G K O Z U P D I E N
L D S L Z H K K S K S Y K K Q
Q F O H M R R L T J X U P H R
```

Raised beds

Drainage

Planting box

Wooden bed

Keyhole gardens

Weeds

Lumber bed

Aeration

Growing season

# Hydroponic Garden

```
H D M G N D U F A L L Y Q T J
C R M X N U U E O Z I Q C O H
Z U D H F S T Q S G G N M K I
Q P V S Y H U R F V H I J I E
L D F A W W U I I F T C R I V
H S R A Z I J E S E I E J F D
A T T Y N M E G C N N Q Z W E
K E Q D T I U H K B G T R U R
R D O N P M M N W K W W S L K
C O I Z F R R I O V R E S E R
R N T W C D E K R X V G P X L
O N W E Q H X T G S S T Y C F
F V J R O M E G A V F G H W N
O T E C U T T E L W M B N B C
A E R O P O N I C U I P M E I
```

No soil

Hydroponic system

Indoor gardening

Lettuce

Water

Grow trays

Aeroponic system

Nutrients

Lighting

Water reservoir

# Tropical Gardens

```
T B G O M S P H L P E I H K X
N M A Z O P B Q I O X E R P A
A I S N Y X B A M B O O L U E
L B M V A D X C I C T Q N E W
P Z C E P N D F A F I T R C G
F P B M Q A A H W Q C T T A N
A W D X F M L P H I A B U T S
E Y C O H D S M L Y N C H T U
L Z N I N T U N A A B M N O R
E M Q K N W Z P R R N A E S Q
G F N E B U A Q W E L T D T G
R L J M S P I M U P F I S Y H
A Q O R C H I D S O N H A D B
L B J F E R X E C X K R F Y U
E S I D A R A P F O D R I B O
```

Tropical plants

Bamboo

Banana plants

Exotic

Bird of paradise

Ferns

Large leaf plant

Papaya tree

Orchids

Palm

# Summer Gardens

```
M I U Z Y B H F Y G Y A M I H
S Q U P T R E R X A D E Q A M
C S B B O H A R J G L U T F G
F E A X Y M G E R O Z T D T S
G A S R E I N I N I X N S O H
D K P S G B U Q L N E F O S R
V I O X D N P O L N I S H T E
T R B R E W O L F N U S W N W
D A H O X R A M P H Q S P I P
W A X B M K U H E R J P U M E
L Q K W U G H D X L S M O B T
Y H U X W K C E A F U I Z X U
K B V F V R C D A H L I A C N
R O P M D N B R L K P B G K I
R E D N E V A L I Y Y R P M A
```

Lavender

Lemon grass

Mint

Rosemary

Dahlia

Berries

Petunia

Melon

Sunflower

Sunlight

# Fall Gardens

```
S Z T C S F V P C X S B P E J
Z P K I G Z E T Z A I P C R A
Z A I D Z M I X D B R U H Y P
N R A N Q Y H E W M T R V E A
U Z F R A T I W G T W L O Z N
R K N P N C Q N E A R H F T E
L O B M O O H L O R B D U N S
R E W O L F I L U A C B R B E
A E P T E E W S A C X P A W M
C H R Y S A N T H E M U M C A
A U T U M N D A F F O D I L P
X C Q Z Y Z W M L Z K P D H L
I M S J T H A L C S G H I G E
Z K A O D G J J W N K L K L S
K F R N Z P X S E Y M Z X I Q
```

Lettuce

Chrysanthemum

Carrots

Cauliflower

Cabbage

Autumn daffodil

Spinach

Autumn

Japanese maples

Sweet pea

# Spring Gardens

```
K D O J W R V H R V U M W J W
S L I D O F F A D I C Z B L M
E N L F F E H M Z O H U Y S P
Z B D J O N S N A L B R U O A
O R J A F P V O O A O Q R H U
C A J Z C O Q M R S X D W R K
T U R N I P S O E M W S I N G
Q Z D Z O K C M N O I E G P N
Z D F Y I B A E N I T R E J I
X T D Q F R T S B J O O P G M
N V G Z Y Z W O E L N N F L O
S T R A W B E R R I E S S G O
G F I G R M G Z E N P Z Q V L
D N F Y I V W S R P Z D Y K B
S Q G P A I R A M Z V K P B L
```

Turnips

Onions

Violas

Peonies

Daffodils

Primrose

Blooming

Snowdrop

Strawberries

Rosemary

# Winter Gardens

```
G F B Z S I P K E C D V B A B
B R R L V N S U O J D S D U R
E N E W H M S J E C D D K D U
E T F E Y O P Y O F V Z B U S
T T P S N P O L G H T J L T S
S Q A W F H D P A C C S T Y E
K R N X H F O M T L B S E W L
E R K N R F T U H U T X C V S
S H N A N Y C I S M N Q I U S
E R M Z F I E D Q E K N V F P
F E O P L M E L M G H F E D R
A W M R E V U U S R C O J L O
F Y A T R A S P A R A G U S U
Z G V N R E T N I W A K E A T
E C D L Q M Z X J A L P I M S
```

Greenhouse

Beets

Cold frame

Winter

Parsley

Mulch

Garlic

Asparagus

Hoop tunnel

Brussels sprouts

# Types of Gardening Jobs

```
P Z S V B X Q P T U C U E B A
L J C I W L V T S I N A T O B
A E R N Y U S S I G R C Y R C
N Q F E L Y Y R R P Y S F L T
T E X Y K O E K U C D N A T R
B C F A U N A A T Y T N P S E
I X A R E F U F L B D M X I P
O N S D Q C B Z U S G R G M X
L E R W Y Y D U C X T H D O E
O A E O Y N Q A I U C U F N L
G V I R U H P H T W K U X O I
I U A K K E U G R J U Y V R O
S V A E R Z A V O V J S X G S
T Y K R J O A A H P V G O A X
G R O U N D S K E E P E R O J
```

Horticulturist

Gardener

Groundskeeper

Plant pathologist

Vineyard worker

Landscaper

Botanist

Soil expert

Plant biologist

Agronomist

## Types of Gardening hoes

```
W W R O T A V I T L U C D V M
B A F V J X N O M G U C N X R
G R Q P Z S D S N V U Z O A R
V D D L X K P P G L E Z M I I
G P R M I E R U V G D Z A E F
G N M L W P C O C G E O I X Q
S R I F W F O M F L J D D B C
T S A T J S K F D K P D W T O
E O N P A T L D K V O A O M I
V H E Q E L A T W U I Q X R M
D L E I F P L U G M N I H Z W
T R A P E Z O I D L T G X B J
K I Q O S J D U C G E L D T W
A O P T D T G Q S S D Z O G W
W V T T I H J D L L O O F T M
```

Field

Fork

Draw

Paddle

Trapezoid

Grape

Pointed

Cultivator

Oscillating

Diamond

## Types of Gardening Tolls

```
P U B J S Z P N X J B W E G Y
A S Q W H E R F Z K X W T A D
U J H R Y B U Z R S G R E R V
I X P L E U N P M G O K D D L
K K R K O L I P C W P L A E A
C A Q E G O N H E I R H P N T
E T D J I E G L X J I B S S C
F K E U O W S F W E O H L E V
I Q A E Q L H S G X H D I C T
B A U R B U E D H G S Z Z A Q
W H E E L B A R R O W M C T D
G H A C Z A R B J Z V G N E H
V D T N L J S N S F Y E S U A
G A R D E N H O S E J A L R V
S E V O L G N E D R A G K S N
```

Wheelbarrow

Shovel

Pruning shears

Trowel

Hoe

Rake

Spade

Garden hose

Garden secateurs

Garden gloves

# Types of Gardening Soils

```
C X E E U H B F N C B S X X S
A I I K Z P M K B Y I Z I L C
A M R Y O O A A M L P M B M L
O M J J C L A Y T C E F H B Y
C U L B J I C Y N S K Z C J D
W I E C Q F T K O J E Y I K O
M M Z Z B B W P R S H Q H F Y
L E Z F O I R Q A O A F M I N
J R A V Y U G A T I U N U E B
E P R V P K I C M S L E D R C
L V E L M W L B L F I G J Y R
O V L H M Y C A C T I M I X I
A A P S P B N O H D T P J W X
M M B F L R K S T C W B O R F
Y Y T A E P R V E C M Y S D L
```

Clay

Sandy

Loamy

Silty

Peaty

Chalky

Premium mix

All-purpose mix

Cacti mix

## Types of Gardening Shears

```
S H J P D G K B S Q O G O X U
D R O K L D F E S H R N J P R
P L E I A B Y Z A U O I D X I
E F V N V E G R P K A N M I C
Q N I R U A B A Y V S N S D O
A L M Q O R Z T B Z I I V S B
F Z F O C H P C O H H H S C E
C S Z Z V U L H G R E T F N O
C I N O R T C E L E R L Z Q C
E I D X D O G T M C Z A S G H
U L X H J S D X J L B I P R W
U Z U O E V R W V X C T C Z P
B H J I Z D R L A I K O P M B
L O P P I N G M J E J F S W F
V A U O T C M E R P C P V V H
```

Basic

Thinning

Anvil

Lopping

Hedge

Ratchet

Pole

Electronic

Parrot beak

Bypass

## Types of Gardening Gloves

```
F O E R J K A E R O D C B V X
B G E X E K Q I U O E L J W N
H T O L C H G F P B T A J C M
Y M M J K G T E V M A W S X U
T G B V E D N A E A O F W X V
O Q F R R E Q N E B C I A T M
Q A S B R Q X J V L R N I N A
H H V P M E D I U M E G Y S Z
F O O R P R E T A W B E T H P
G E J C M I N V T P B R T A J
N G R T I O K R V U U S P X N
M W F M K N J O Q L R L I F V
A B A G Q J O V S Y Q W Q P B
H K W T O D I I M N C H F D W
D Q C B Y F H U B M L C L K P
```

Cloth

Leather

Rubber coated

Neoprene

Medium size

Claw fingers

Riggers

Waterproof

Bionic

Bamboo

## Urban Gardening Essentials

```
C G G L P E Z N K F K H H G T
H O E Z K F F A Z O M W D H T
S T N H I Q D C A F I J W K C
V D T T D Z K G J J X C Y Z T
H D E P A V E N D I O T Z A Q
S G Q E O I S I T U F T P D E
H K J V S H N R D R S G E M W
V S E V O L G E Q F O P V U P
U F V V E P Z T R C I W Q M T
E D E D B C D A R S L P E T L
C L A E A Z S W J M D R J L D
W P H A N D P R U N E R S Y K
S Q F L S Q A I I D Z L C L Z
W T X U E L C C D S E L A V C
D M S D S Z E Y A Q X H M Z Q
```

Containers

Mix of soil

Shovel

Garden gloves

Seeds

Watering can

Spade

Hand pruners

Trowel

Garden space

# Indoor Gardening Essentials

```
P C L F P R I Z I S S X N V Y
X L V M A J W C E R Y E A U M
N S A U A V Z E J N P I C Z C
O X T N I Z D P Y Q F C G C J
Y X W H T S N Z T A D S N L B
K E C D G S Q U M P Q U I A K
R E Z I L I T R E F Q N R Y G
B A A F O L L A S M P N E P U
J W I I S R Q W N Q U Y T O P
Y C B W Y S D L O D W W A T S
H A N D P R U N E R S I W S E
B V B A C V T U V S G N J H V
L I O S G N I T T O P D J B D
X X B F I K Z N Q A F O D M V
V J J Y P S S N V N A W N B D
```

Shallow container

Plant stands

Sunny window

Seeds

Fertilizer

Grow lights

Watering can

Hand pruners

Clay pots

Potting soil

## Gardening Slang

```
F E E G R E E N F I N G E R F
O W T B B V T M D A M K S A R
L Q A A X E V C Q D C Q R E Y
I U L Z V A D C A A Q T P K H
A Y E U S I U D B E F L P G M
R K V W G Q T H I L I X H Q C
F U O N I R C L O N U O W N P
E H H C R N E P U Q G E E B A
E X S P I X S E R C X O O E U
D H R P L O F T N G Y V U F L
I T Y D E C S H H T O V Q T D
N E E H A D U W E N H K X B K
G X G G C K N V N X L U A O P
O V D C H W H C Y R O M M C T
B L P U G N I T T O P C Y B A
```

Green thumb

Leach

Fart flops

Potting up

Cultivate

Shove late

Pinch back

Green finger

Bedding out

Foliar feeding

# Gardening Verbs

```
L M G S K L A O G G Z G B F Y
Z M G N I G G I D N C G Z E N
D B A F I G L H Q I Z N U R G
U W C B G W D I Y D D N G T N
R S L Q Y O O Y J E X N S I I
L A F Y A M A M C E I P M L M
G N I T N A L P I W R P D I M
W A T E R I N G O A F L V Z I
I X R G J W V R Y B N B F E R
Z M H G N C G I J M H D O K T
R X N O E I N E J K P T F C P
B V Q C D G N Z W M O R X N O
T W L X G Z V U U C Z B B T Y
H K Q V J N W B R K B T V K V
A V S C V V Y Y V P X E J I A
```

Planting

Mowing

Weeding

Growing

Watering

Fertilize

Spraying

Digging

Pruning

Trimming

# Fruits and Vegetables by Country – USA

```
C R H C S I U A A I P D C E
O U P N P G K R I S Y L O O P
N S V E R C F K R M X R D E A
C S I E P O G V V U T F G V R
O E O L Y M C Y P L R N K C G
R T T F O W M T A M A Y A L A
D P U O U F O N E R P H H Z R
G O E P W N D X O E I M F F A
R T J B I A W L J Y W S P H G
A A K O P P E A C H E S I L A
P T N P S V G G V M Y K A K I
E O L H A W V T C J L Q K Y N
C E P N P C Z Q S D D C W D N
S S S I A H A E O B P A Q Z N
O T A M O T D L O G N U S O N
```

Russet potatoes

Cortland apples

Sun gold tomato

Gaviota strawberry

Sweet corn

Niagara grape

Navel orange

Peaches

Concord grape

Onion

# Fruits and Vegetables by Country – UK

```
S E G A B B A C I N U J R I J
E E T S W B T P J O H A F E A
K K O O C U T Z H S U F I M
O S O L B V L M D P Q F E V T
H A Y Q S V Q W B D E I S W N
C V S I C P C E Q R Z Z V Y A
I O Q D V R R H S I N R V D R
T Y Z O B R H O L L K M F W R
R C A G I C N E V A A O N W U
A A X E O P H Q M N Y R Q L C
E B S T L L A I O A C A Y U K
B B E U U G G N C I T P A Z C
O A M U L P A I R O T C I V A
L G O G O S X E X W R B N U L
G E N X J Q K Z U D H Y V Q B
```

Chicory

Savoy cabbage

Raspberries

Victoria plum

Sloes

Sprouting broccoli

Black currant

Globe artichokes

Jefferson plum

Cabbage

# Fruits and Vegetables by Country – Australia

```
H O B R M T F K B T D L S N D
Z C X W W K E N N O E P C O I
N A A N Y J M A L C H O A M V
P D C E D Q S X W I H T P M I
H P N L P H T E T R K A S I N
L X B E I D U P O P D T I S I
W T J P C J E L N A F O C R T
X Q E K P G M R O K S T U E Y
K A R C Y K C H L R J U M P A
R Q A F C A C E K A D B P U P
S N A E B T N A L P C E E Y R
A E U Z U M J R Z R G R P U I
A W O Z N B B Z Y O V S P F C
G S O N F X A S Y O I B E J O
F C B B O A F U Y M F U R G T
```

Cal Red peach

Moorpark apricot

Capsicum pepper

Fuyu persimmon

Potato tubers

Nashi pear

Granny Smith apple

Divinity apricot

Plant beans

Chinese cabbage

# Fruits and Vegetables by Country – Canada

```
W R D T U M K I X V F O Z S S
B I N G C H E R R I E S P E H
L F E O N U X Z G Y S A W I H
G E F L S F T V R F R B L R F
F Q A M A M B R R T C A H R R
I G I F W K E Y A H H B Y E F
V Q U C L H Y N R Z I Y P B Q
X M Z A C E A L S L N C P E T
G F E N Y P T V R V G A P U X
N L A B P T W T S U R R M L D
O V X L R M N O U G C R V B O
N P E J K S V E P C Z O A D C
H O O K C G S P L V E T N L P
M C I N T O S H A P P L E I W
E L P P A A I S O R B M A W C
```

Bing cherries

Nova Easygro apple

Leaf lettuce

Baby carrot

Spartan apple

Ambrosia apple

Curly kale

Wild blueberries

Van cherry

McIntosh apple

# Fruits and Vegetables by Country – New Zealand

```
E L P P A S A L A G L A Y O R
K U M I K U M I S Q U A S H J
F I L G N L O B H N Y L M A V
A I C K C S D R G Y Z W O E Q
H U X C A K R C U F I H T Q V
R E E C I R S A V A O I O A C
L P B W L Q A A P R G J L W G
I B I P U C L K P E Q X L I F
U C Y G Q M Y V A J P W I T M
K M C I K T S U L P W M R T J
A Q R C G E C N G R O V A J S
U L I D V E E K R C S T M H J
M V Y I I W W T V Z Y M A L U
S E L P P A E Z E E R B T T L
U O Q A Q P R A E G I A W G O
```

Kiwi

Breeze apples

Parsnip

Granny Smith apple

Tamarillo

Olives

Kumi Kumis quash

Karaka potato

Royal Galas apple

Butternut squash

# Fruits and Vegetables by Country – Ireland

```
G G S B C T P R H V G O M H N
T A O O S N P D H V P T U G R
D T D G R I H G L S O A D E W
Y O P C N R A D N L J T E D I
M R G S N S E A N J Q O K Z X
Y R R E B E U L B R E P A R D
H A A E J T B X J W O P E R I
P C E Z E L Z T S Y O O H A W
C A N L O G A N B E R R I E S
G E H O L C H Q W F M C G E Z
B S X Z C G N A H M M N W V W
O R A M T O W B K G Z I I G X
Q Q C B S P H F W C S A F Y B
B H F K U R M D J Q P M F Q U
P I N R U T H S I D E W S E B
```

El Santa strawberry

Draper blueberry

Main Crop potato

Greasy Pippin apple

Loganberries

Sorrel

Swedish turnip

Sea carrot

Parsnip

Duke blueberry

# Fruits and Vegetables by Country – Scotland

```
G T V G H I S O U B T P O Y B
I B P F N P B E R L C K T R C
W G Y X I H G O D F M Z A R W
B R T N M U A R X E B M T E F
D M R M Y D W G Q C W X O B I
X U V L B T F I S P D S P W U
T D E E V J C F S U Y F H A J
T P A O X I R Q E C K S S R B
M N M G T P Q X Z L T E I T W
S D U P B H U Y H M J V T S P
F E R Y R R E B P S A R T M F
N B S P G C F Q H U L O O E D
C V C J A J A V S K M C C T U
C Q Q B L E L P C W Z D S O A
B R U S S E L S S P R O U T S
```

Sprouting broccoli

Broad beans

Raspberry

Swedes

Scottish potato

El Santa strawberry

Gorella strawberry

Brussels sprouts

Totem strawberry

Turnips

# Fruits and Vegetables by State – Florida

```
N S Q P V R D B B C A Z S T A
J Y S J P R H N A A Y V W I V
V F P W A Y T N I N A I E U R
P Z F L J B T U L R P B E R Y
L U L R O A W I N C A C T F S
H O E Q L R S X X O P J I K J
C L L O D R T H G V C H C C H
V D U W I U Q N O Y F O E A N
O P C D X W U Q A F P C J L
E X Y M W R A L S L V Q O M W
S Z Y L J F J B Y U I X R A W
Z R Y Y A J J W H F I C N H R
C A R A M B O L A P U V J A F
Y T I U R F N O I S S A P R A
T E E B A R D N I L Y C U N R
```

Cantaloupe

Cylindra beet

Cilantro

Papaya

Collard

Carambola

Sweet ice corn

Passionfruit

Coconut

Jackfruit

# Fruits and Vegetables by State – California

```
Z P M C B W C G Q S S T E R E
E F A H Z B B K C W E T G P G
P T B S B O T H A P A T A O T
O U V M C M W V W N F R A N J
P J A K K A O P A G G H L D S
P V D B F C L R Q Y Y Z A T G
Y H Q G A B G C A S J M A L I
A M G D E E A N E W V C G Z F
P V O E M T N C A L D A Q T I
R S Q O Z O R C T O E C C S S
I C P K D N O K P D G R S U W
C Q K R K M C A K C S X Y S C
O R A L B D X R O I A K N G P
T H S U G R A O N E G R A P E
C C I L R A G K C E N T F O S
```

Chardonnay grape

Sugra one grape

Pascal celery

Autumn Royal grape

Poppy apricot

Avocados

Soft neck garlic

Dates

Figs

Pomegranate

# Fruits and Vegetables by State – Alaska

```
R C U A U E B I E O X C E N S
G E Z B B S N B G D X R L O E
N J W G I I L H M A B O P R I
Z O A O H S N G L Q N W P L R
F J B C L B B I A B X B A A R
O G C G V F B G Y O L E T N E
I U E I U A I V G I X R E D B
Z K C H R S V L D N K R N A N
L K U L O E O Q U G E I O P O
R P H D T G M N I A K E M P G
P O K A C M Q R Z G C S I L N
K J U N E B E R R I E S S E I
N S E I R R E B D U O L C Q L
Y U K O N G O L D P O T A T O
X Z V P V Y V T O H C G L L O
```

Cauliflower

Simonet apple

Kohlrabi

Juneberries

Norland apple

Cloudberries

Lingonberries

Zucchini

Yukon Gold potato

Crowberries

# Fruits and Vegetables by State – Texas

```
O S B T U J J F M H C I C X W
T T R S A D G W R B G F Q H H
A D A A F B P R N D J A I M A
T M V R E J R Q Q Q X T U Y B
O Q O S R P P X Q Z E L R O A
P C C M P Y T X H A P E R K N
D O A D E O I N S Y E R Y L E
N R B W K A B P E B R S V D R
A R B C S U A L U I H Z N S O
L L A N V R H B Y Y R A A M P
R Y G H A T T M D P Q O Y Q E
O R E G E V T A B C D H V N P
N X U M Z R Z G H R T O D I P
C S T N A L P G G E I A H T E
G I F Y E K R U T N W O R B R
```

Bravo cabbage

White asparagus

Brown Turkey fig

Orient pears

Norland potato

Methley plum

Habanero pepper

Thai egg plant

Brazos blackberry

Packman broccoli

# Fruits and Vegetables by State – Georgia

```
M L U E S R S Z O H O N S O T
S U C N X M Y K K B O R W T O
O N S O J Z R L S I K F E A D
V E O C L A B G N W A G E T R
G G R M A L F O T J J S T O Z
M Q X S M D A X O A C I C P J
G L A T Q I I R V Z Q M O T I
L L M I L M S N D V G J R E D
L E Y A R E R R E U X Z N E S
L Q D E N W U S E G D B M W X
K I H V P Z T C Z P R M S S T
V R E P P E P L L E B A Q D L
X A Z Y A I N A I H V D P V W
B L U E B E R R I E S K U E L
S A T S U M A O R A N G E L S
```

Vidalia onion

Blueberries

Muscadine grapes

Sweetcorn

Okra

Bell pepper

Persimmons

Sweet potato

Satsuma orange

Collard

# Fruits and Vegetables by State – New York

```
B E R L Z O Q H Q M H Y E D G
S L L M A S E H M Q T C H M G
N P K Y F C U W Z E U Q T E A
O P W B G H I A X T F O I Q J
W A I D N T K N T J W S S Z O
P D E M P I R E A P P L E A M
E N V G U U L J A T S C I B D
A A J E K N Z C B W O D V D O
S L P M O O T F G T Q K K F U
N T Y T I N O W K C A E A K N
U R S L Y C O K T E R E D L A
K O C H E R R Y T O M A T O E
B C E L P P A N A H T A N O J
Y R R E B W A R T S L E W E J
E C S H I U P Y D V R S R P F
```

Albion strawberry

Boston lettuce

Empire apple

Lacinato kale

Snow peas

Jewel strawberry

Pickling cucumber

Cortland apple

Cherry tomato

Jonathan apple

# Fruits and Vegetables by State – Tennessee

```
I M X Y X U Y B T U M N D D J
M O O R H S U M E K A T I A M
O O S R G W Q Q S S H R C N B
O R A E U T A X Z C H P J V R
R H O B P Y L V D P A S V E O
H S B E K A H L J L P A X R C
S U G U S F R K I I V G S S C
U M P L N Q A G N W E I T C O
M R L B X Q U A L X F X Z A L
N E Y W X R C U I A O D Z R I
O T I O A H J Q P P D B F R R
T S A R H Q R T F B F I R O A
T Y Y R G J G G B H A A V T B
U O G A I W T A M N S U V S E
B S P D A U G M V U P V O D Q
```

Maitake mushroom

Vidal grapes

Darrow blueberry

Arugila

Brocco lirabe

Oyster mushroom

Button mushroom

Danver scarrots

Spinach

Anne raspberry

# Fruits and Vegetables by State – Illinois

```
G X X L L G E H L J F H L M M
U O Y E Q Z I D H O C O K K U
Y E L P U M P K I N V R X R L
N K K D F E E G T A Z S M A P
Y T I B R U C U C T M E C E Y
D R X U V U L U U H S R A P E
X I R B Y Z S L A A R A F E L
R C V E Q R L H B N K D S N N
Q J L Y B G R I A A V I L I A
Z R A T B W C O K P G S N X T
U J C K R H A E R P P H O A S
F Q X O E Z L R Z L F L W M A
O Z Z R A H Z S T E T N E O U
J V R E R T P D H S D Q V E S
Q Y W I L D A S P A R A G U S
```

Pumpkin

GoldRushapple

Horseradish

Mesabicherry

Cucurbit

Strawberry

Maxinepear

Wildasparagus

Jonathanapple

Stanleyplum

# Fruits and Vegetables by State – Nevada

```
H Y B I N G C H E R R Y D M H
M O R H P X I B A Q R B A G S
K I N R B D G P U T J O M F A
O A L E E B I R U A N S S O U
I I A D Y B E F P F C C O N Q
G Z V O B C E R T Y O O N H S
Z Q L K U E R S V L F R P V I
F A X T X A R I O G Y O L J N
U L T H E N B R S O K G U K I
D E S K U T H V Y P G N M G H
L I X Y R N B V T H A K Z M C
T L S V D J C H Q Z E P H F C
K I W U D T H M H Q R U P P U
W K S N D X P V B D M G P L Z
O T A M O T L R I G Y L R A E
```

Honeycrisp apple

Damson plum

Early Girl tomato

Gooseberry

Beefsteak tomato

Zucchini squash

Lettuce

Bing cherry

Mild berry

Pickling cucumber

# Fruits and Vegetables by State – Arkansas

```
L E M C C T H V E C W Y Z J H
S G N K H F H S E S H R H O C
I V B P J V E L U O I R H N A
Y Y V D O G E N S T T E A A E
R R R D Z S L Y Z T E B S T P
H E R N T F J Y Q H A L W H N
B C D E B U J U J U S U H A E
Y E F C H G Z O J C P M R N V
H I R N A C B I I X A D Y A A
G V K I M B T D X P R E M P H
Q T G U Q P B R H E A R V P D
L G U Z E G I A A Z G W L L E
A Q Z Z E F F L G T U L P E R
G R X P C F X T H E S I B A M
A S I A N P E R S I M M O N W
```

Red cabbage

White asparagus

Celeste fig

Jujube

Tart cherry

Red mulberry

Asian persimmon

Pawpaw

Jonathan apple

Red Haven peach

# Fruits and Vegetables by State – Wisconsin

```
T W V Z N S I M C A Z L R W C
U E S Q W O T E X P H U G O J
M V R N V Y I E B Z S L R F L
G W V G A B P Q Y S A P O C S
T I J Q P E Y X E Y B X S P B
A O N B L A B T W G I X U B D
R S H S O N P P G I K U W W I
T O B N E O S N A E B A M I L
C G Q D T N Y Q S N G Y F N Z
H M H A V U G B G I S J G V L
E A T P C A C R O E X W K R C
R O S Y M R N C O O X C P U Y
R H E L P P A H S O T N I C M
Y P K K S Z U X U R T Q I I K
C H I N E S E C A B B A G E H
```

Ben Lear cranberry

Ginseng root

Soybean

Russet potato

Lima beans

Stevens cranberry

Chinese cabbage

Tart cherry

McIntosh apple

Snap beans

# Fruits and Vegetables by State – New Jersey

```
D P S A E L B I T S S I H M V
T B F R W L K K U U P C W H W
V Y L H E N V G C U I I Z S H
K X R U M P A M T N N Y L A I
P C L H E R P M V E A V G U T
M C Z S A B T E S W C O A Q E
B Q S P R N E A P E H Z X S E
X G S U X E P R K L J Y K R G
J A H F Y A Q M R R L X D E G
B R R T P X O P Y Y C E Z M P
Z R E P M B Q D I A V J B M L
D G L F H C Q J N C D V W U A
P E K E G P E A C H E S V S N
S I Y R B E J F O G G S W G T
O T A M O T K A E T S F E E B
```

Blueberry

Spinach

Winesap apples

Beefsteak tomato

Bell peppers

Mayfire nectarine

Summer squash

Asparagus

Peaches

White eggplant

# Fruits and Vegetables by State – New Mexico

```
J G M M S F Z N Z T X M R E Z
F O P I N T O B E A N S A L G
M A N S O S E J N R U S D I C
X I O A W D Z E U L W R I H U
J X B Y T E R G B E N L S C H
B N A Q C H E B E A N E H O D
A H A M R M A T X F V C E C L
S L D N R H P N C G E G S I T
A V Z X I E W U A O D K Q X A
R L J U P R S N T P R R Y E Y
H G P P W W X B D U P N G M B
D O E F G K N F U B X L W W E
N R O H T K C U B A E S E E R
S Q M K S V U W L R V I X N R
R E D H A V E N P E A C H L Y
```

Pinto beans

Jonathan apple

Radishes

Sweet peppers

Sea buckthorn

Beets

New Mexico chile

Red Haven peach

Sweet corn

Tayberry

# Garden Décor

```
G P F Z R S F N T E S M G Y P
N A G S T R I Q M L V A N A F
N R R A T A O I A E U S O W B
U U A D T E H T H E W O M H O
X D B N E C P A O V O N E T I
G R U X D N H M I V T J S A F
F O B N C S S N P Y Z A T P A
F L I A S H W C S Z A R A N U
N W B Y P H Q Y U O R L T E X
B I R D H O U S E L V A U D S
R H C N X U X I D E P N E O T
A F M Y S W D L Q V O T H O O
H V L O X F T E T J Z E U W N
B E N C H E X K K B I R K R E
G R S C S K I O R K I N P G E
```

Fountain

Birdhouse

Garden sculpture

Faux stone

Bicycle pot holder

Mason jar lantern

Wooden pathway

Wind chime

Bench

Gnome statue

# Roses

```
C A B L H E V X C G K X H Q S
J T E X S O R N E N I H J K A
S T D T C F L O R I B U N D A
F Y P H D J X C Z B Z H Q M E
M R I R L I W F Y M M B C U I
C N U Z Q Y R J M I P H R L R
A E V T I U W B B L Z T W T I
T S N Y P G A S Y C L L H I A
T J Q T G Z H Z V H T N Z F R
I X A D I H S I L G N E X L P
F Q B U F F G A L L I C A O D
P V P Z R J O A F Z K A Y R L
V D J P M J T L O T E H O A I
H B J U K H M B I P K F N H W
P T Q S Q G J A E A T I Q G O
```

Gallica rose

Centifolia rose

Alba rose

China rose

English rose

Hybrid Tea rose

Climbing rose

Floribunda rose

Multiflora rose

Wild Prairie rose

Roses 2

```
G G N S R D C A Y S T W U P J
N R M B Z R I O H U M N D J Z
O O A G A V N R R W B A O Y M
B U E N R H U E G A M F O L C
R N V D D B T N D D K L I P O
U D K P P I I N Q R N R T E E
O C D V Z L F J A D A M A S K
B O O W B V U L Q Y T G P G Z
S V W M L O P L O T L Q D Q G
K E A A Z B X X E R F O G L L
W R F W P H R X A P A P P G O
D S K E E E R T X Q Y Z S S C
U M D H B G N G A X X R H C C
J M X B K Y N P B A I L G D A
A J G R C X P K L B L B J D A
```

Polyantha

Patio rose

Rambling rose

Damask rose

Grandiflora rose

Groundcover rose

Shrub rose

Tree rose

Old garden rose

Bourbon rose

# Roses 3

```
M F T W I Q L W K P G X Y J P
T H O C W L D E T S S F P K O
U M V F R P T Z L L L J A D R
O P F Y X T Q M O S S L F E T
K H H X E F L H Y P E V M Z L
F F K S C L C S C I O O B F A
E X I T T A R F D N E S P E N
A O J U P D R O M I E L N N D
N G R P F F S O R P G R F V Y
R W C B D C I I L Q L N F H B
L O V O O Z A G Q I Q R G C I
Q R J P E R U T A I N I M A L
I P E I P Q Z K F K K A I E G
I U Z K Y C V X A L H Q I B X
A Y R S H I R E Q W Z U U G X
```

Noisette rose

Moss rose

Carolina rose

Portland rose

Kaleidoscope rose

Miniature rose

French rose

Beach rose

Prairie rose

Ayrshire rose

## Garden Pests

```
M R F Y Z J G X I F U M B N T
V C M J S S F S H E F Y T R Q
D A O I B E S Y Q B R X S X G
N B K S E H N E P U O Q M V S
H B L H V X J M L K U F C D E
C A T E R P I L L A R S I Z T
O G M R R W P N S A C H M X I
Q E H S R R G H D A P S J S M
E M V S K R B K D A O T V R R
A A O Z G U S M R O W T U C E
E G X E G U W M T Q V U J R D
K G A S E I L W D N K O B S I
Q O X U W Q H S O N N K V B P
L T F L E A B E E T L E N U S
S E L T E E B E S E N A P A J
```

Aphids

Caterpillars

Cabbage maggot

Squash bugs

Cutworms

Slugs

Spider mites

Flea beetle

Japanese beetles

Scales

# Watering

```
O I R R T R Y P A B K E S R L
H E F K K W A Q U L T O G W A
S T I Q W O Q I H Z A K B A W
K M Z E R T I S N K W P Z T N
U C Q M S P Z E E W L E I E S
I A E O D O C R J Q A C S R P
O D E O K A H D H D A N A I R
O O B T T O V G A B C L D N I
U E D S S O R L N B T Y I G N
W K Z E T X J X U I D P F C K
Z K E Z S P R C D X R W A A L
T E Q O D R A Z R L N E Y N E
R E L K N I R P S Y R A T O R
R E Y A R P S P M U P Q M A D
W A T E R I N G N O Z Z L E W
```

Rain wand

Watering can

Rotary sprinkler

Watering hose

Irrigation system

Watering nozzle

Lawn sprinkler

Soaker hose

Pump sprayer

Electronic timer

## Dirt

```
E P C L L V C T H L F H N M G
M E M E U P V N K Z T E Z O B
V K M R V J X E C R P A U E J
U L J I L D S M A B P A D I Q
N S K D R C A E B P U J T N L
I H U E G G E R V I O L A A U
Y S O P Q S X C O K Z Y T X O
T M U G O Y V X G S J S N U S
C C C O V B Y E C C P D Y T O
S I L H F F W D E E C U Q L I
N G Y Q R L F O S T N U M I L
R E D F I M A M F I L T H U H
T M Y I J T O D D M E U W K D
E D S W C G O X C L I A F I P
E F L I O S N E D R A G Z Q F
```

Soil

Dust

Garden soil

Grime

Excrement

Loose earth

Filth

# Yellow Flowers

```
L U Q R T E N I M A S S E J B
Q S H N N L D S L J W A S C L
D P Y J X S Z L J U I I Y V A
D E T N K I C T F N Y J O I C
X Q P Y N R G O O G E H A K K
D A V N Y U H G R L L J G K E
I R I Q L P E U B E L T V C Y
B A Z S I B X D H G O R E Z E
O N G P L Y W T V E W P S P D
R F Q N Y F I I B R T K S X S
V R M N A S D C Z A U K L I U
Q C I Q D U I B T N L T X M S
V L H Q L W E A T I I S X U A
P R I M R O S E D U P S F M N
N K T O B G S C T M V P Z Z J
```

Yellow Tulip

Zinnia

Jessamine

Daisy

Daylily

Begonia

Primrose

Coreopsis

Jungle Geranium

Black-Eyed Susan

# Yellow Flowers 2

```
S T H S E T V T D C H M R Y E
G U G C S L A T A H T B O C S
O N N W T I Y W F R N A J A I
S J Q F S U D P F Y I H J D D
M O K E L C D P O S C Q E B A
U C E Q I O S V D A A C X P R
P R L Z K S W I I N Y D C R A
F C E K I Z S E L T H M J R P
M A R I G O L D R H A R Y S F
Y L I L R E T A W E A X W P O
G O L D E N R O D M R S N Y D
M E O U G L U S X U P J V N R
F H T P Y G J T K M S I S R I
S U C S I B I H W O L L E Y B
U I A L U N D C V X T F Y W B
```

- Sunflower
- Chrysanthemum
- Yellow Hibiscus
- Bird of Paradise
- Freesia
- Marigold
- Daffodil
- Waterlily
- Dutch Hyacinth
- Goldenrod

# Blue Flowers

```
F D F W M P W I I Y R L H O S
Y B K I S J J K E S G Z Y C L
D B E B R E H Q M I T F D X L
D I B O G I Y J T A R T R Z E
Y G H F H F S Z J D F V A O B
Z R K C Q S J S L E T F N D E
N K Z I R T F R R U X A G G U
E L N C C O R N F L O W E R L
K E A U R T E Y W B C N A S B
A I V L A S Z U V O T B W J T
J B C L J X S T L I R V R Q R
J Y Z P N D L T A B Y D X I E
Y A U A I E C N M F X J N M S
M O R N I N G G L O R Y P X E
S L L E B T S E V R A H X B D
```

Cornflower

Iris

Hydrangea

Gentian

Salvia

Desert Bluebells

Morning Glory

Harvestbells

Blue Orchid

Blue Daisy

Blue Flowers 2

```
I I U K L U E X E M X P F X M
A B Z S M U Z L U Y E N O E A
K L C G M M N I O R H U R U S
L H A X L S N G I G D R G L J
K G W X R I B W W B O A E B J
E I S W H V I E P O E B T D J
C P Q P D N R S O P R S M R F
Q L L H K D P Y T S Q T E O Z
C E E L B L U E S T A R N F J
D S E M G M E J K R Z R O X U
P P H O A W L K B X V L T O V
A U J R S T L O B E L I A L R
L Q V H T N I C A Y H E U L B
W Y W Q L Z B S N C B B R E G
Q M E K P P X U A K L Y P C V
```

Delphinium

Blue Star

Clematis

Forget Me Not

Periwinkle

Blue Hyacinth

Oxford Blue

Sweet Pea

Lobelia

Lungwort

## Pink Flowers

```
D A E G N A R D Y H C H C B X
Q I S K F V W A P Z S H A O C
B M A N J I K E I U B I M C P
G S D N Q I T L B P L J E A I
Q E G Z T U E C Y H S L L E U
Y S A L N H A W A Q T W I K G
D O A I I L U D R Z E V A O L
Z R A K I J K S F H L S E R D
S O X L G M H M E L O E E K D
Q Q C W P V E N R V I N Z Q O
S Q D P D F N U M E V W Y R K
P I N K H Y A C I N T H F G S
R U I I L Q A Q B F D S Z V R
R I M M C B E S E F H S A K F
N H H U H A T T Q B J B W W H
```

Roses

Lilac Bush

Pink Hyacinth

Dianthus

Camelia

Petunia

Hydrangea

Aster

Violets

Dahlia

# Pink Flowers 2

```
Y Y A B U E D A I D E S N P L
Q N I O A E C J X A I O I I N
D S O I F H X P Z L R P L N S
P W D E C A D G U D N Y G K Z
I D F A P O M I N M Y J D D F
L I R F I C L E D S L P U A K
U O O D G N D U L T G E E I K
T S F G W O E P M T L M N S K
K N F I D V N G Y B L N Q Y B
N Q I O L M H K R F I I V O W
I Y H J U J V T E E S N M O N
P R L T H M P F G H B Z E X H
A M A R Y L L I S W X M C U G
J E M U N I H R R I T N A Z W
V B L I M U I L L A W F H O I
```

Lily

Allium

Peony

Pink Tulip

Rhododendron

Amaryllis

Columbine

Pink Daisy

Antirrhinum

Bergenia

# Green Flowers

```
Y U F I I V I U F E T F R G C
C R M B K I G D L S U N R U Y
C M R H N G B D G O J E Z R M
E A B E R Q R K N R E Y A K B
K D R Y B C U G B N U T J V I
S K H N X M P V D E F D K M D
F E O Y A Y U A J E C L R S I
L P D E G T Y C H R I W R A U
E X Q G B L I I I G G U L X M
R O K E I Z G O G R P D Q A O
A C I L E G N A N J E R Y C R
E A Y T X R C X Z S Y P Z Z C
S W E E T W I L L I A M Y G H
G R E E N C L E M A T I S H I
B M O C S K C O C N E E R G D
```

Hypericum Berry

Green Rose

Sweet William

Cymbidium Orchid

Green Daylily

Flowering Tobacco

Angelica

Green Clematis

Carnations

Green Cockscomb

# Green Flowers 2

```
V A T D X I N H C R F M A G Y
W G Z L A O C A H B T I S M E
A M C J T H L F A M B X G U N
F B M Q O L L Y U R T Q J M V
U R P A A O W I O Y J O J E Y
M Q V L X C G H A X V Q V H Z
B L I M U B P Y K I O Y B T I
K L H C B U Q X V D E X J N N
Y P V G E V T Q L A G L H A N
G R E E N D I A N T H U S S I
V I R I D I F L O R A A T Y A
S E R O B E L L E H N E E R G
S P I L U T N E E R G O L H T
Y J P G T C I B T G L U F C E
D N A L E R I F O S L L E B D
```

Green Hellebores

Chrysanthemum

Euphorbia

Green Dianthus

Envy Zinnia

Calla Lily

Green Tulips

Viridiflora

Dahlia

Bells of Ireland

# White Flowers

```
U Q N T H J D L W T R F U X S
N O B N L X Z V H E O U I W W
S E R Q Z R T I W P O I H O E
A G M I T F M O T M Z M Z D E
L I S E C Z L I Z U T B K Z T
G G L G S F H Y D R A N G E A
P A R L N I H D S T E O E H L
B Z R O E Q A L V S E F Z I Y
C C O D Y M T A U L S G W B S
O M D D E P A L Q E Z L W I S
N Q U V X N Z C K G W R J S U
Z H I Z W B I J K N U T B C M
M G P Q N Z T A X A E P F U T
H S U B Y L F R E T T U B S A
L I L Y O F T H E V A L L E Y
```

Angel's Trumpet

Moonflower

Hydrangea

Nemesia

Sweet Alyssum

Butterfly Bush

Camellia

Lily of the Valley

Gardenia

Hibiscus

# White Flowers 2

```
P I C N F I B Q Z M I C D F A
S H G L U M M L Q S U N H A R
W B C N E X D V U B H I M H A
G U Z R N M R U S L X W L B B
R E D N E V A L E T I H W L I
B G V P M W Y T F Q Y K Q J A
I S N Z K C F U I L L T W V N
Q A F M T V T A G S I T X K J
X P B J R Y C J N V L Y V L A
Z Q O J D O T Q D F A B L M S
R U J N Z P R J N B L O V B M
D D A F X D V L I J L O I T I
E C W I S T E R I A A C W H N
Y N O E P E T I H W C O Q E E
G E R B E R A D A I S Y J X R
```

White Lavender

Allium

Calla Lily

Candytuft

Wisteria

Fan Flower

Arabian Jasmine

White Peony

Gerbera Daisy

Clematis

## Orange Flowers

```
V C R T N U S C C U I J U M T
L B V C F E A S D F L R M Q P
Y S M U E N Y D D B P Q I D O
S W R G G O U L A J N L Z S W
I U L V N O Z O H C N W P O O
A F B N N K R G L P O H P R J
D W H Q Z B X I I K E U A A Q
A A I N N I Z R A D C N R N V
R J W E K V H A B R G H J G C
E Y N Z K Q C M E E K Y G E H
B W Q Y B M K T L T S T J P S
R M Q F Z U T I I K E W D O S
E L B P A U L C O S M O S P R
G D E B B Y N H A B S D I P T
S N A P D R A G O N Y U A Y D
```

Marigold

Buttercup

Cosmos

Iris

Dahlia

Orange Lily

Zinnia

Gerbera Daisy

Snapdragon

Orange Poppy

# Orange Flowers 2

```
E Y V T J B P E J G F G P G B
S O L V M A I L I N V O F A I
I R T I N I J E U P T S I V F
D A M S L D T M O M P N E P I
A N Y R K Y Y Q A S O E B D N
R G B Z R C A R M G O L U B V
A E B O N T I D E Y H H X V G
P T Z C O G C B O Q O T S O W
F U D C O C K S C O M B F V B
O L Y L K J M U I N E L E H O
D I D A I R E M E O R T S L A
R P I N C U S H I O N S W V P
I P J D S Z D B L O W R P B J
B P I O X T Q K B I L J A G D
U U W F R O D K S O G A K R M
```

- Pot Marigold
- Alstroemeria
- Daylily
- Bird of Paradise
- Begonia
- Cockscomb
- Orange Tulip
- Pansy
- Helenium
- Pincushions

# Aquaponics

```
N E Y Q C N E A T T M B C S M
Z M Q R V R U I M M S C F V E
W E P V C Y E P A B A I Q C L
A L R F W I I A K T A E U B I
T K P O P Y M L F U H T C G V
E O Z T W Y J I W M T K H J F
R O Y X R A S T M E T R O U T
C Z A G Q H S X L O B I E F Z
R E X X Z X D T J W I Z K B C
E O M N P K A U E U E B U Q Q
S O N I H I H A H H W C Q Y P
S S M M X I T F N X F P N L V
I K L Y A I V B B U H Z U Z R
G R R Q K U R O G Z U A J M Y
K S E H F V R H Y C A V O I W
```

Biomimicry

Tilapia

Raft based growing

Lettuce

Trout

Zero waste

Watercress

Catfish

# Orchards

```
C L V I F R N U O R A A Y W O
V I G I M K J M L Z B L A S T
B Q T O N R D A I R W L Z S O
A L Z R S E E D V V N S J R G
N V G M U U Y V E U W F V I U
F O V V S S H A T Y D T L R E
C T D P X P C R R N X N R V C
B R F H C S X R I D E K P A G
B Q M S F F E T Q Q K B N O Y
O M X X T H B U Q A V T F V E
Z K G B C U J D W F D G B B A
B V M B P G N F B C W R L X A
J O U R Q O T C E E Y T L U R
T R L O R A N H U P C W N M E
N K P P F R U I T E L P P A J
```

Fruit orchards

Citrus orchard

Olive orchard

Walnut orchard

Apple orchard

Nut orchard

Plum orchard

Cherry orchard

Seed orchard

Vineyard

# Herbs

```
R C C I R E M R U T F Y C A L
W E L H W N O K A C E V H C Q
L S D Y F S W E G L Z D I W A
O E X N E A B T S W L A L X S
A C M M A L C R E H A R I L B
S C A O S I A M A R J O R A M
T R W J N P R S X N O D Q B W
Y W O D Z G G O E F A X O U N
Y P J R E I R N C W B X Y E U
M Z D B E N H A I F S B R J E
J I R A U G H Y S Y L V R E N
Y Z L E L E A H F S U J U H U
T W G R Z R X N M B Q Q C N J
E D X D T D T T O L G W W A P
Q X K M V G S Q N W G D I T V
```

Oregano

Chili

Rosemary

Turmeric

Coriander

Curry

Parsley

Marjoram

Lemongrass

Ginger

# Succulents

```
C I N Y K L U C L A L H R A J
U O I F J Y V D I J Y O G R D
C R T A G V Q R X X H A P E Z
D H S Y D U E J R N V C N P K
A I N G L V K T T E Q H G T I
I M A U E E J N H Q M U X C Y
R P K H S V D E Z Q O E E Y U
E K C A P Z L O K O N R X L X
I E Z P L G H B N S I N C E R
V O N I N A B P F W L I K V I
E R Z L P K N V L T A A B P A
S E L H I Y R C V G R E B C J
N X T L S R A K H I I H O Z T
A I B R O H P U E O A Q Q L K
S L A P I D A R I A E X V Z A
```

Kalanchoe

Monilaria

Agave

Euphorbia

Aloe

Sansevieria

Echeveria

Lapidaria

Cotyledon

Huernia

# Fertilizer

```
B B C G X Q M N E C C V N P D
R M P Y Z F I U I P L H Y P N
H B W T O T Q N I U G M M E U
H M H B R N A S P S Q P L L O
Y K B O S G O I H T S Y G B P
H O G S R W A W P C Y A M U M
W E F O F O H R V F N J T L O
N M K U I N O R G A N I C O C
R E Z I L I T R E F Y R D S P
S U R O H P S O H P M D A R M
Y J D A W S B J J J D N E Q
D M H T J L B S A G E B Z T O
P X G Z A Q F X C D A K P A Q
I F A H N G C X U U E H O W U
L I V E S T O C K M A N U R E
```

Nitrogen

Phosphorus

Potassium

Compound

Organic

Inorganic

Dry fertilizer

Water-soluble

Livestock manure

Agricultural waste

# Pollination

```
S A B I O T I C A V X C E F F
C E V K O U U R U W I N I L P
I I L P O S S Z T T L B N O R
L F L F V X Y R O T J V L W G
I M L I P A B I G R Z N P E I
H K G O H O B H A O Z Q I R Z
P V W X W P L U M B U T G S L
O Q G D L E O L Y A O Z G T O
H Y Z R D S R M I N C O F I V
T J K H R I M A O N B A J G S
I R F B N H A G N T A E Z M R
N L G W R C A O G T N T L A F
R J N X L M X P S R H E I F I
O B U T Y B N M A R Q E I O G
C I L I H P O M E N A Z R P N
```

Self-pollination

Autogamy

Geitonogamy

Anemophilic

Entomophilic

Ornithophilic

Biotic

Abiotic

Flower anther

Flower stigma

# Pollination 2

```
C Q X V P D N M C B Q K N E E
E I J V X O E I X M D A N U A
Y T L B Q D L P F Q V T O T N
N J X I E I L L Q S O A I V E
S G R H H S O E I M R K H I M
H Y G P I P P X O N O R W B O
N L O J K F O P E D A G W Q P
Q O B S B R H R W R Q T T X H
Z P B V O I B S D W Z V O K I
Q O A K L G V U K Y Z V O R L
E H L Y X Q L S J I H M F J Y
S E E D S P R O D U C T I O N
C H I R O P T E R O P H I L Y
O A H R K U G B T O L Y S O L
Y L I H P O H T I N R O C Q Z
```

Hydrophilic

Pollen

Zoophilic

Cross-pollination

Seeds production

Pollinator

Anemophily

Entomophily

Ornithophily

Chiropterophily

# Garden Maintenance Tools

```
S I P Z U W C K S H R D F V S
C H R M T L L G A R V F U L R
U K O J J W Q N H E E Y O C U
L H V V U F D M E F X E W C E
L I V V E T I A E T W K H F T
B K H V R L V U D S O H K S A
K K R O F D N A H B Q O V L C
I T W C D T B Y A I R E E H E
L E B K E Q S P A D E A E F S
L W O R R A B L E E H W K Q H
G A R D E N I N G G L O V E S
M S Q I I G M M M C Z O M M I
T H J B F C N B P A V X U B Z
T A H O F H H E C Y K J Z R G
I F C E Y V I X M B V L M F J
```

Spade

Rake

Hoe

Hand trowel

Hand fork

Sheers

Secateurs

Gardening gloves

Shovel

Wheelbarrow

**Weeds**

```
S D E E W D N I B N L P I E A
C S O Y V W Z B T O A C T L A
Y R A B Y C V V N I M U J U C
H A A R W R R H A L B G G A D
P Y T B G I O T Z E S Q I J G
K I X H G K Z R Y D Q N R T D
C L G Z K R C H M N U A C E D
H J C W C L A A Y A A S O V E
I Y Y O E R F S U D R C G Y Z
C V H U P E P W S Q T C L T X
K J L R K L D G J G E T A M S
W O F S T T C H E W R Q S Y F
E C A N A D A T H I S T L E P
E I L R A H C G N I P E E R C
D S H E P H E R D S P U R S E
```

Crabgrass

Lambs quarters

Creeping Charlie

Quack grass

Dandelion

Canada Thistle

Pigweed

Chickweed

Bindweed

Shepherd's Purse

# Weather

```
P H Y U Q R L S S K O P J X T
X F D H O T A K U Y N R P V M
Q Z U K S A W I N Z U M Q L E
Z S O C L Z A Z N T Z D P R W
E V L Y P A Q S Y Y W D U V P
B Z C C E Q C K N I M T I X I
M Z B W H F M I N B A T Q P L
R S L B Z O Z D P R H T Z J Z
U J P D T C Y Z E O E N Y Q C
C A L N X J H P W E R B Q F H
L K A V X M M Q R M F T S S V
F D D L F E Q T B D M N F I F
Q O X R T W A J W E O X G C Y
O L S J E K A L F W O N S Y E
G M C B H X V W Y V I A U G K
```

Sunny

Windy

Snowflake

Tropical

Cloudy

Temperature

Hot

Rainy

Icy

Snowy

# Berries

```
O R G T Y C K U Y W A R S W Y
Q N E W R L U R G S E R A R E
L Y E X R K R R M T M F R Y V
D Z R T E E T U R R K E D R R
T U D R B M S I W A B U U R P
Y J Y I E W K M U E N S M E T
T R J H U B I N L C V T C B X
Y O R N L B P K P X G R S L M
G U Y E B F C S H L A A O U J
R B Q A B U M N A I R W L M H
H W E M H N S Q R U B T E Z
Y E U P B W A U W W G E O Q U
E L D E R B E R R Y O R I L B
M X L O J X Z Q C B W R R S Z
Y R R E B K C A L B Y Y W P X
```

Cranberry

Blueberry

Huckleberry

Elderberry

Currants

Strawberry

Blackberry

Raspberry

Mulberry

Goji berry

# Harvest Time

```
D P J L H A J J B I F I S L T
W A Z Z I Y S P G H D I I L H
A N X T A T Y A A Y C T M A R
I T H N A S D Y D K I U Q M E
H K E T A R A D L N J R I S S
P C F U A Q T E R Q A R C A H
H M X I G M J D Z E D G R W I
G N I L U A H F C C A C I V N
T X R U C E Z L V W R P A D G
Q T H A R V E S T E R S I S Q
X X E N C A O X D G J T I N Z
Q S R J N F Y L W X Z O Q Q G
J H E I Q Y U C P D I V E R X
D L N T Z L B O H O N X N M Z
Q G A P E I Q O K R A S Z N N
```

Sickle

Darat

Gandasa

Small axe

Harvesters

Manual harvesting

Reaping

Threshing

Cleaning

Hauling

## Mushroom Gardens

```
J C J S M E B T K L D E E V O
S G O L E K A T I I H S B Q Y
S N T Y E A U C L N L S M Q S
I F W B M T I Z E E H F R R T
W V Z O O I A Z T D F S J U E
X Q Q J L I G X R R P K E H R
W O O D C H I P G A R D E N M
U I Y Z E S G Y C G Q L G F U
Y Z F Y O L J E X T S M P X S
Y W J T M N T H C E K N I U H
L R P Q M I D J Y K O E G T R
A I R A H P O R T S G N I K O
Q X A W C Y H W B A C W F O O
Y E V V U C V P G B A E G F M
D P E A R L O Y S T E R P S Y
```

Woodchip garden

Oyster mushroom

Shiitake logs

Basket garden

White caps

Pearl oyster

Wine cap mushroom

King stropharia

Shiitake

Integrated garden

# Nuts and Seeds

```
P S F R B R D R O S F P S T O
B U T F R Y C N T G L A O P L
Z T M U A H O U N K A A I S S
D X R P N F N V Q S X U Q D D
R I K V K L E X T A S O H N E
K L N P I I A U X L E U G O E
C U H Z M F N W K V E C F M S
B X A X C A O S O Z D W W L E
O R O B E K M W E I S M Q A M
B S Z P S V Q L F E L E V C A
H A Z E L N U T S D D V O I S
Q G E H S O I H C A T S I P E
I R S N I H X T N X M I N G S
C P F P K T C B H E F Q Y H Y
C H I A S E E D S Z K V H K N
```

Almonds

Brazil nuts

Hazelnuts

Pumpkin seeds

Flax seeds

Pistachios

Walnuts

Sesame seeds

Peanuts

Chia seeds

# Edible Flowers

```
Z H D V P V W Q C X I L C L Q
G G C A U W N S L T E O U A S
R Q E Z N U F Y Z N R Q B V K
Q B X L F D Y F N N I A M E J
S F L Y I Y E E F Q V R A N O
Y S I A D M F L H O D E R D M
Z J I F B W O D I K C W I E L
N A O T F W W M M O Y O G R Z
K T G H E Q T T A J N L O N U
U Q U R Z N K G U H P F L O P
H I B I S C U S W W C N D V W
E L K C U S Y E N O H U F H E
A B C V L V Q V C I V S R T N
A J J L U N C G H I C H J Z E
F B O Y U F Z I R U J W Y H B
```

Marigold

Cornflower

Daisy

Chamomile

Sunflower

Fennel

Hibiscus

Dandelion

Lavender

Honeysuckle

# Poisonous Gardens to Avoid

```
K H I U Q M J X C B Y Z N T T
C G W S V Y Q J F Z K E W C U
O W L Y O Y E I P G D Y A U N
L P P B V Y S B H R W S S Y T
M A W G W I B W A P T F J V S
E L N X S D H G S O G N W W E
H M P T V U K S R V S T B J H
R K M X A C O B I A G S Q K C
E A G Y I N E N A L D V N L E
T E Z W P A A K O A G L X Y S
A T N E N D O O H S K N O M R
W L Y S G T N F W Y I Z E A O
A W X O Q R Q M S Q A O D I H
M O R N I N G L O R Y P F Z
T E P M U R T S L E G N A J M
```

Castor beans

Monkshood

Poisonous

Horse Chestnut

Alnwick Garden

Morning Glory

Lantana

Angel's Trumpet

English Ivy

Water Hemlock

# Rain Garden

```
R O S E B A Y C M B F B F U T
L Q N F W F W L J L U L F V O
Z Q L G V Z A S Z U R U O Y M
J D R G J B F V Z E M E N U A
Z X R A L I J R Q B Z V U T G
R B O I D U K Z G E J E R O R
Y B S P T N U R X R J R R M E
T A Y T N A K B M R D V E G B
B Z C Z U I K N D Y R A T J E
M T N G S R D Y N A K I A T L
W I T C H H A Z E L Y N W O P
A E P N A I R E B I S L N M R
G J D Y O L H A P H G N I X U
A W W R D S I D L V B D A L P
W H I T E S P R U C E Q R P Y
```

Witchhazel

Daylily

Blueberry

Siberian Pea

Rainwater runoff

White Spruce

Blue Vervain

Purple Bergamot

Basil Balm

Rosebay

# Community Garden

```
U H F A H F N H V K P N K D O
Z H F E R S E L B A T E G E V
J P R U Q Z I Y D T F D N M H
I B I R G T G J W R U R R O T
S T W T E E H U W G Y A R G O
S D A F K M B N S P Q G G A O
S Z N Y R R O O D G J T J R Q
F M O C J T R B U I P N T D S
H L G N M X H W L C W E B E B
L Q O O D I O L Q X W D D N Q
P O E W G W O I S M Q I H E L
B L H P E O D K A I A S F G P
V A B M R R D O B P L E F N O
J V D U J H S Q M Y E R T Y C
I N S T I T U T I O N A L R R
```

Neighborhood

Fruits

Vegetables

Resident garden

Institutional

Flowers

Demo garden

Herbs

Ornamental plant

Allotment garden

# Home Gardens

```
H T A S F D F S E V A Q U X E
C C O J E B L Y D V B M F H C
A R E A M L T M K J Z R T K U
A D B F A I B E Z E N L H I D
D P F G B S W A W E A Q O T O
D R A Y K C A B T E S R G C R
P K Z L U A Q K H E G I W H P
K S N D Y L N L P A G Z O E C
Y F Z Z A R X T N M J E A N F
Z Z I I H C X I X Y E L V G N
T I U R F E C V X A Y S F A H
Z P L G C X R O L F C L H R L
Q V V A M U I B K V Y X Q D W
L E I R X R E G S X E D K E R
G X M J D F W B V M H R X N C
```

Backyard

Vegetables

Fresh produce

Health

Productive area

Herbs

Kitchen garden

Organic

fruit

# Coffee Gardens

```
E K X N Y X W X I Y J A S V T
O T A C I R E B I L S I E L N
G Z A A O C S I Q L C D E Q A
K O U M X F J J E Q E E F O C
Q D Z Y I S F C R M E B F Z O
Z V F P D L X E Q K O H O R T
M X K A X E C G E H A K C X D
Z F M S F A A L C B I I N S D
U E H P Y R A T A F E Z O H H
B M E J A P D V Q C W R B O C
F S G B O R W C U N I L R L D
Y N I D O T I B W C Y P U Y F
Y C R D B R E M W U N E O X R
A R O B U S T A A J E J B R L
C J Q D N T L G C Q M Y X C T
```

Arabica

Diffused sunlight

Liberica

Tropical climate

Bourbon coffee

Excelsa

Well-draining soil

Robusta

Coffee berry

Villalobos coffee

# Lilies

```
K U A R R X W C Z T U Y Z A Y
Q S V O G P X T Y M L H Z F L
B Y O N L P R N I I I G O R I
X L U H J L Y S L B N H T I L
F H A J A X E L X E U I H C Y
M I Z C V W A N E U I M S A Z
K L S S K T G L U H W E I N Z
V W U H N S P P E R Z V X Q I
K L J E L D P F F T B M M U D
C O I A B I R I O L Y P W E E
M R Q Y C T L K D O A R P E V
O O H O B Z C Y F E E O Y N X
Y L I L T E P N E I R O I A X
Y L I L A N N O D A L L E B F
A R A B I A N K N I G H T C Q
```

Oriental Lily

Gluhwein

Black Spider

African Queens

Belladonna Lily

Brunello

Dizzy Lily

Arabian Knight

Fish Lilies

Orienpet Lily

# Lilies 2

```
N U O U L G U R M X P L G V F
J J H U F R H U A L V M O P Y
T R U M P E T L I L Y A L J L
N T U O K C A L B B N V D N I
Y J E A L T A R I A D Y E V L
B L X I W X Z S S D T Z N G C
B J I X D Q W T A U P I S M I
M A O L G A A P A B Y D P T T
W P N X F C J E Q C L Y L H A
L J J X I R B O L H I A E U I
X F Y A L K A B C Q M L N V S
Y M O E C N P W R X W P D C A
Z W N A N E B D D Z E K O H A
M I L Y L I L N O G A T R A M
F B Z W J N Y S E H Y B B Y Z
```

Trumpet Lilies

Casa Blanca

Golden Splendor

Anastacia

Black Out

Dwarf Lilies

Asiatic Lilies

Black Beauty

Altari

Martagon Lily

# Flowering Shrubs

```
J H O N P W D O A R S C Q L D
B N Y J E E C E Z O I K Q A U
O T Q D U E N X A S R Z V V Q
F D Y T R V H K L E E Z R B Q
B B Z T L A W L E O T U I Y W
N I U W Y S N C A F P B L M K
A J U R I B E G G S O Y G W O
Q I O X H T A R E H Y R Q E F
A I H T Y S R O F A R M A E E
W F R J P N T L I R A L J C A
H D C Q Z X I E E O C Y N X R
W E I G E L A P E N I I Z P R
W W F Y A Y G F V W U K O J X
X Z J C R Z L P V Q S J U D T
K Q Q Z V U Y A I Z Z X I Z L
```

Hydrangea

Azalea

Lilac

Forsythia

Sweetshrub

Caryopteris

Quince

Weigela

Rose of Sharon

Deutzia

# Flowering Shrubs 2

```
B O J A E R I P S X E J P C K
E M M X U H Q D B Z Q I A A A
A M D K V O S Z D H V M N I O
U C Z E D D Z U M I E H S O W
T S I D P O S L B L G H X G A
Y L H R P D X T L N C K K U I
B Y E F D E S I P U O Q U H L
E S O B D N A E F A V T J J E
R N U X C D A V J S Z U T T B
R E P N W R R V K L A L M U A
Y O K N L O N I N E B A R K B
S K A B P N J L E F A O M V X
H S U B Y L F R E T T U B H O
U S C X J S U Z A O Q Y C M S
H W E E M L U P H B D H H I W
```

Rhododendron

Camellia

Butterfly bush

Buttonbush

Abelia

Fuchsia

Ninebark

Beautyberry

Pearl bush

Spirea

## Soil Amendments

```
B A M H R G T Y Y O Q T L C C
S D I L O S O I B H I G E O U
C C U R I Z T E B R I C V M S
Q I C X H G T S E Q K J A P U
O M N S P I H C D O O W R O N
F R Z A L D H R S Y P O G S T
N X G R U C T R Y L C A T L
E B E A N R I K M I G Z E R C
H P A K N O O O E Y S M P K V
Z E S N D I Z N Q B V K K B S
Q O U P Z Y C S I U V H M I G
P S H B D T A K D W N A N B T
U E W P K N V L V Y D H P P Z
V I C R D V I D P H F T P E U
E V M L S T R A W R M T E W H
```

Tire chunks

Wood chips

Inorganic

Pea gravel

Perlite

Straw

Organic

Compost

Sand

Biosolids

# Gardening Problems

```
E R Q J H D S A S G I F M Q W
W S I Q Y Q M R L T Q Z E P A
B L O S S O M E N D R O T T S
G A A R W D P K A Q E H C K P
J A P A N E S E B E E T L E S
L Y W H A O G D V N Y Z U V R
V S T I I W T R S T A Z V V V
O H O Y A D W O G B S V G X H
P M W O B S S U P Y P O Z R M
L H D L H L B G N S K Z F O R
N N V Q I V A H Z M K B Z X O
O L G C D K P T L U O C Z P X
L W R G K R T E D O J L A B M
G N I R E T A W R E V O E L Z
S D E E W H S O B V L E S S B
```

Weeds

Black spot on rose

Japanese beetles

Aphids

Drought

Overwatering

Blossom-end rot

Moles

Birds eating fruit

Wasps

## Gardening Benefits

```
S L Z W H C G G A E A E W H Y
Q N I T Q E N B C I L M X A T
R N H N K I A O C B M D P P I
C T G X X G N L A R X B H P V
O Z D A B O H T T Q K D Q I I
E A L P M W I Y Q H C F F N T
S E R I D F X T V Q Y Q O E A
R M C A O M G I C H D F H S E
Y A U R S U M N O A W R O S R
L B P H N N P U C D F O B O C
U H M A R H L M Y F Y L J N D
I U U H U L H M C E G J P E Z
T C E Y O E S I C R E X E G R
S T R E S S R E D U C T I O N
F L G F G H N D K M K J C S W
```

Immunity

Relaxing

Memory Improvement

Stress Reduction

Healthy Food

Happiness

Economical

Exercise

Creativity

Profitable

# Indian Gardens

```
D X A E U N M R F U N S R H W
E L I P I W U M O Q E I W I K
R H O G W E N I M S A J J B Z
H E H G H G R B O K E W R I U
R T W C I V U R K K I I O S J
F E E O Q R B P I S U W S C X
V E O Y L F A S M V S T P U U
G R R L Y F L M J D O I Z S U
E T H N P U N C R F M G Z N L
F R S C T L A U A Q S T X G Y
K A R L T I I W S C O Q H V E
H H D P R I D E O F I N D I A
H C O J C I N F B B G I B G D
H A S P Y M I V T F H A X J G
A K I W T E C Q O O O B H C D
```

Marigold

Indian laburnum

Tulsi

Pride of India

Fern

Hibiscus

Night Jasmine

Sunflower

Kachar tree

Roses

# Indian Gardens 2

```
J C K T I O N N C I E M
H K U Z N Z O O A T Q E
F I E C K I R E A Y T P
X H R F U I M N H A N E
Y W P A A M A T K T H A
E W Y N D R B W T L K S
F H D Y G O X E O G O G
I E Y E L T R E R Y O U
R Y M C X H T O M A T O
G O M H S Q G J Z C A G
P J A K P V Z F F U S D
P Q Z G T C H V Q V V Y
I B M J F Q I M B F E P
D L U O T X R O K U N R
P D S A H C A N I P S A
```

Banyan

Mango

Pomegranate

Tomato

Cucumber

Coriander

Spinach

Mint

Rosemary

Peas

# Chinese Gardens

```
T R A C E R Y W I N D O W S Q
I O R D C B K A S R K U Z H E
O S D A S B E Y Q O Q U E X T
U R I B A S F G R A E X A L A
C G C M U L P E S E N I H C N
H I B H U B L F R U U H E I A
X O L O I U T T I P N B R L R
O S C O Z D T L M I F R X O G
Q R I T B O H O Q N T P V K E
A C N Z C M E T K E Y B S X M
R R Q I U S Y U L P D I F X O
K O R M W J F S X I L K H U P
R P C N M N G D K I V U A D S
A K M K Y N Q E B M Q E X M L
U L V X S Z T O L J N V V O A
```

Rocks

Pine

Bamboo

Chinese plum

Symbolic

Pomegranate

Apricot tree

Tracery windows

Orchid

Lotus

# Thai Gardens

```
F D A X L O Q U D H X E C R H
D V D O Q Y N F N G S V O Y Y
B E T C I Q X A C O P S R T I
X U M J N B I W H S E F I P R
S J A I L O A D O L A Z A I K
B X T I L R H N L X R L N Z Y
A B S P B R T E Y D M D D X R
D A K I S S I M B A I G E K W
B E M A F E D F E A N N R P I
X F G X J A R L F W T T Z E D
Y A L E M O N G R A S S R B Y
T U U T H A W P X O K K N E Y
A L U T S I F A I S S A C I E
E E R T G N A L A U T M P W J
V L G L J E T D F C T F R V V
```

Coriander

Lotus

Cassia fistula

Kaffir lime

Thai basil

Lemongrass

Banyan tree

Spearmint

Roselle

Tualang tree

# Vietnamese Gardens

```
T I P P M A E I L W A U F R J
E N K A L Y E S A W N I R A A
I D I E P W U T F J A Z A O C
C Q J M J A E G F T T X N M K
H D K K H R Y Q Q C N E G P F
F X V L C S X A C N A I I O R
C U X R D T I Y W Z L T P P U
V S E L B O G F J Z O S A Q I
I S U Z F C J S D G I I N T T
S B F E E R T E M A L F I R Z
V I E T N A M E S E B A L M W
Y L I L R E D I P S D I I Y X
E L E P H A N T E A R S T E M
V L M M N E L E W G Z W H L C
U Z Q O D K X E X E L N V Y R
```

Watercress

Flame tree

Fish mint

Lantana

Vietnamese balm

Papaya

Jackfruit

Spider Lily

Elephant ear stem

Frangipani

## Japanese Gardens

```
C Q C Q W W G I R G D H P G E
P L O U K A M U N N D V U N L
B A M B O O T I U U N A W E O
I Y U U K G R E L Z R L V D T
N P X X X P Y L R D D N M R U
N U N U S E A Q I F K O E A S
E J P E R K N A Y N A F K G V
Q P H N U N N I B I C L S N U
E O M O N S O Q P H L I L E M
Y E E R T O K G N I G L P Z D
D O C O G B R N L G Z N R I B
J J N N K F T D J X Z R V O U
R E Z R F A Z A L E A K M Z S
S X E X L J J S E L G P N A A
M H M D Q R V Q B W T G H J O
```

Bamboo

Waterfall

Lotus

Guardian stones

Natural landscape

Gingko tree

Pine

Zen garden

Spring

Azalea

# Answers

## Types of Gardens

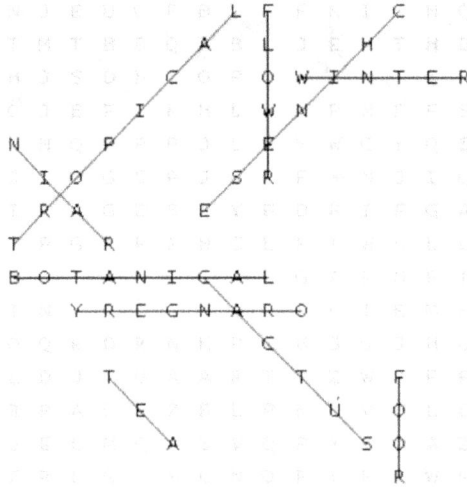

## Gardening Tools 1

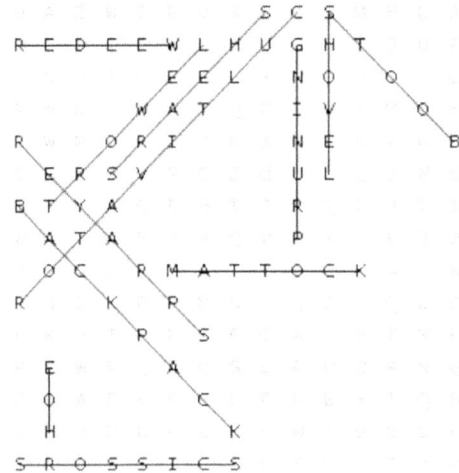

## Gardening Tools 2

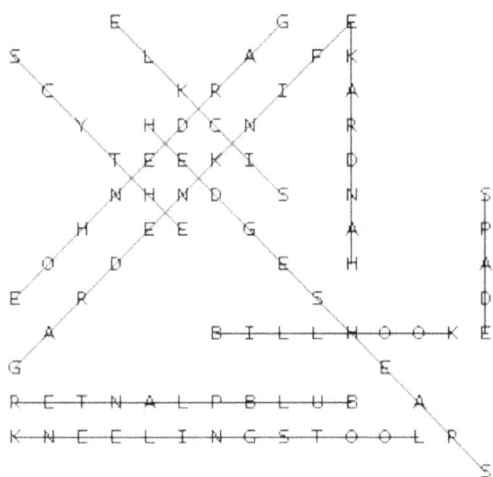

## Gardening Tools 3

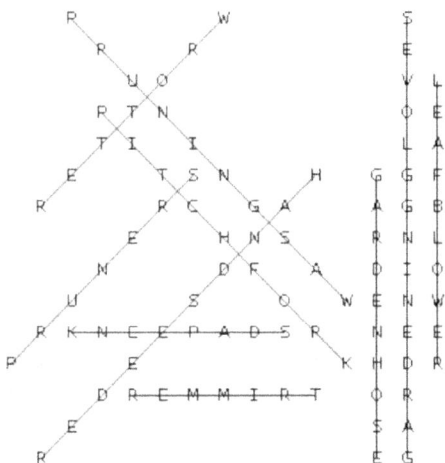

## Gardening Tools 4

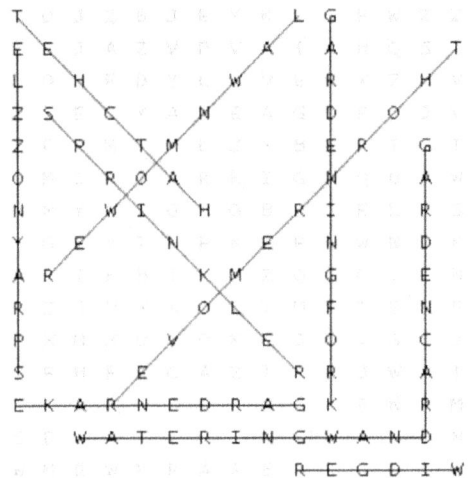

## Gardening Tools 5

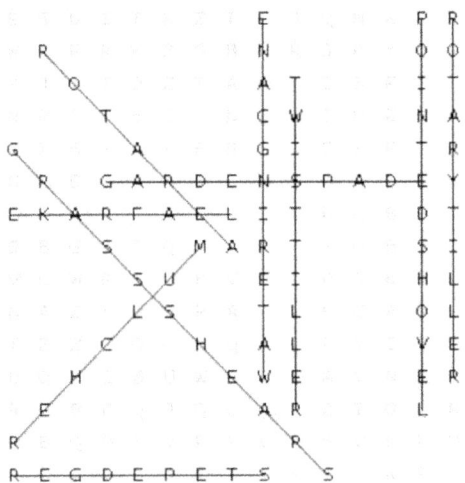

## Butterfly Gardens

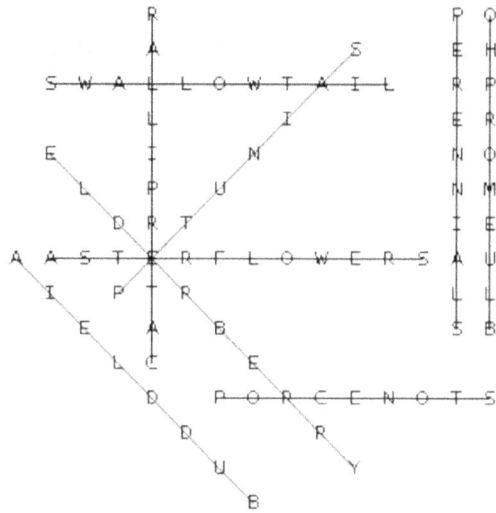

## Container Gardens

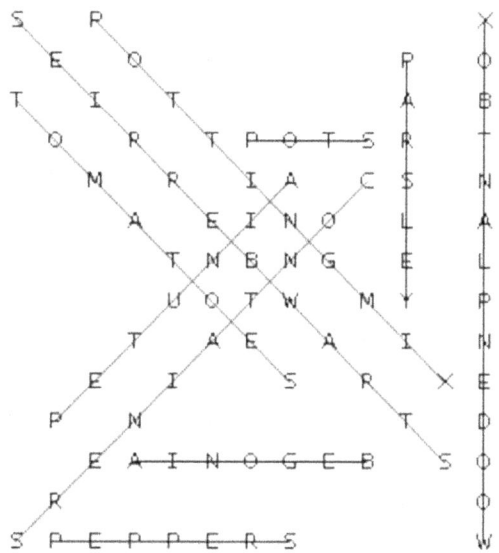

## Demonstration Gardens

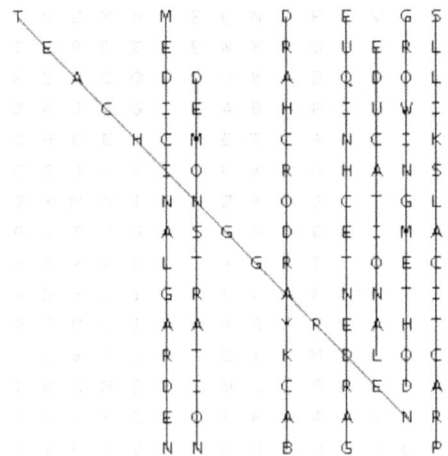

## Gardening Methods

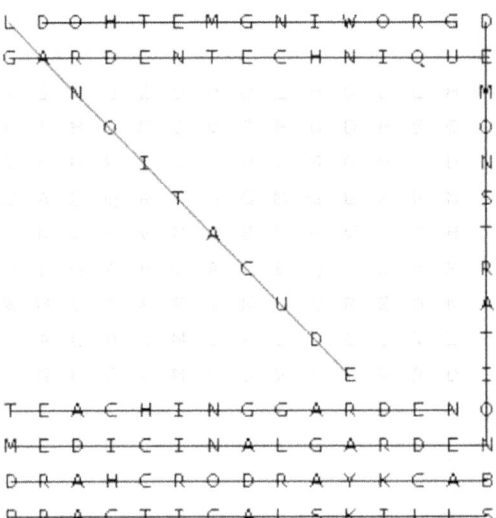

## In-ground Garden

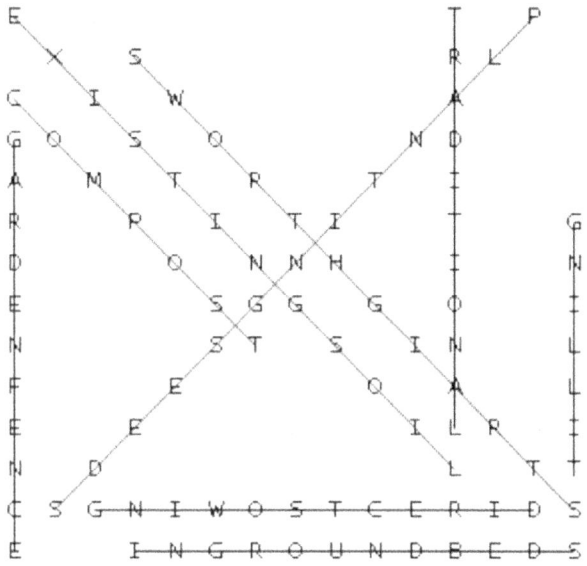

## Raised Garden

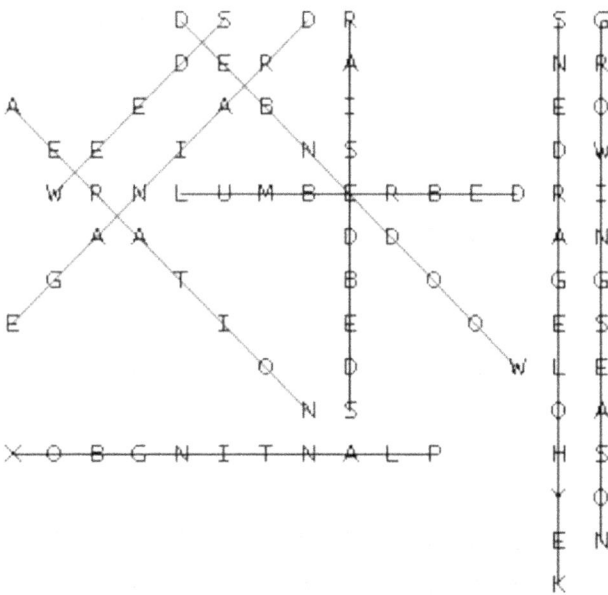

# Hydroponic Garden

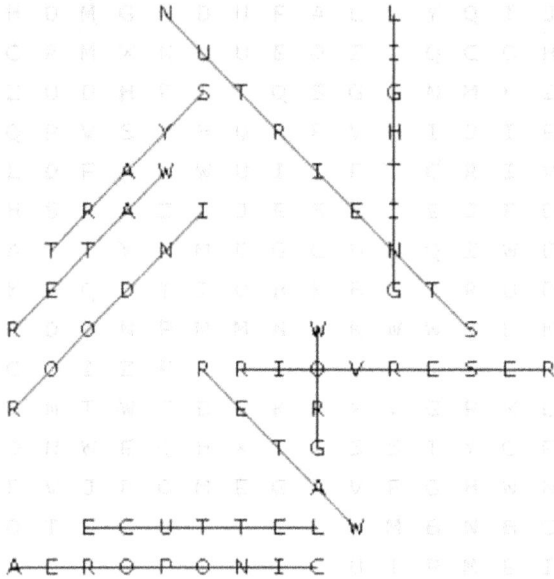

# Tropical Gardens

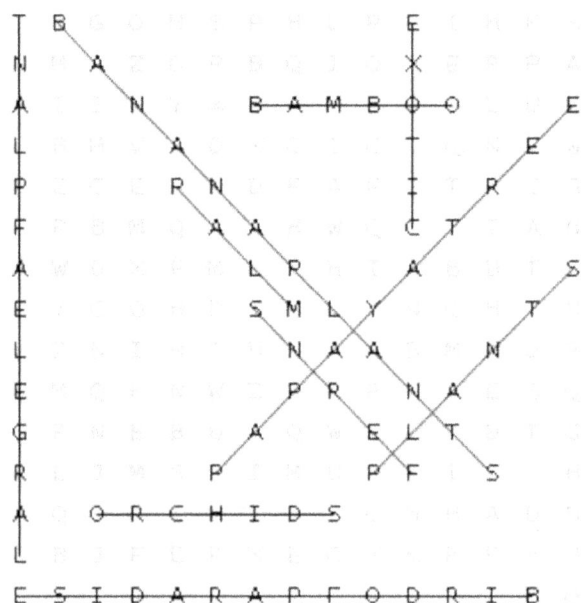

## Summer Gardens

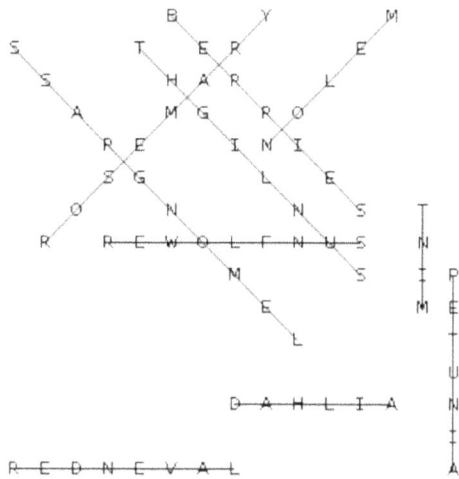

## Fall Gardens

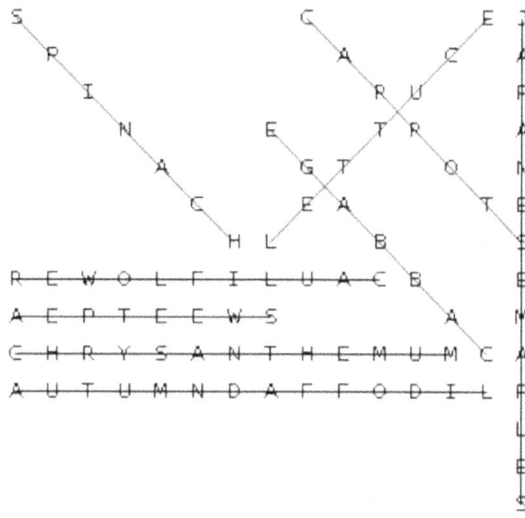

## Spring Gardens

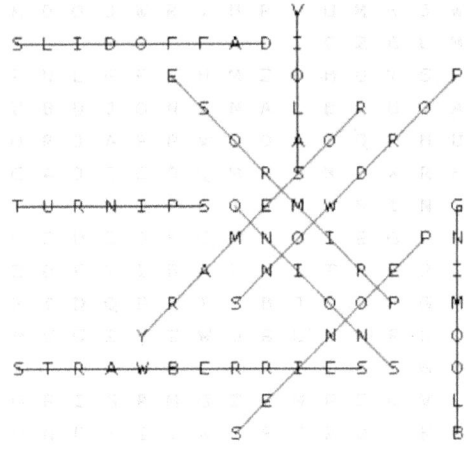

## Winter Gardens

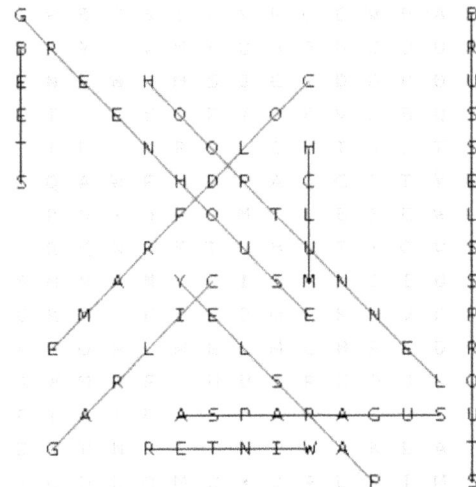

## Types of Gardening Jobs

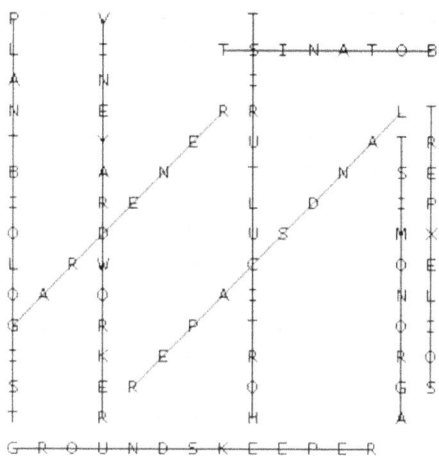

## Types of Gardening hoes

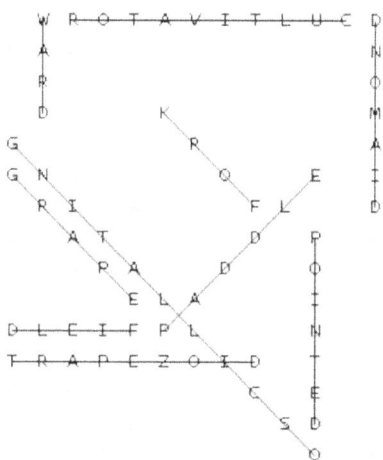

## Types of Gardening Tolls

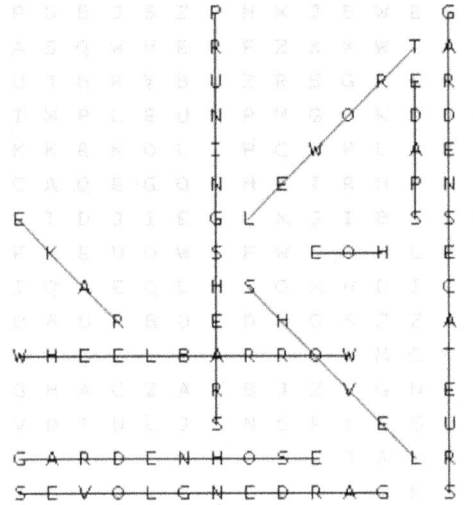

## Types of Gardening Soils

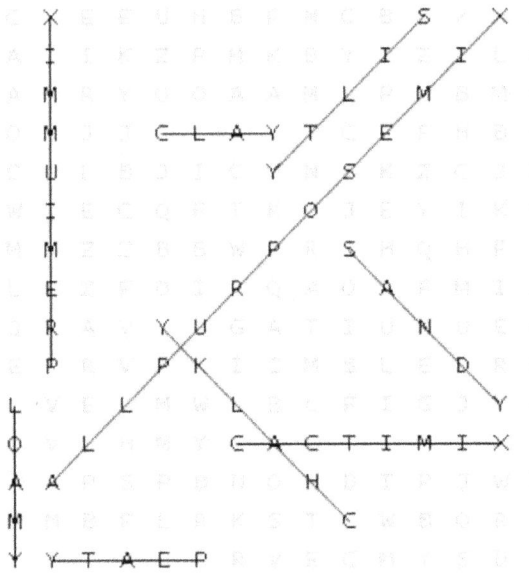

## Types of Gardening Shears

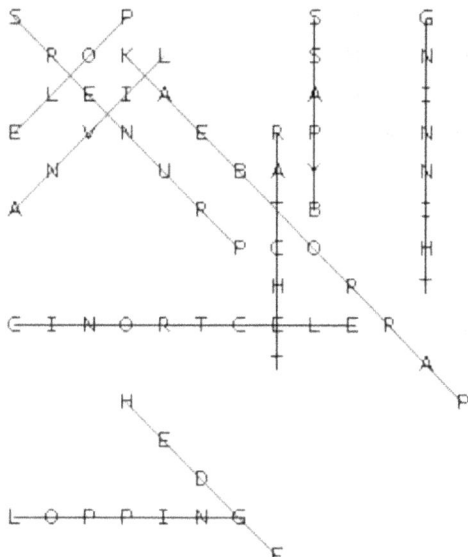

## Types of Gardening Gloves

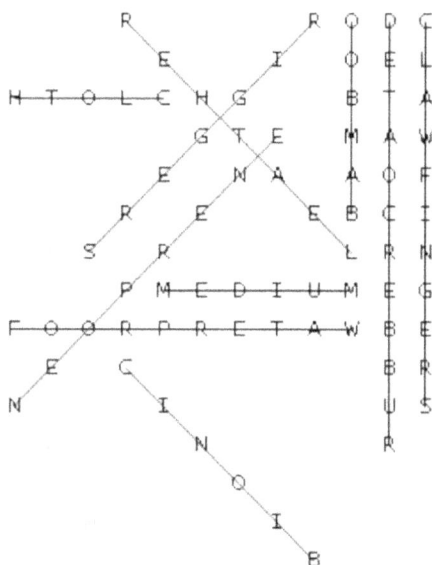

## Urban Gardening Essentials

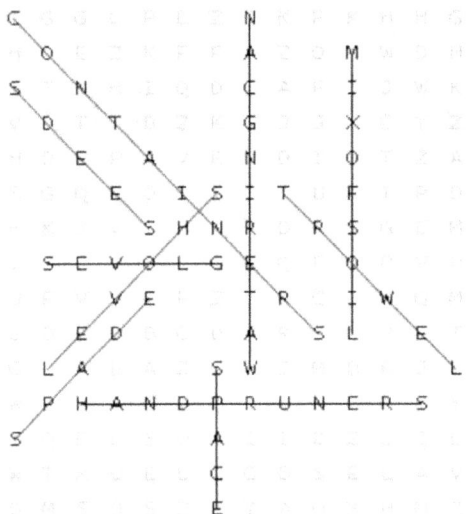

## Indoor Gardening Essentials

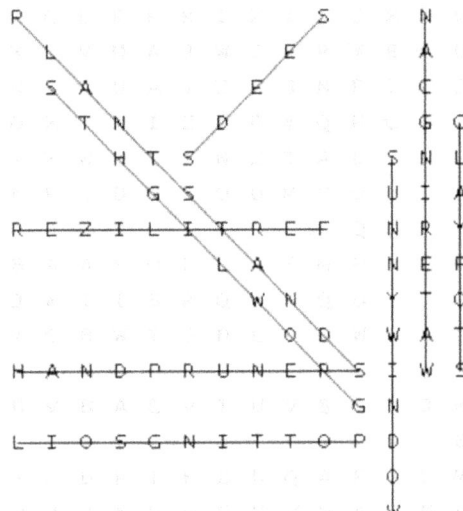

## Gardening Slang

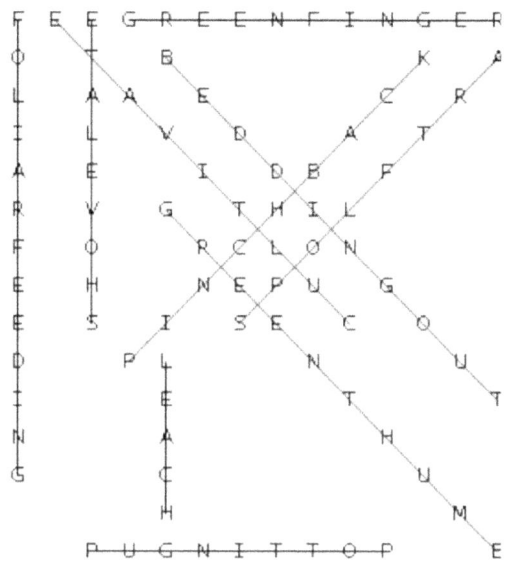

## Gardening Verbs

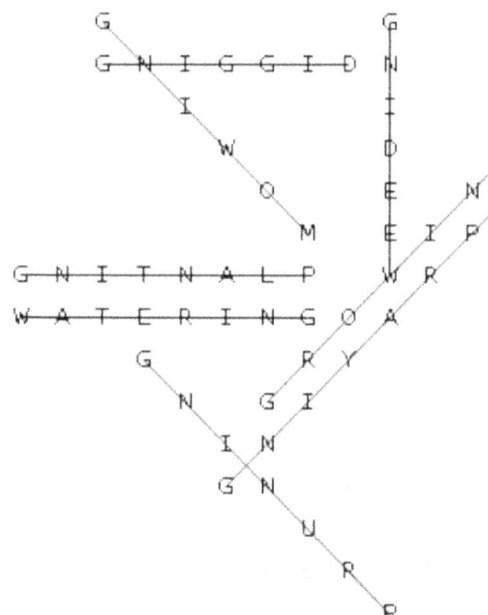

## Fruits and Vegetables by Country – USA

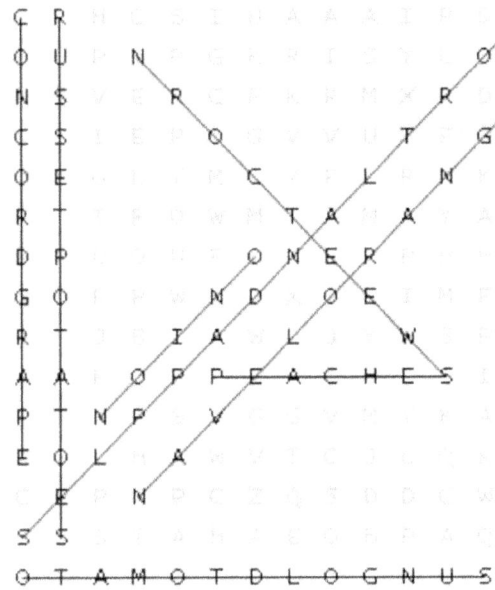

## Fruits and Vegetables by Country – UK

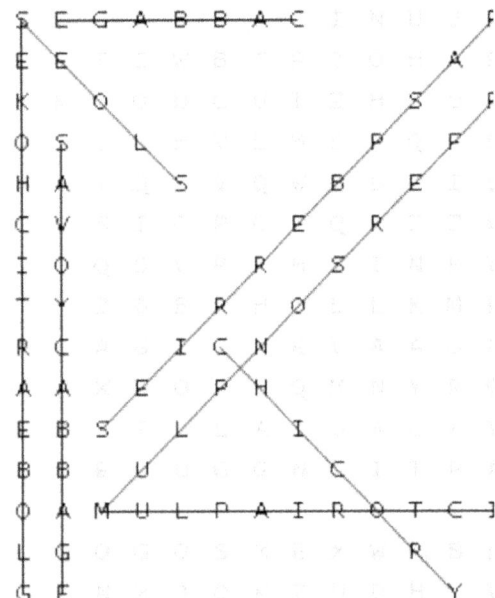

## Fruits and Vegetables by Country – Australia

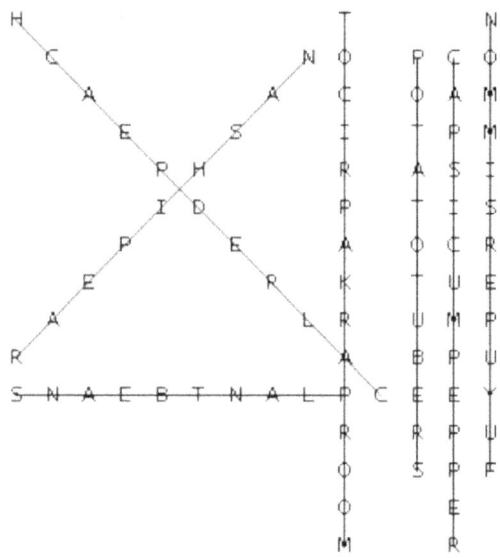

## Fruits and Vegetables by Country – Canada

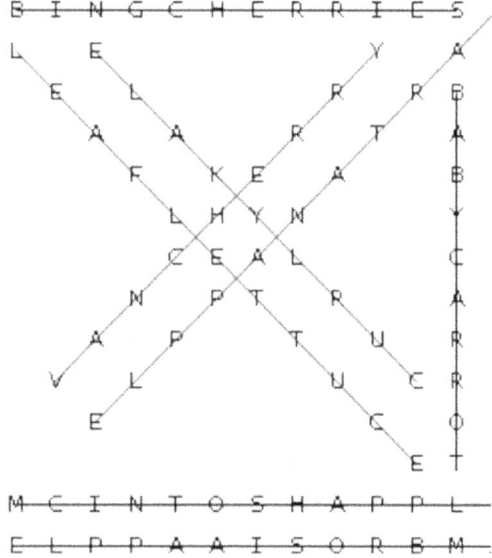

**Fruits and Vegetables by Country – New Zealand**

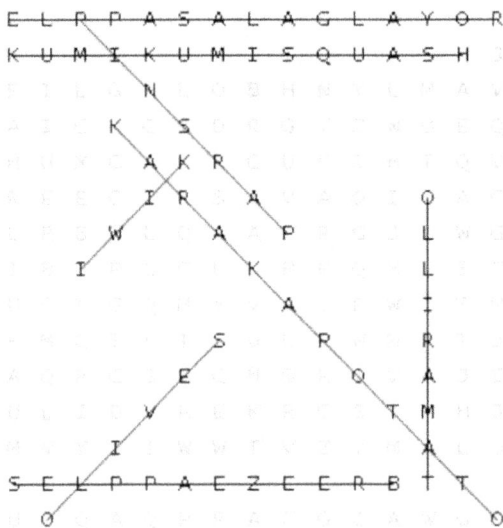

**Fruits and Vegetables by Country – Ireland**

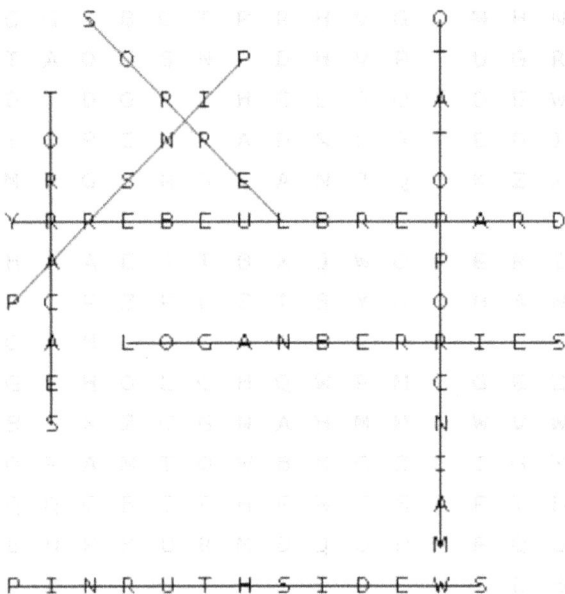

## Fruits and Vegetables by Country – Scotland

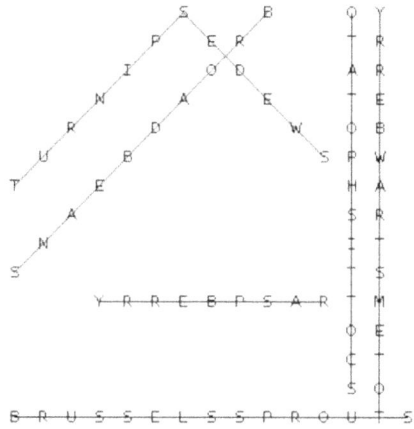

## Fruits and Vegetables by State – Florida

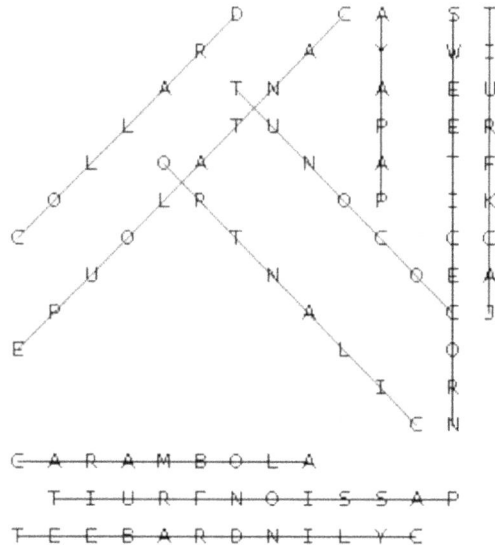

**Fruits and Vegetables by State – California**

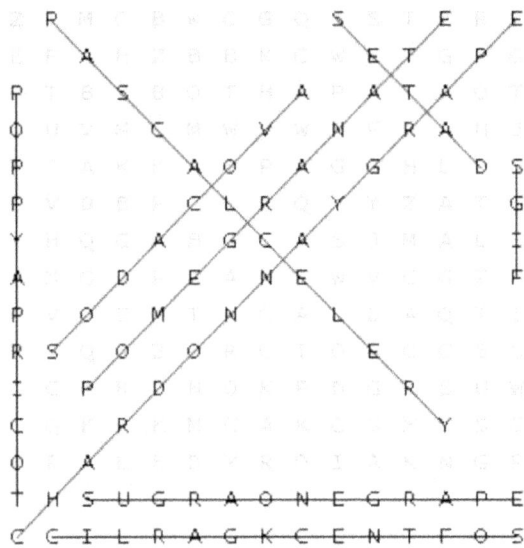

**Fruits and Vegetables by State – Alaska**

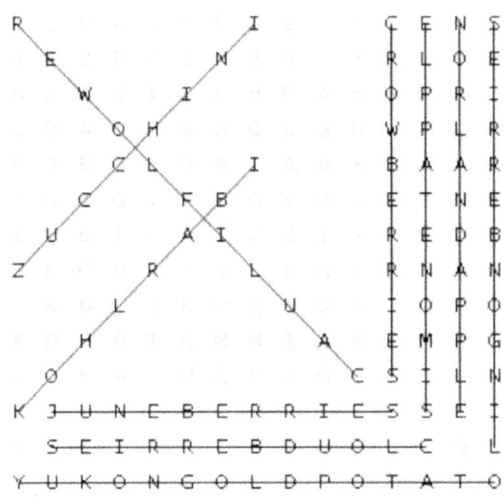

## Fruits and Vegetables by State – Texas

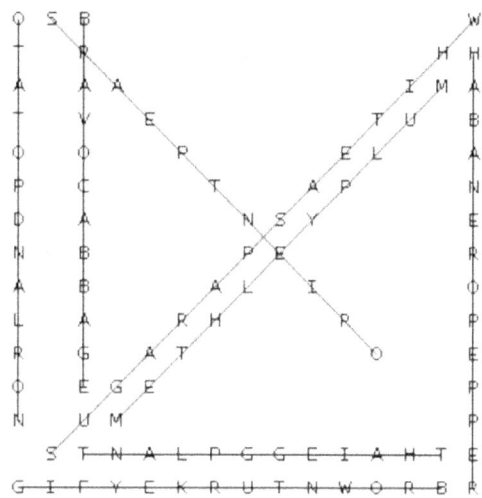

## Fruits and Vegetables by State – Georgia

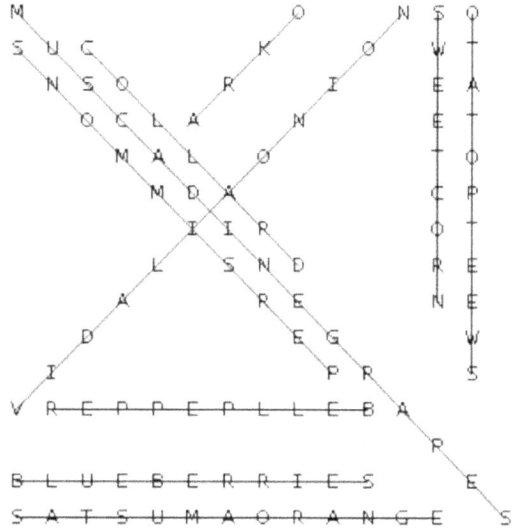

**Fruits and Vegetables by State – New York**

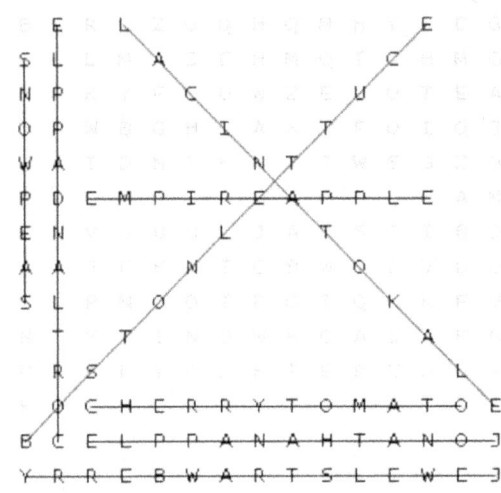

**Fruits and Vegetables by State – Tennessee**

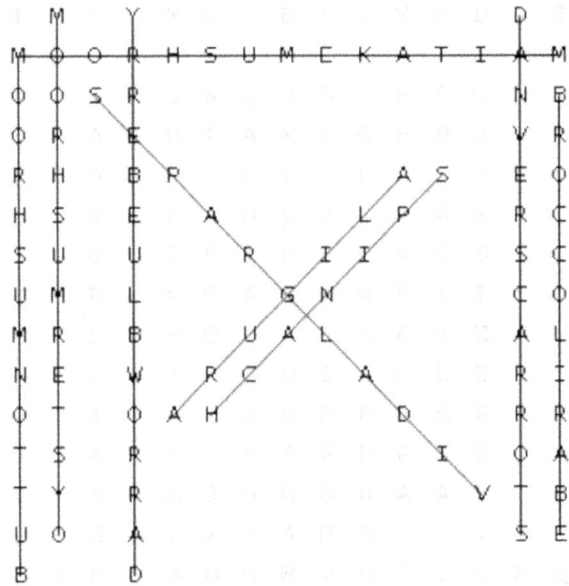

**Fruits and Vegetables by State – Illinois**

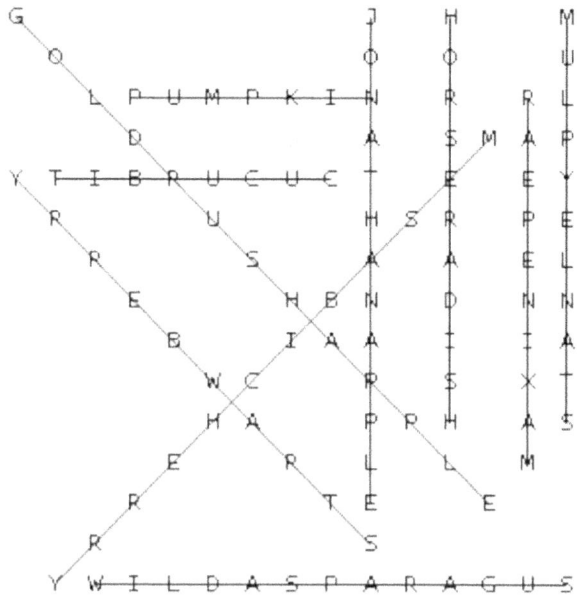

**Fruits and Vegetables by State – Nevada**

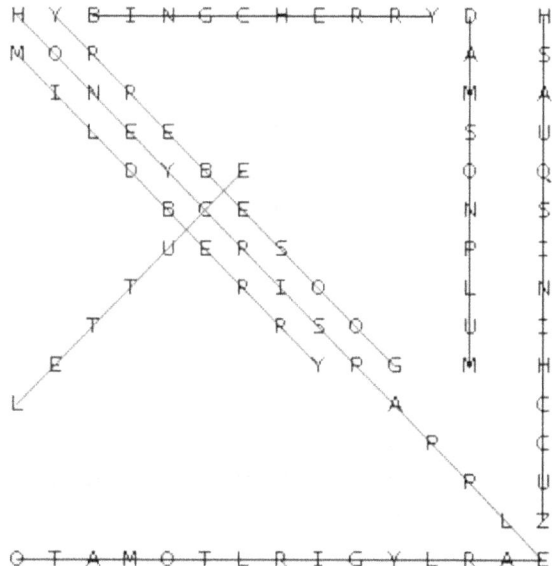

## Fruits and Vegetables by State – Arkansas

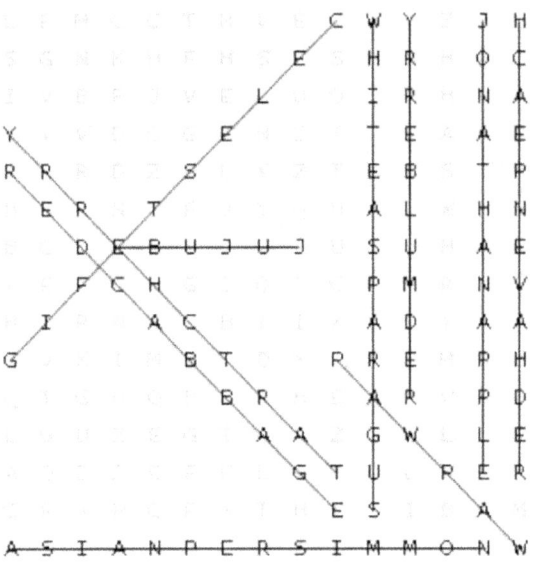

## Fruits and Vegetables by State – Wisconsin

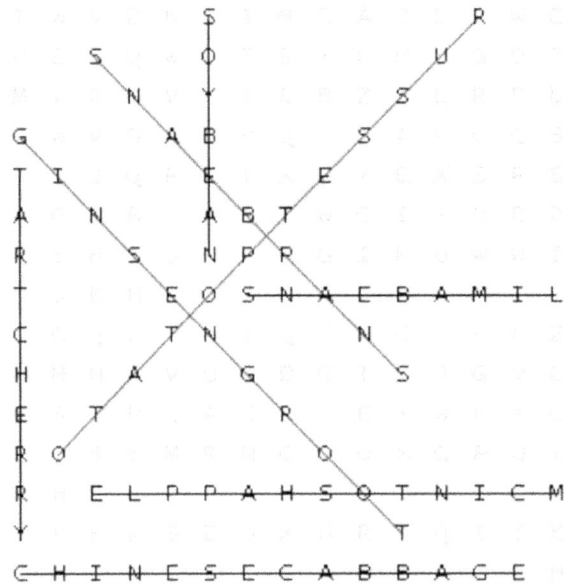

Fruits and Vegetables by State – New Jersey

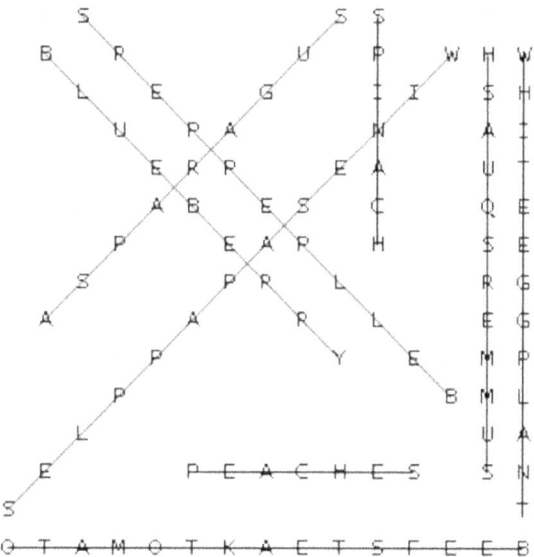

Fruits and Vegetables by State – New Mexico

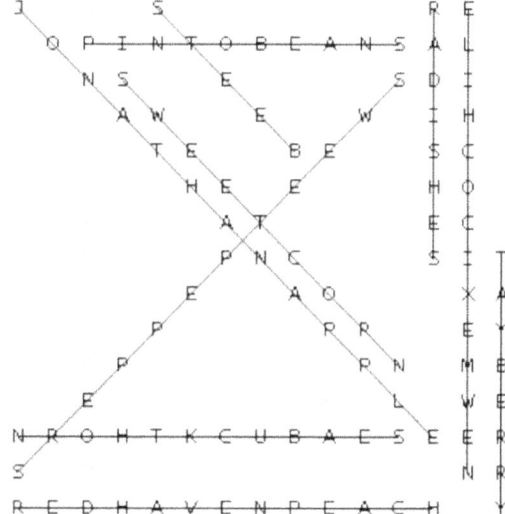

## Garden Décor

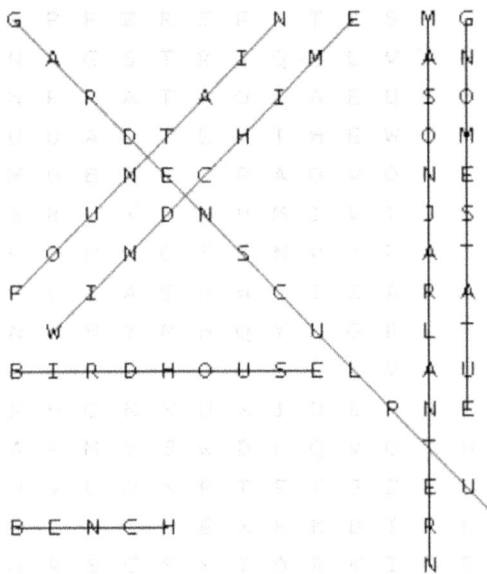

## Roses

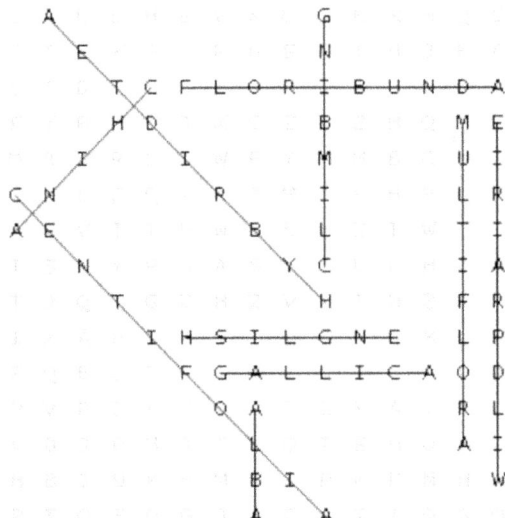

Roses 2

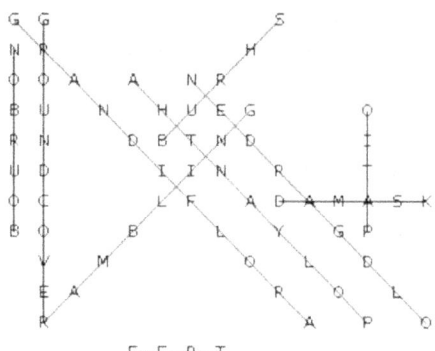

Roses 3

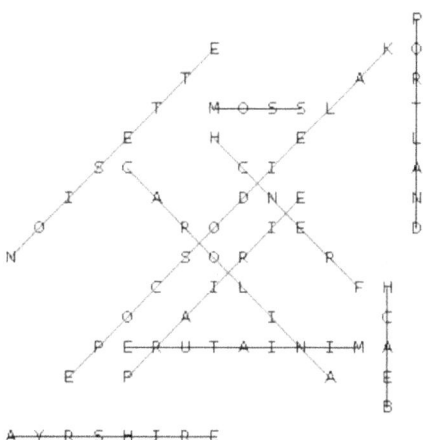

## Garden Pests

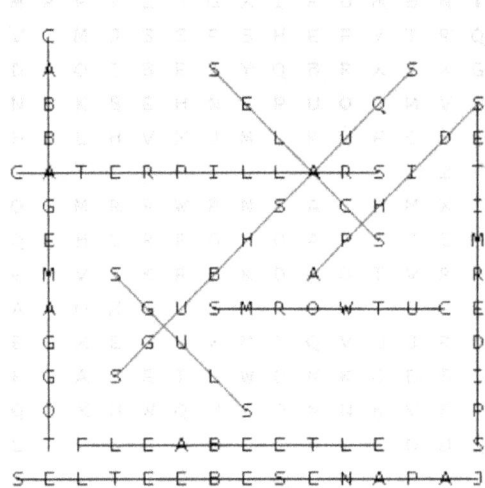

## Watering

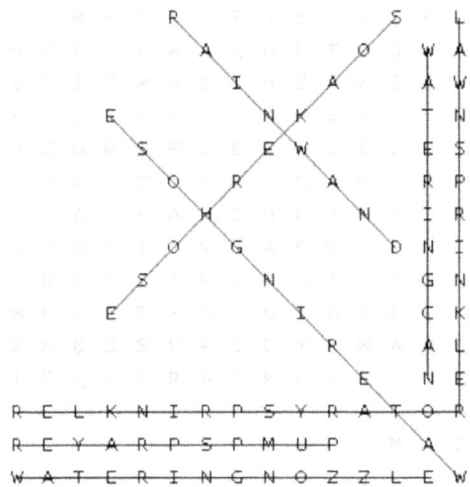

Dirt

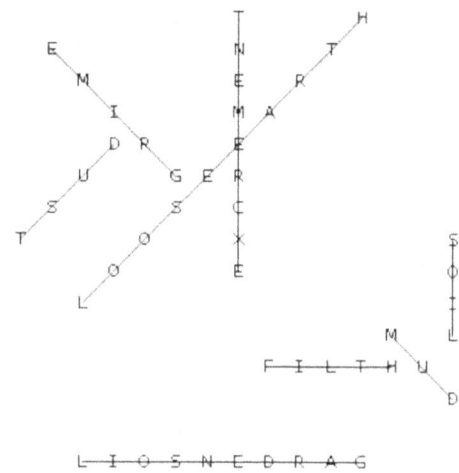

Yellow Flowers

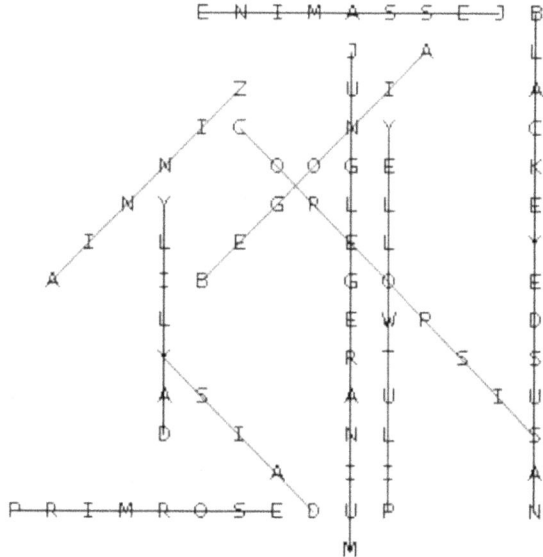

## Yellow Flowers 2

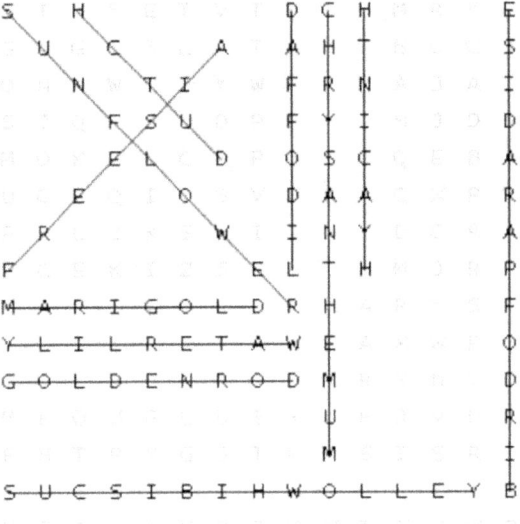

## Blue Flowers

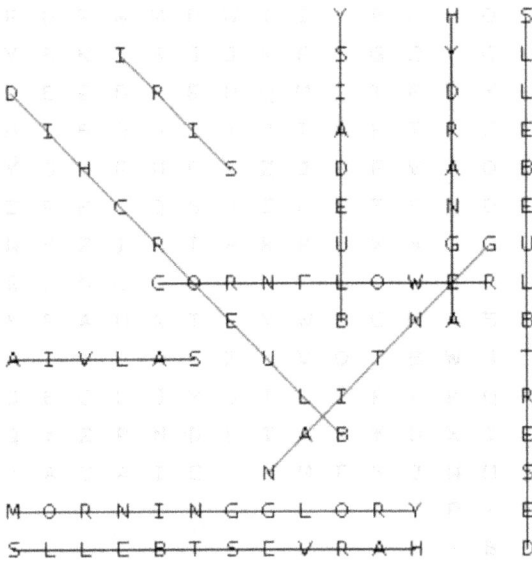

# Blue Flowers 2

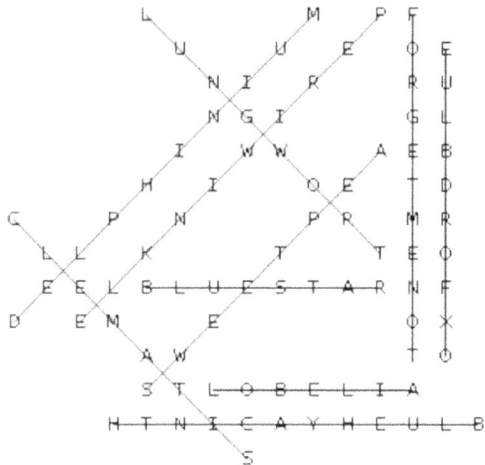

# Pink Flowers

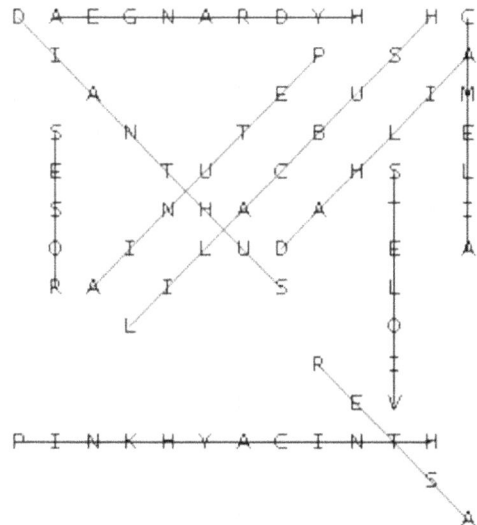

## Pink Flowers 2

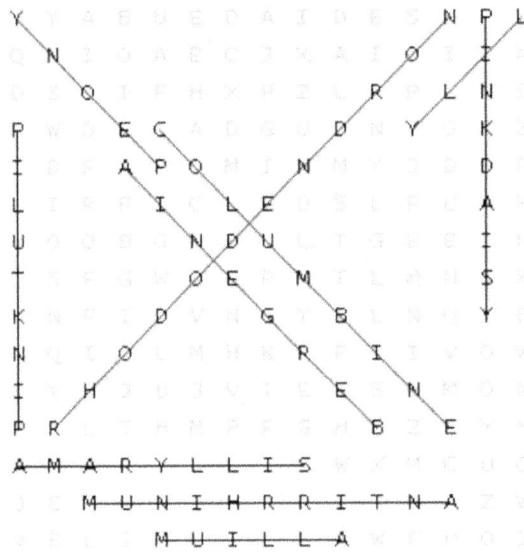

## Green Flowers

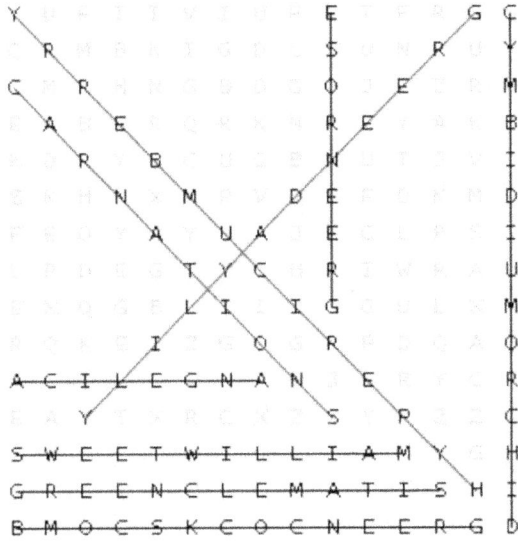

## Green Flowers 2

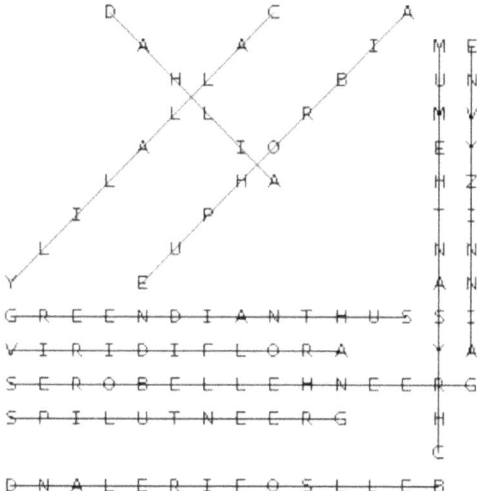

## White Flowers

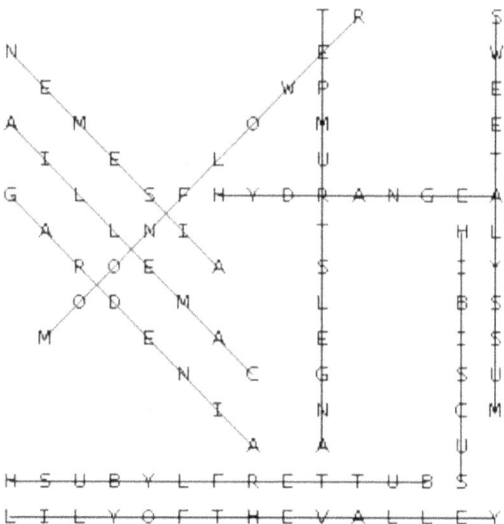

## White Flowers 2

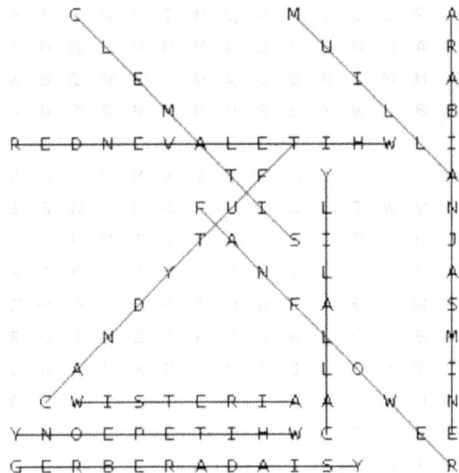

## Orange Flowers

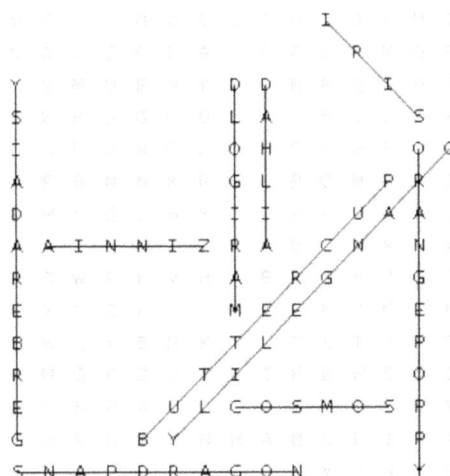

## Orange Flowers 2

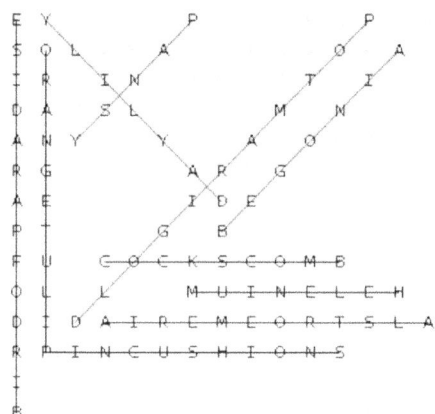

## Aquaponics

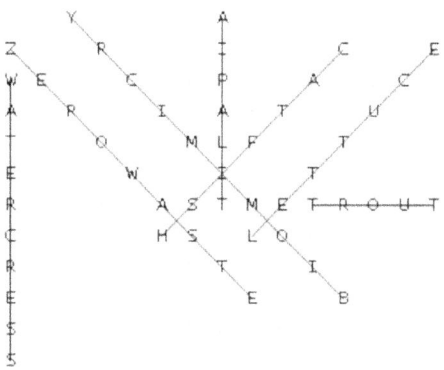

## Orchards

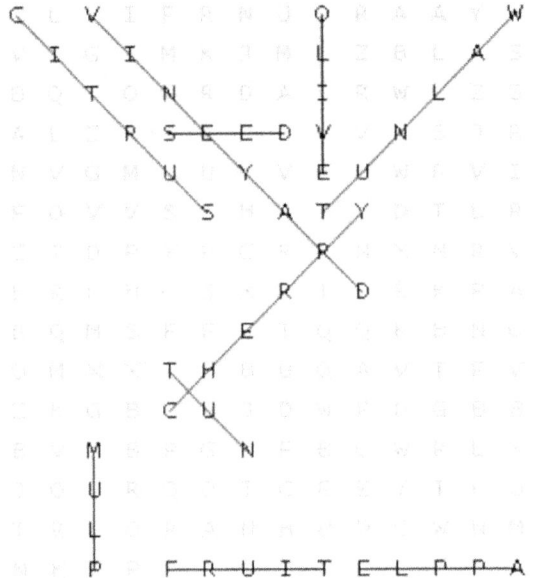

## Herbs

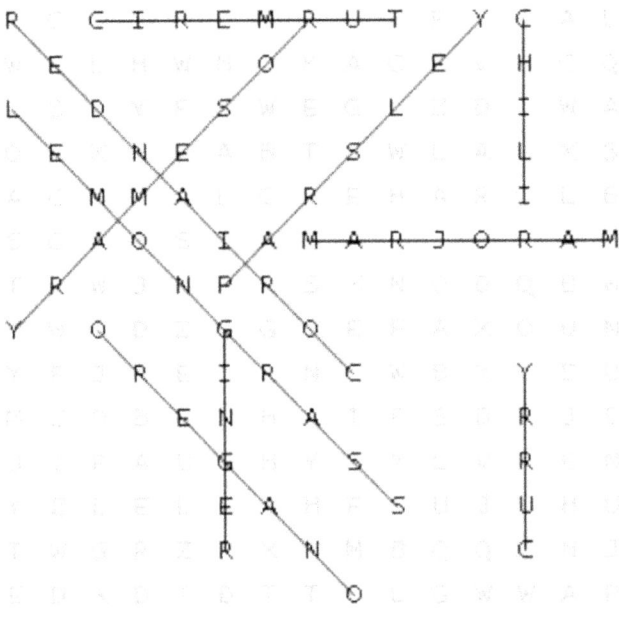

## Succulents

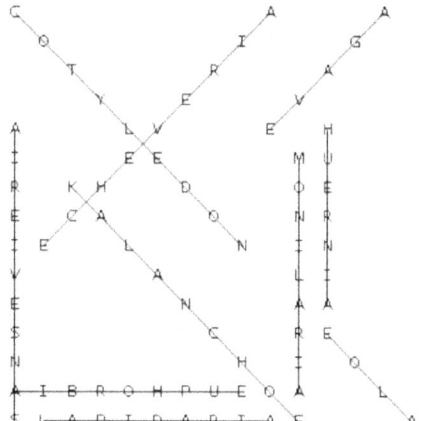

## Fertilizer

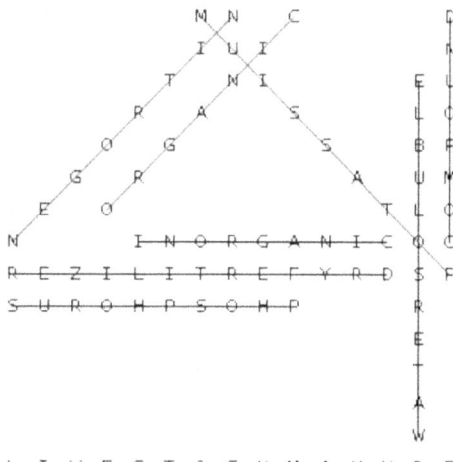

## Pollination

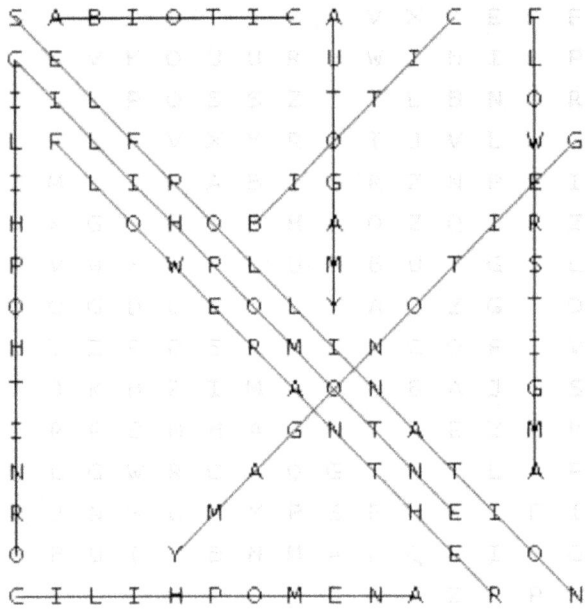

## Pollination 2

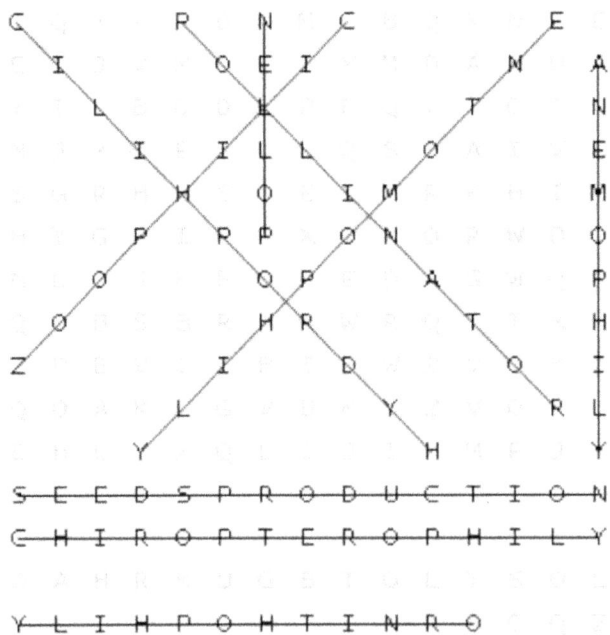

## Garden Maintenance Tools

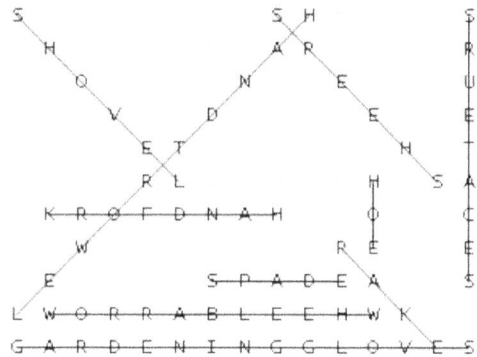

## Weeds

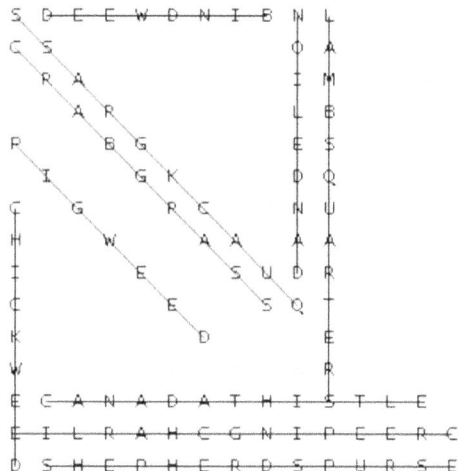

## Weather

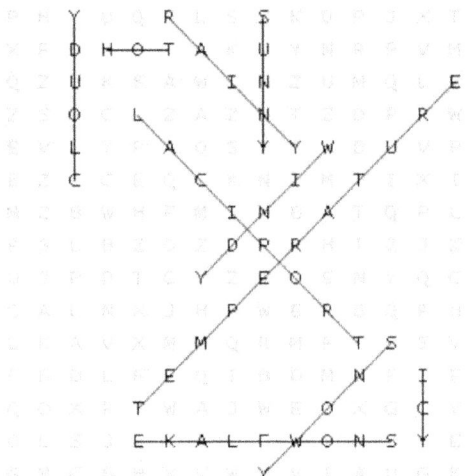

## Berries

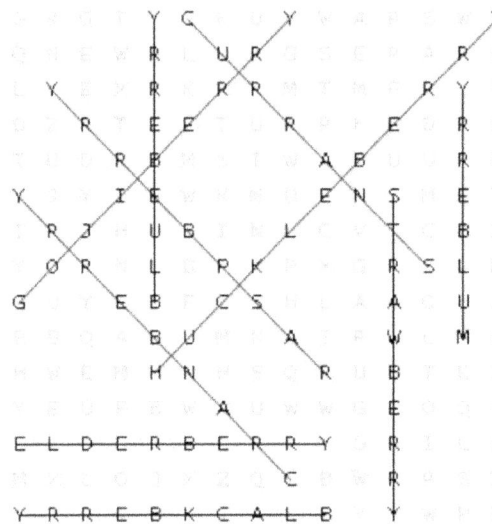

## Harvest Time

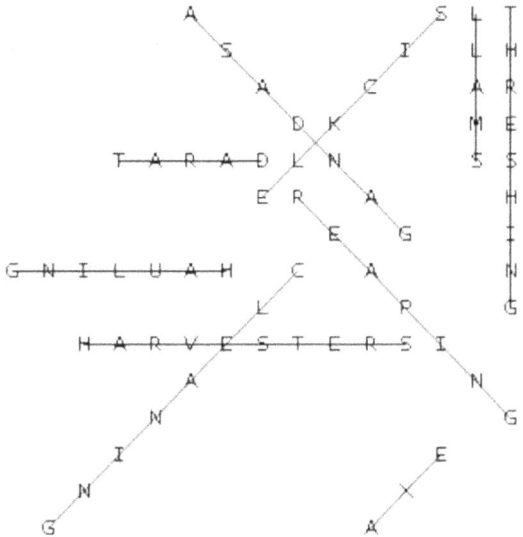

## Mushroom Gardens

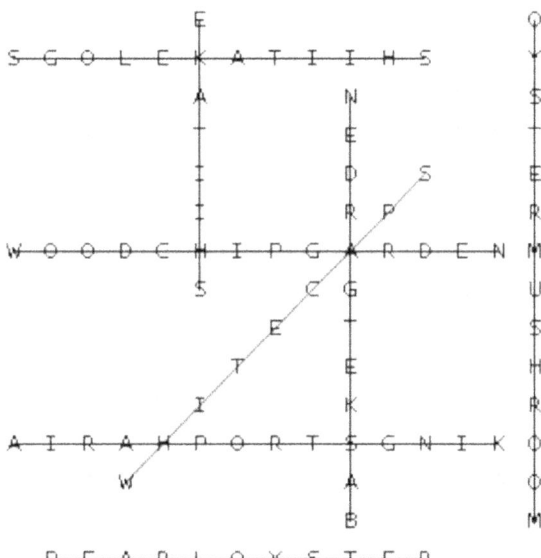

## Nuts and Seeds

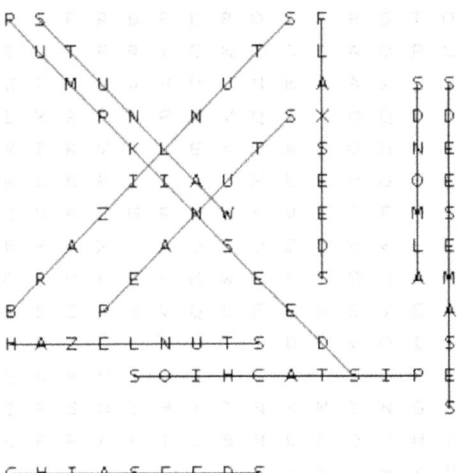

## Edible Flowers

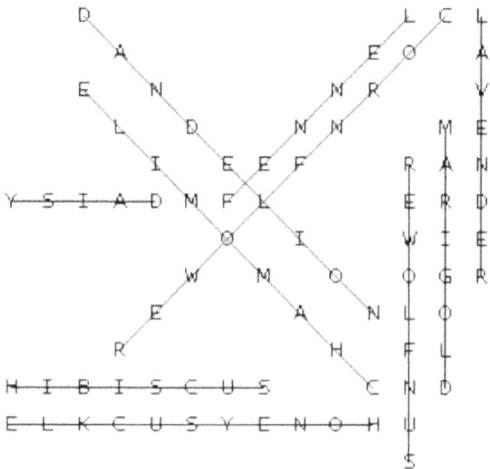

## Poisonous Gardens to Avoid

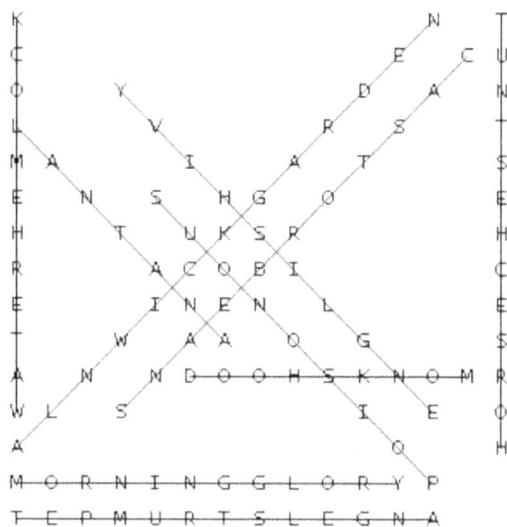

## Rain Garden

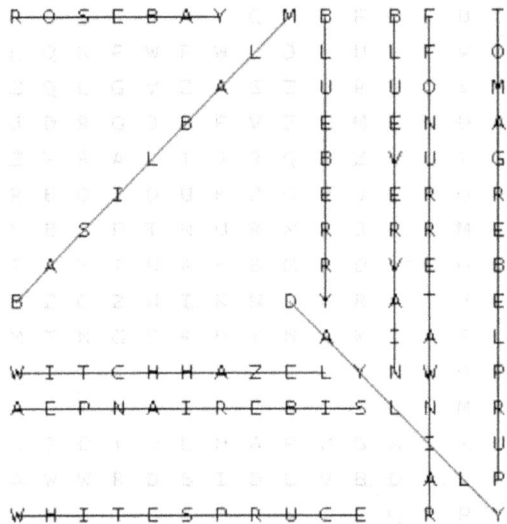

## Community Garden

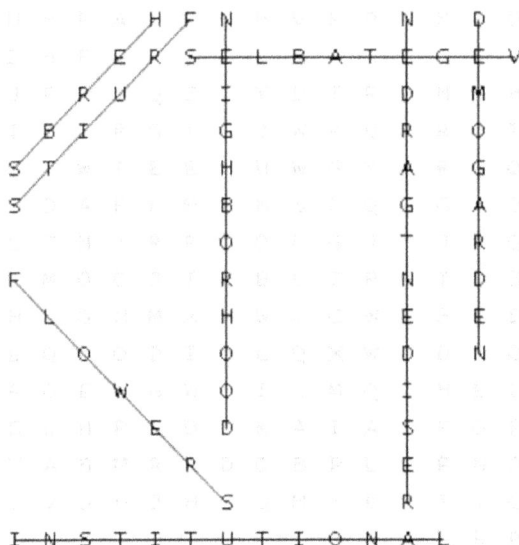

**Home Gardens**

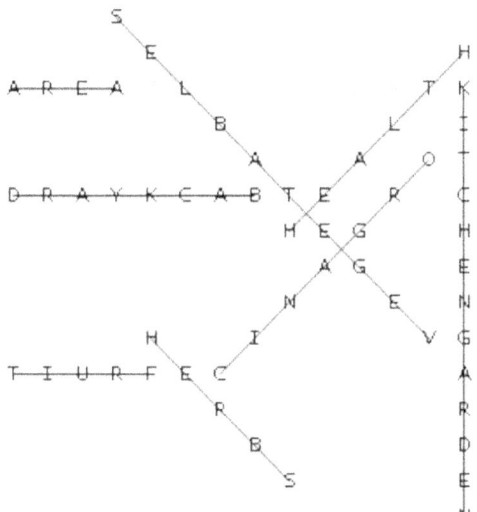

**Coffee Gardens**

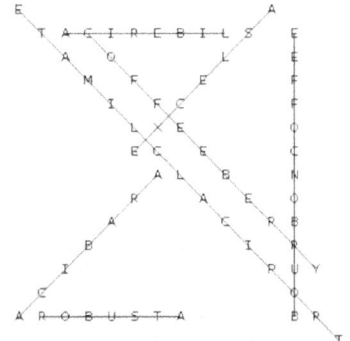

## Lilies

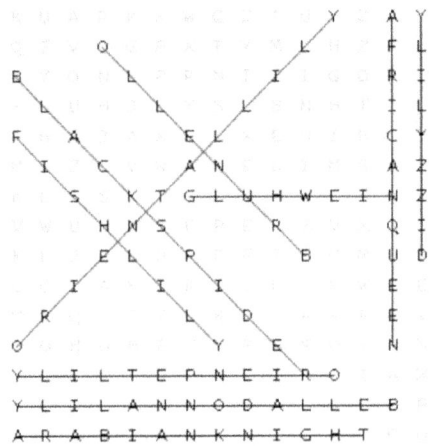

## Lilies 2

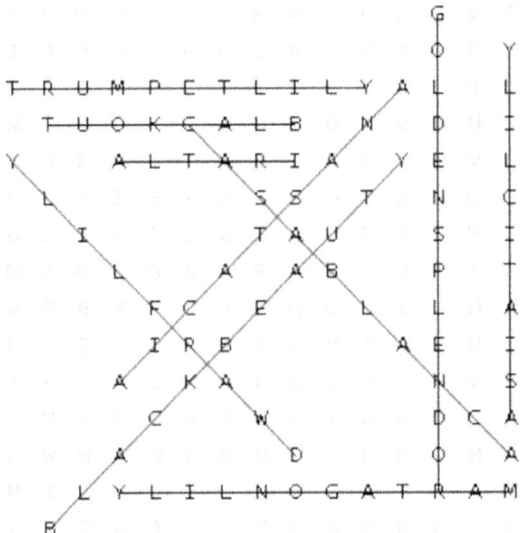

## Flowering Shrubs

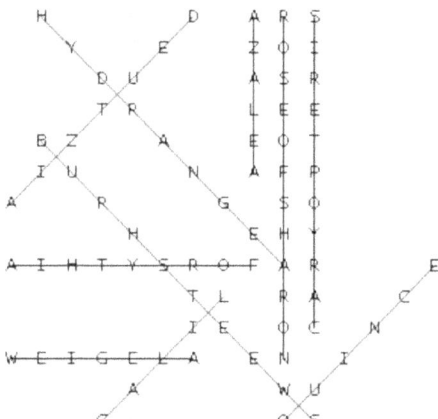

# Flowering Shrubs 2

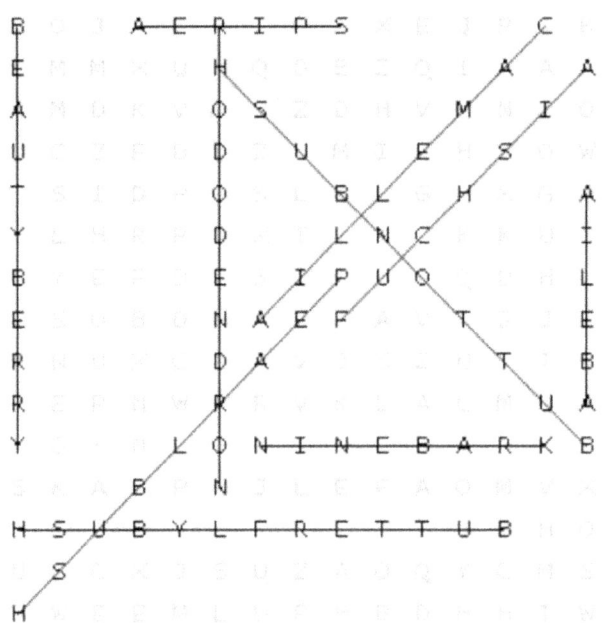

# Soil Amendments

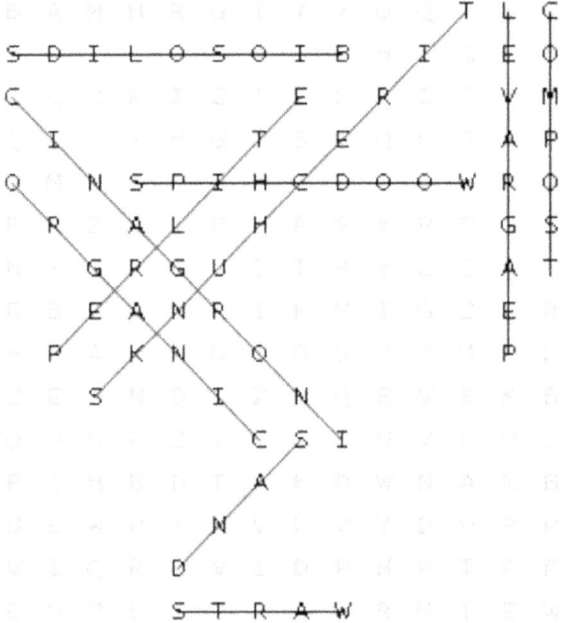

## Gardening Problems

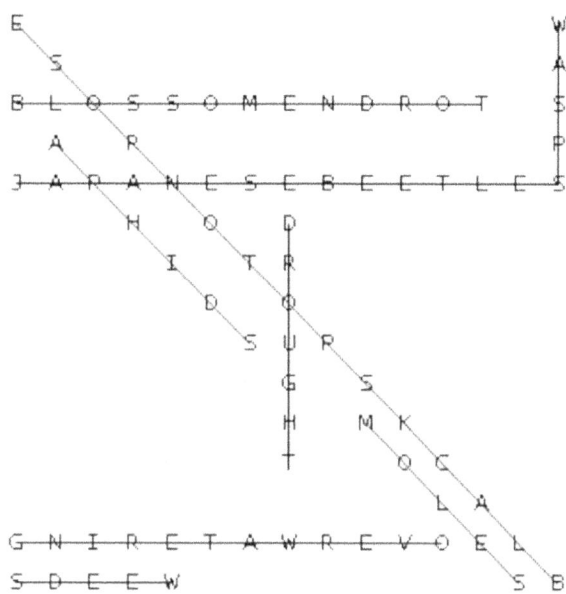

## Gardening Benefits

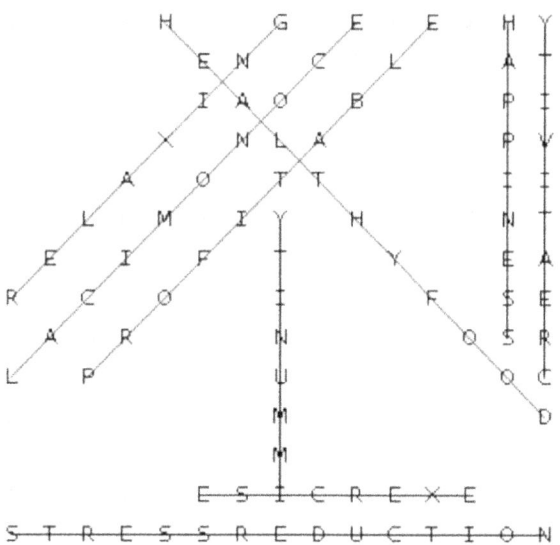

**Indian Gardens**

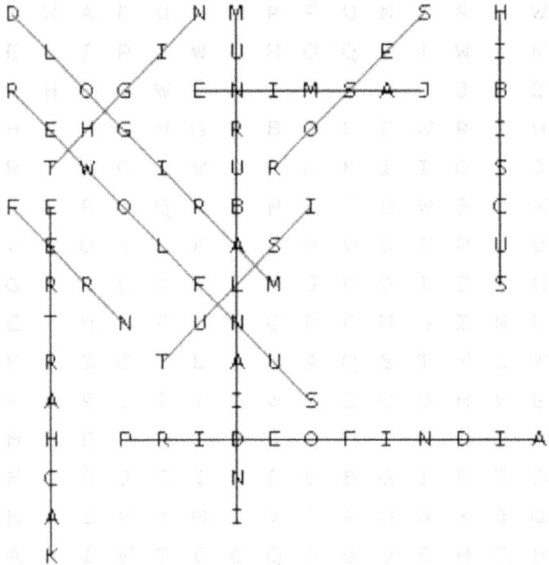

**Indian Gardens 2**

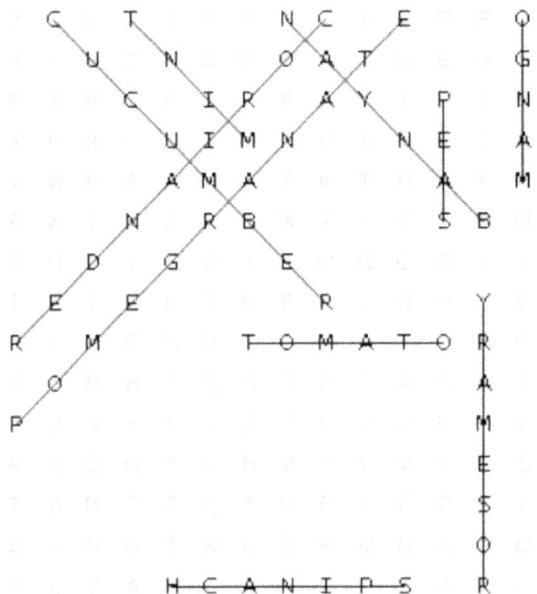

## Chinese Gardens

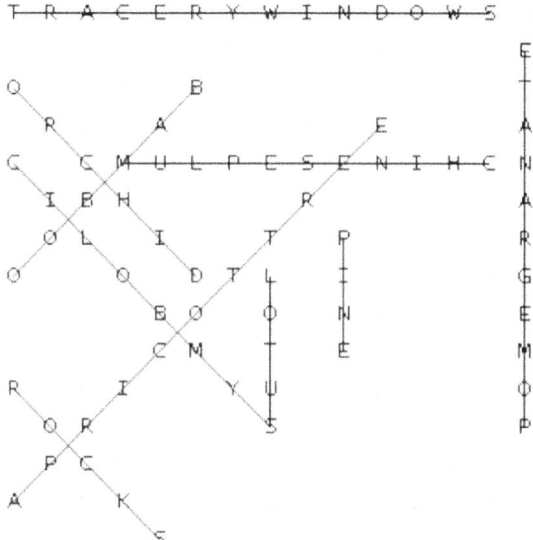

## Thai Gardens

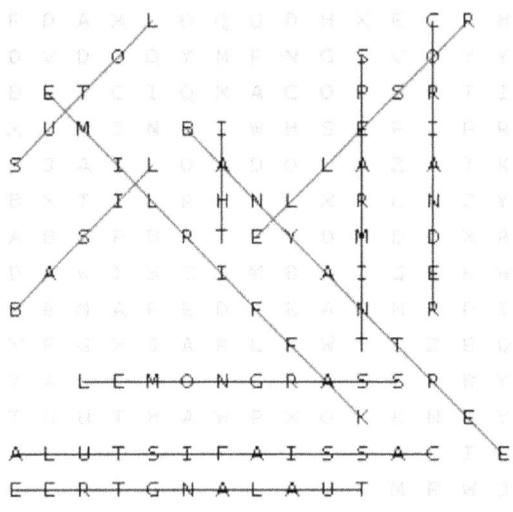

## Vietnamese Gardens

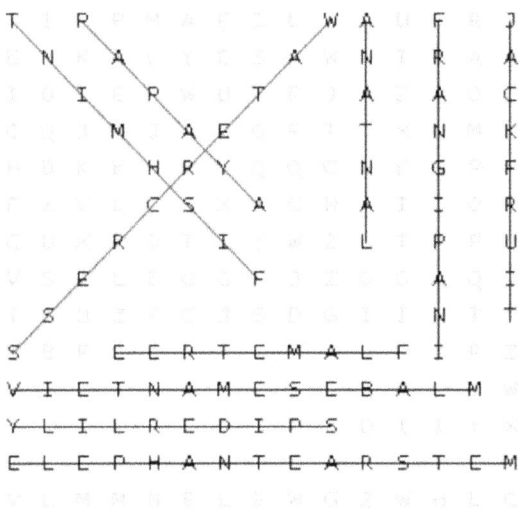

## Japanese Gardens

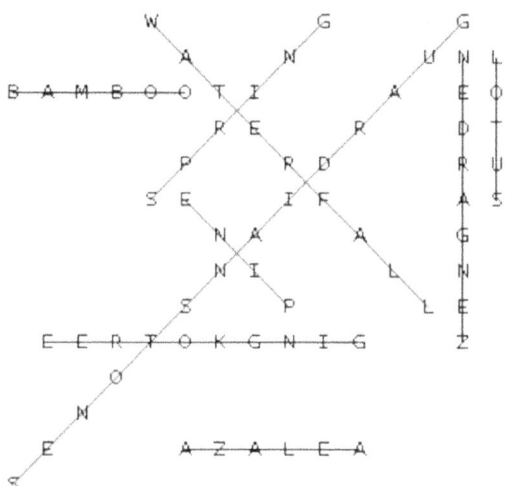

# Book 4:
# Mindfulness Word Search Puzzle Book for Adults

# Happiness

```
B J S F Q J S H G U A L J M Z
R W A V A V J H W V L U O G B
S P Z S G X Y J W T F S A U S
L N Z Q E K A C N F G Z R T Q
U N T L Z Y P E W O B N I A R
X B P H B O L I N M H U I F I
H U M M G L S R E E H C L Q P
S S R L E I Q H K I S S E S K
B O O C A T L Q M K S N M C U
B W X G N I D N A T S T U O P
A E X C G U L H U O M Y K L N
W O U T H A W K V S J A M K F
K V B S D N E K E E W O D J Q
X G A N F J R E M J X P Y E E
J S B U T T E R F L I E S F F
```

- ☐ Excellent
- ☐ Laughs
- ☐ Joy
- ☐ Rainbow
- ☐ Outstanding
- ☐ Butterflies

- ☐ Sunlight
- ☐ Kisses
- ☐ Weekends
- ☐ Cake
- ☐ Cheers

# Tranquility

```
X H V E G L F D Y W E C A E P
L T E M K V Q T Z E O E O H S
U O M C V U I V C P U C G O S
Y Q A F U N O I F B X W L C I
M L T Z E S K D M A Y I Q O D
M Q C R K Z F O I T T T H U T
O S E U V W L R I U L X E N L
M S O A O P X D D Y Q W R T G
W R Q Z A R I E N F E I U E E
N K K F H C E O M T I G S N X
R J X F A R M P O C S D O A R
B U A L D R X A O M E P P N G
R H P Y A C Y T T S X W M C A
B N C H B H P Q K F E W O E E
P F F G F I G Z I K L D C F L
```

- ☐ Placidity
- ☐ Harmony
- ☐ Serenity
- ☐ Composure
- ☐ Calm
- ☐ Peace
- ☐ Solitude
- ☐ Reposed
- ☐ Aplomb
- ☐ Countenance

# Scenery

```
E U W F A B P J J N P E V P S
I W X N R S U O R D N O W R Q
U H D B L O O M I N G Z H W F
T L D S U O I R O L G T D Y W
F Y J Y L A E D I V L K U M J
L L Y X F X T Z D V N V Y G W
O N I Y N E J X M K H L Q L W
U E E N C H A N T I N G A I K
R V N G V E Z E K C A M P S R
I A I Q G B B K I Q I S I F K
S E T P N P Z M P G Y R Q Y X
H H S P Z S E C K Q B T L W E
I B I J K N U I M K G S V A I
N O R F Y P A N O R A M I C W
G R P I A V M Y M K C L J I F
```

- ☐ Blooming
- ☐ Brisk
- ☐ Enchanting
- ☐ Flourishing
- ☐ Glorious
- ☐ Ideal
- ☐ Heavenly
- ☐ Panoramic
- ☐ Pristine
- ☐ Wondrous

# Peace

```
R H I Q Q T U Q T Y F K Z B L
A V E F M U K R W E T X X K E
D Y Z V S B U H E E S O P E R
E T P I F C W L P E C U R T P
T A M A E D O K S O N A W U S
A V M R C H O E M Y V J V Y Q
I C D I E I A V Q L D O M M C
L I Q H C M F R E G N J R X G
I N S I V A C I M B I B B N G
C E B K N R B E S O O U W L E
N R P V L Q S L Y M N H D A T
O I C N V X H X E D J Y W N U
C E T A C A L P I D H M M H U
G B V T W V I W K O J Z P W L
G O Z V R A X O S U Q X W O I
```

☐ Pacifism  
☐ Harmony  
☐ Negotiate  
☐ Irenic  
☐ Repose  

☐ Dove  
☐ Placate  
☐ Conciliate  
☐ Amicable  
☐ Truce

# Ways to Achieve Mindfulness

```
K K Q Z A A C V R W G W X S
C L I O C L E A N L I N E S S
G A D P J O X N C S W I Z L S
N W E H M X P N E X I H V K E
I U I A V Y F O C U S T F Y N
R X L P Y Z U O T X T A T P E
E K O W K X D G X D J E L Q V
T D R P B H O X G U N R E W I
T J O U R N A L E Y W B U M G
U E N O I T A T I D E M K H R
L N X S R V L P Z J T Q O P O
C M A E C N A T P E C C A K F
E J S C V Q Q Z D D B M P E Z
D P O S E N S U O U S N E S S
M E X N O I T A V R E S B O Z
```

☐ Acceptance ☐ Cleanliness

☐ Breathing ☐ Decluttering

☐ Meditation ☐ Journal

☐ Sensuousness ☐ Walk

☐ Focus ☐ Observation

☐ Forgiveness

# Inner Peace

```
O G T G R A T E F U L N E S S V
L K N Q E X T E G R O F D Z E W
K J E M W Z C J J L S S Y X V U
Q F M M S Y O K T Q L O V E L T
B Z E L F C C U Y N U Y L R N
M O G J W D K X X F A J D Q K E
R T A J Q N O I T A T I D E M M
X K N L W K Z B E I L A R Y Z T
E O A P T M U O E Y Y U I V V N
X R M D E G U V M R C M G I H E
E Z S O K E W F T K U F J I D T
R Y S I O A L F G B Z T X X N N
C F E V B H U S S J D J A D K O
I Y R B N C D Y C S V E U N P C
S G T S P R Q F J F V K A L Z S
E Z S W J A C C E P T A N C E I
```

- ☐ Love
- ☐ Gratefulness
- ☐ Stress Management
- ☐ Exercise
- ☐ Sleep

- ☐ Nature
- ☐ Meditation
- ☐ Contentment
- ☐ Acceptance
- ☐ Forget

# Cleanliness around the House

```
H C K S D O P O J O S O C K S
X W M V P P F T Z C Y V D G S
T W L F C W T X U J U N T O O
Y A A C Y P S L P W B E F R J
S M U R J M V F O A L A G G G
C S N C T V R E T I E S Y F M
Q N D Y S X C H O V P H C V R
N E R Y N N R T A Z R O M C E
O H Y Z G O B W N C R E Q R V
C C W R O E O R L C R S H A A
T T T M R R B B O L X I C Y D
T I M B C R P A T K U U S U K
Y K H I N X I S D O U Z J M O
H I M D W F F T A M A U V K N
N H V O H U Q M S L Q I T B E
```

- ☐ Shoes
- ☐ Socks
- ☐ Vacuum
- ☐ Bathroom
- ☐ Toilet

- ☐ Kitchen
- ☐ Microwave
- ☐ Sofa
- ☐ Laundry

# Lifestyle

```
L C E W T M M U O K O S L V E M
M O D E E R F L A I C N A N I F
S T O I K D Y J S F L D C C P D
D H J N M O M F H A A X W J Y I
E Y H A L Q F T D M B A N V W S
C F T S H I P E O X Z W F L P C
L R J I Z T N N Q F O C U S L I
U B U E S L L E S Y V Y G L E P
T O L A E A F A B Z V O Y U X L
T B A V T F N A E U H U K D L I
E J A I V T L O Q H S R S Z S N
R R G A N C Z K X K H I A I K E
T I N C H N E O F A Q H N D R E
D J M I N I M A L I S M Y E V T
F E J Z A A Z W L C A N N R S A
I N I G G L Y T I L A G U R F S
```

- ☐ Financial Freedom
- ☐ Digital Nomad
- ☐ Online Business
- ☐ Travel
- ☐ Discipline
- ☐ Focus
- ☐ Declutter
- ☐ Minimalism
- ☐ Frugality
- ☐ Health

# Mindfulness Apps

```
O D T L J X A F M L M C L Y G U
I H E T B T G X R E S G Z I J V
D I H Y I R I B U D D H I F Y J
U J H C O B U B K D A U D H G K
T F E A D A A A R L E V D C Z K
S B A W S J K H N E C W Q A R M
N K C L Y K P A E Z A E M W C X
O P A T S B G U B L N T U C E H
I Y L T N R M I G V P S H B H G
T A M E N V X I B N Y M Y E T S
A H J D J B L X A N I M I A E S
T E H T A E R B I P P K U S E C
I Z B W L O B P N V C T A I R X
D N V E R W L F B Q D M R W B O
E L X F O H E A D S P A C E F Y
M L J H G M T Z N Z I B R R M Z
```

- ☐ Breethe
- ☐ Headspace
- ☐ Calm
- ☐ Buddhify
- ☐ iBreathe

- ☐ Simple Habit
- ☐ Waking Up
- ☐ Oak
- ☐ Meditation Studio
- ☐ Breathe+

# Travel Destinations 1

```
R S K A D U H Y W D D E I L C
C A G R A Z L N T X R V D W D
S E R F Y O F V Z X S G L H D
A W L S K B S X W W U V B T N
L T X A X M W H X N I M T R W
S P T N M L F L V K S Z A E O
G P L Z E I E Y W I B G O P T
Q S W L L A M S C R Z U G G E
X N J D B B O Y X P F G I Q P
T G B S O U R D E X Q A P O A
H R V N U D F N H L Y A P H C
D C U Z R J T E C H R D I M X
A Q M R N Y U Y W I P D B V D
J R N U E D M Z S C Y W T W C
T H J X V H N M X A U M F J U
```

- ☐ Sydney
- ☐ Rome
- ☐ Paris
- ☐ Agra
- ☐ Male
- ☐ Cape Town
- ☐ Dubai
- ☐ Melbourne
- ☐ Perth
- ☐ Goa

# Travel Destinations 2

```
Z W X D R X J M L W H Y L G O
N I W V N P L A H Q L M U C F
O G S Q E V A M A F K B B F G
W A T D W V J K U Y N E I P W
B A L I O C T N C Z M T X C G
A E V K R J K B K H R E N U G
N J M P L D J L L T N C W M J
K Q B P E A S K A L O B A T N
A Z X D A R X F N R A R O I X
R L Y N N O N V D N R K L K R
A X T Z S Q J S G A Y R R E K
G F Z C T M T K K O E G S I H
S O D T A E O E D B V E R H C
G I S H Q K S S C T P I Z L F
A N X J I H I K A T H E N S E
```

- ☐ Berlin
- ☐ Bangkok
- ☐ Auckland
- ☐ Tokyo
- ☐ Ankara

- ☐ Athens
- ☐ Bali
- ☐ New Orleans
- ☐ Kerry
- ☐ Marrakesh

# Travel Destinations 3

```
O O W L V M B J Q I K B K Y U
R G L Y O X A Z L S W G K E R
I M Z K I S X D W O I S O I Q
E A P X J C A T R T N X S I X
N Q X S N R L N E E F D N P S
A H O N G K O N G B T I O O S
J I X L O S F L E E R S D N N
E C R J T S X V S O L A M G L
D P H Y B B C M T S B E D A I
O G B U L P M N I R L A S O F
I D M M K Q A U A I K N N B A
R O T S Z S Y B E C G L Z D C
R S I N G A P O R E M K Q T F
L I R A K R A R T E P G X Y B
A G G W O C S O M E D R Y H O
```

- ☐ Los Angeles
- ☐ Santorini
- ☐ Moscow
- ☐ Singapore
- ☐ London

- ☐ Rio De Janeiro
- ☐ Petra
- ☐ Hong Kong
- ☐ Barbados
- ☐ Amsterdam

# Travel Destinations 4

```
H G R U B N I D E K R A O K W
L E B M J A A Z W L C J U K C
R B J R P G R M D I M R K Y T
L E Y C U H Z O M I O H L I P
W F V W P P K U B H N K V A E
Y C G U L C I L W A O M K N W
S E M T O O A A A L R K B A S
R B E R S C T B J X Q O F V M
O N D F X A N A N Y V P B A P
Z E E W J X O A K R E B N H S
Q W L G H O U C V I Z P Z V V
O Y L F R R P J D F A F J N W
H O I Z G X Z U X L L W I Q T
B R N R T G X P H W O R E U H
X K D U B R O V N I K G X X Z
```

- ☐ Bora Bora
- ☐ Gold Coast
- ☐ New York
- ☐ Dubrovnik
- ☐ Edinburgh

- ☐ Jaipur
- ☐ Waikato
- ☐ Havana
- ☐ Vancouver
- ☐ Medellin

# Travel Destinations 5

```
Y T I C H N I M I H C O H Y N
H W B W V U U O H T O L C P Y
U S A L Z B U R G M Z O L Z I
A S Y R F C K R J U V A O U X
F M O W G G O X N H P N H K
R P I X U N N L F S X O D Z Z
I K P L Z T R A B O H A O S Z
Q M I A M I D Q H R U S N H Q
A B U D A P E S T Z H I N X W
R Z Z L X X S L B U W X W X U
V D H D C O P E N H A G E N F
C U B Z Y B R I S B A N E L M
F V X L I X G T K I S E P T V
X Z K C M Y A Z N V C D I W I
F P D I E U E R R I K N I E O
```

☐ Lima

☐ Sao Paolo

☐ Ho Chi Minh City

☐ Hobart

☐ Miami

☐ London

☐ Salzburg

☐ Budapest

☐ Copenhagen

☐ Brisbane

# Travel Destinations 6

```
W K L G D X E O C M Z Q C C B
M E C Q Q R Q Z L R M X C T D
A N C M A L L O R C A E R U Z
R T T D K A R I E D A M R N U
R E A O L M Y S Q S F Q I C Z
A N L H A D A L I S B O N A I
K E L P N B V D G A Z O N N K
E R I A O A C Z R T K B Q Q N
S I N D L O N E R I Q M Y E I
H F N X E M B O Q F D V L N S
P E H I C W U R G S Z H Y Z L
B R B B B R J T Z C N A V U L E
Q Q I I A Y L B N E D H D P H
K G R Z B K V T W N H Q S Q P
P P Z A G U P D G P J M G C K
```

- ☐ Madrid
- ☐ Barcelona
- ☐ Tallinn
- ☐ Helsinki
- ☐ Marrakesh

- ☐ Lisbon
- ☐ Madeira
- ☐ Mallorca
- ☐ Ibiza
- ☐ Tenerife

# Travel Destinations 7

```
J S F Z V W K N E G V X V G V
L Z L E O S W W L F L X R H X
H A O M D C G Z S Y R F R J R
S C R E Y K A O O L X M D E D
Q I E T V D D N K Z K F T J Z
H S N Z K E K Q O B S G A O Z
T R C H S V N S E M P N D C P
B O E Y L O L I F Z C I I C J
S C Y N E N L O C G X S W X W
U U B F S T K D Y E A D A R Y
P Y F T P E D I N B U R G H X
U A F Q M M A R S E I L L E K
D A K Q T C O R N W A L L D W
O J H F R O S V J H Z D P B A
N C H W G C O P E N H A G E N
```

- ☐ Monaco
- ☐ Metz
- ☐ Marseille
- ☐ Corsica
- ☐ Cornwall
- ☐ Devon
- ☐ Edinburgh
- ☐ Florence
- ☐ Venice
- ☐ Copenhagen

# Travel Destinations 8

```
A M S T E R D A M K V O A N S
D L W V T C I M A Q X I N T C
D R X C I T I L P S D Q L W V
A V X D N E L A D S T T O C S
D A D I A L Q P H O E N I X Z
H A O H L K U C C M A H U Y Q
M F F V I N P B O A F G H L U
V L S A M Q X L N R H A I A I
E U D R J C F D P A S E I C M
P D U B R O V N I K T F P C J
Y O A Q I S B Q T N N S C U O
W L L B Q D K H S A B L I Q K
I X N I P O R G E N E T N O M
L E R T I F D R D Q J J Q T G
N I F G P W O I U U D B L K U
```

- ☐ Amsterdam
- ☐ Milan
- ☐ Istanbul
- ☐ Ankara
- ☐ Phoenix
- ☐ Scottsdale
- ☐ Hvar
- ☐ Split
- ☐ Dubrovnik
- ☐ Montenegro

# Travel Destinations 9

```
W M R U P M U L A L A U K I T
A D R O Y S K U X Z Q Z B O J
M X R B T K T Q A E K N W N J
F C P M D T H V S I R M Q A G
E L L O G C T Z Y N U C R H E
O B A L X O O T Y R N S H R N
W I C O F P U Y D N Y P O X A
U A J C K E H N C N S L Z I R
I M R Y U E A U I D A C U B T
K G Q E G V R N Q G M W G L N
A N N O I A A A N U T F I H W
N A I R G Q L A J P O V H U Z
D I T Q B P B L A F Z C P C C
Y H R L U E W H E H J C A K W
F C Q P G X F Q M E A Z H A W
```

- ☐ Ooty
- ☐ Trivandrum
- ☐ Bangalore
- ☐ Colombo
- ☐ Kandy

- ☐ Galle
- ☐ Chiang Mai
- ☐ Phu Quoc
- ☐ Hanoi
- ☐ Kuala Lumpur

# Travel Destinations 10

```
K I C A N C U N V P Z J G S B
V I R Y Y L J L R P O B T S H
G T T B E W N S W A S U P A U
W N R O T N O R O T B E R S V
Y W L G Q U C K B B W C J Z F
C O F W W H C O V P R C J F N
B T X A R J N O L A L I Z S I
R E L H E D U A Z O F F U I P
U P U Q V V O H P N G O B N Q
S A A P U D A P Z O R N O G V
S C A I O U H Y B G L R E A T
E Q H Y C R P N U N I I A P Z
L O W G N B A E O A M F H O C
S J O F A A O E C R X R G R H
N O A A V N M D Z Y H M U E U
```

- ☐ Singapore
- ☐ Toronto
- ☐ Vancouver
- ☐ Cancun
- ☐ Cairo
- ☐ Durban
- ☐ Cape Town
- ☐ Napoli
- ☐ Brussels
- ☐ Cologne

# Meditation

```
T W J P L T S U C O F O O E C
G R D M I L F Y P Q R F N N V
L W A J X D M E A E D H Q E W
S S D N L O V I N G D Q O Z K
R S C L S R F O E J F S V W B
T E G R G C H E N M P G E T M
Q N A I E T E M R I J H U O V
K D R T R L L N R O T R V H Z
V N T I E U A I D S D E X I Y
V I N Q L Q T X E E M G I L O
A K A U I U B R A E N N T X Z
E L M C A D C L N T F T G J F
U A C L C Z J T Y R I R A F C
Y R S I T L O A R L R O V L G
V I S U A L I Z A T I O N G X
```

- ☐ Spiritual
- ☐ Focus
- ☐ Movement
- ☐ Mantra
- ☐ Transcendental
- ☐ Relaxation
- ☐ Loving
- ☐ Kindness
- ☐ Visualization
- ☐ Zen
- ☐ Rest

# US Small Towns 1

```
A V A U B L D Y Q N H O F U A
M Y A M E P A C A E D C B F S
Y H P D J D K G Q Z V L I L W
Y Q J T G H D W H H R K D U S
G P O H B U B M V N B J T D S
A S U M E D I R U L L E T M Z
T F H C R G E T T Y S B U R G
L P S U B A R H A R B O U R V
I L E B I N A S U O O W J K V
N F S A N V I B E A U F O R T
B Y Y U G G H B L G D P X Y N
U W O C V G A N U G A L S B W
R L Z W N O C A X S T O W E R
G R G A F R A Y O T G P E E D
H K E N N E B U N K P O R T A
```

- ☐ Bar Harbour
- ☐ Telluride
- ☐ Gatlinburg
- ☐ Stowe
- ☐ Beaufort

- ☐ Laguna
- ☐ Kennebunkport
- ☐ Gettysburg
- ☐ Sanibel
- ☐ Cape May

# US Small Towns 2

```
B V O O Z F D G F S T F T S X
R O C J S M Y I X P N R O U M
E A R I A R F D V C T A O B N
C M Q T P C P P L A T Y W E B
K O D F Z M K T I N N D F D C
E N L G O X C S R N S D C E E
N O S J D Y S D O O X L K Z O
R S Q Q Q A Z T O N D W V V H
I M S A V E A Z I B H N S H A
D P G R W V O A M E J O X U T
G F L A N O D E S A X A L R E
E E C V Z H R Q F C G Y N E K
M O N T E R E Y C H Y W U X A
M O A B J J A V J F A B T W L
C T D W I L L I A M S B U R G
```

- ☐ Jackson Hole
- ☐ Lake Tahoe
- ☐ Sedona
- ☐ Moab
- ☐ Monterey
- ☐ Cannon Beach
- ☐ Breckenridge
- ☐ Sonoma
- ☐ Williamsburg
- ☐ Taos

# US Small Towns 3

```
C M J E R P D E S T I N D B C
H M Z T O J S U I I J L L R H
A V K T C S E N O O H B Q A Q
R M T E K W L Q V T O L R N C
L Q W Y F L P J I I T O I S H
O V G A O T A C C L S U Y O I
T Z D F R E N O P A P W I N N
T I E A D K K L E S R W W P G
E J D L V C Y S Z U I E I T H
S V S F A U K A W A N M D N R
V X J Y C T N U Y S G P T G W
I Q H D J N B Y L L S J V Y F
L R A S D A Q M L H P N L L R
L Q C O Y N W D N C H B W A S
E J A G H A L F M O O N B A Y
```

- ☐ Charlottesville
- ☐ Branson
- ☐ Nantucket
- ☐ Hot Springs
- ☐ Lafayette

- ☐ Rockford
- ☐ Sausalito
- ☐ Destin
- ☐ Half Moon Bay
- ☐ Naples

# US Small Towns 4

```
W P W L T S U N V A L L E Y V
G D C J P A U G U S T I N E U
R C O P L J D I L C R K Y X C
U S I L O P A N N A H Y H X R
B H Z O V F A N V G A U C F U
S A L R B J S R Z Q F F O W S
R N F E V M C U D S G Z D F G
E N H O G U N Q U I T L Z E I
T A C S N V Y A V A A T W A B
E V N O N U Y A M E P A C O X
P A P U O R V N V L S X B D Q
P S T S S Y N X J M S E E F B
V Q H O K E Y W E S T B S F U
D Z X P H I P X G Z C O W G O
D H I L T O N H E A D E F S E
```

- ☐ Savannah
- ☐ Hilton Head
- ☐ Sun Valley
- ☐ Annapolis
- ☐ Key west

- ☐ Petersburg
- ☐ Augustine
- ☐ Big Sur
- ☐ Cape May
- ☐ Ogunquit

# US Small Towns 5

```
T E T B M P F H G O W G T J W
P U D Y T O O M D V D W Y S Q
S T U O V K F Y H N E D O P E
N E F P M O N R K I L R F Y W
W L A K E P R T A Z Y E A I O
O L I M R V P L T V I S J H T
T U R Z B M V E U F D T E U S
E R F W U H C B F E Z L S V I
G I I D P W T E G M E U C U J
R D E H L A R A O N Y T J F N
O E L B O X R C W W W C O O G
E F D S C B Z H P Q G M P U G
G J O P U Y I N M B T S X L Z
P G E E E W Y N A H T E B L R
W H I T E F I S H N W C Z U S
```

- ☐ Helen
- ☐ Pfeiffer
- ☐ Myrtle Beach
- ☐ Bethany
- ☐ Telluride

- ☐ Whitefish
- ☐ Taos
- ☐ Stowe
- ☐ Fairfield
- ☐ Georgetown

# US Small Towns 6

```
S E L E T A E N A K S U Z L O
D N A L S I L E B I N A S L F
T J D E C O R A H Y B L T U I
I K J R B F X H H A U Z I J H
Z P N W O T S E L Y O D Q Q F
R E V I R D O O H G L U X F G
E O H H O L L Y S P R I N G S
X T Y S B X X C S G Z G A O T
N Q N Y I E U X J I E Z Q B B
G E C Z Y F N Z A Y T F Q S K
T Y P I X R E N C F S K B Y I
U P R S B K G T T Z S N A Y Q
S H Z Y A G X N I E D E E B N
D Q W J M S R E R H P B N H L
B N O T G N I X E L W D H G Z
```

- ☐ Sitka
- ☐ Doylestown
- ☐ Hood River
- ☐ Whitefish
- ☐ Decorah
- ☐ Holly Springs
- ☐ Sanibel Island
- ☐ Aspen
- ☐ Skaneateles
- ☐ Lexington

# US Small Towns 7

```
V E H N H G V D V S A Z J C J
I H M T P O H M A H T A H C Q
E A O C E T T H E I X Y D D L
E I A R W D T J V S E E A K G
B P B U M I A P F A Z H S T R
S W W G D T F R E L L T K S G
I A C E O J O N I O O E B Z E
B C R Z Z C Y T N W U X A N O
J E A C K C T E D O R U R O B
M E F P T L G K C R Y T H R N
V U O H E A F N D S G A A D L
K R K T D Y N G H B A W R A B
T A O Y G Y B S I R L B B H P
T N H E V X Y N T T N D O C U
W C B T E F J O K G D H R V U
```

☐ Dahlonega   ☐ Littleton

☐ Rockport    ☐ Chadron

☐ Essex       ☐ Moab

☐ Meredith    ☐ Bar Harbor

☐ Chatham     ☐ Bisbee

# US Small Towns 8

- ☐ Camden
- ☐ Luray
- ☐ Jim Thorpe
- ☐ Buffalo
- ☐ Unalaska

- ☐ Stowe
- ☐ Genevieve
- ☐ Wamego
- ☐ Mystic
- ☐ Beaufort

# US Small Towns 9

```
O J B C T K W R D B B L T Y O
L G R O B S D N I L S H I Z Z
M L E U W T A T I K T C Y U A
P A V Y G A W V P C K H E S Q
V K H Y V V I Q B T H E L J S
N B C R U A E U M R M S L F H
D B F H E J L V H T J T O Z Z
E O U B X P A V M J Z E W Z K
A N E L A G H A K B P R S S V
P R O V I N C E T O W N P T O
Z J D O M E L E W E S N R D H
S G N I R P S G N I P P I R D
Y A M E P A C U U A T G N C T
D K E S N D J S R M W E G F N
Q H Q Y A O B N B F K Q S Q Q
```

- ☐ Haleiwa
- ☐ Dripping Springs
- ☐ Yellow Springs
- ☐ Cape May
- ☐ Perham
- ☐ Lindsborg
- ☐ Chester
- ☐ Galena
- ☐ Provincetown
- ☐ Lewes

# US Small Towns 10

```
M E T J O B I G S K Y K D R W
I P H D O X B C K G C A K F M
N X F C X N R Y K O E P T D Y
E E S U A L C A T N A S C B D
R E S R E C O S E K G D W H Q
A N K A U O D C F Q H F V W D
L A I A L O C I H C A L A P A
P W D R O V X P D E Q H G E Q
O E U W Q M N A P Q P U M P K
I S E N E D S C P T I H Z E E
N A O H L E T U L S Q M N P T
T T S O N X I D M F P I Y A C
F M F L Y A N O T N I L C N H
T C C X E D I R U L L E T A U
V O K Z D X R B B S J P U H M
```

☐ Woodstock

☐ Ketchum

☐ Clinton

☐ Hanapepe

☐ Mineral Point

☐ Telluride

☐ Apalachicola

☐ Santa Claus

☐ Sewanee

☐ Big Sky

# Australia Small Towns

```
N J B A M N O S X D H G H K J
Y A B N O R Y B T R E O T E Y
R U M O E T P Q V C I C R E L
Q Y N K Z N G Q N S J O O A X
A G Z A M L T A L T E G W P W
A B M A Y C R P C R V I H O O
R T R C P E D O B A G D C L K
M T O G P R G J A H L N E L J
L V P S A K I I O A I E E O D
M V E H Q L L M B N Z B B B J
X P C A R L Z Z D M T I A A I
D H W R E M O O R B A E K Y A
J M R U O B R A H S F F O C A
V G S U N S H I N E C O A S T
S M Y Q I X M F L J M S R X R
```

- ☐ Broome
- ☐ Esperance
- ☐ Strahan
- ☐ Yamba
- ☐ Bendigo

- ☐ Beechworth
- ☐ Coffs Harbour
- ☐ Sunshine Coast
- ☐ Byron Bay
- ☐ Apollo Bay

# UK Small Towns

```
D Y I S O U T H W O L D O B C
N R W H I T B Y Z H T Q T Z W
Y U L V O V H E K I Y W X P V
I B R B Z O Z U N R M Y L J C
Y S R L F Q Y T U C U L F H A
W E Z H A I A S B I E O U A H
Z T B G W G E T X W M T Z E I
S F R P E V D W E O G F D M G
T A Y L I V T K Q F Q I T W M
C H E T M K A L Y N M O U T H
F S S J H B S L A U G H T E R
L A V E N H A M O U L Q E Y A
D N B B A S I Y W G W T W Y B
T N Q C O G W U H E H W I H X
T T X O S F M S R K Q Y O F O
```

- ☐ Southwold
- ☐ Bakewell
- ☐ Whitby
- ☐ Rye
- ☐ Tintagel
- ☐ Lynmouth
- ☐ Shaftesbury
- ☐ Slaughter
- ☐ St Ives
- ☐ Lavenham

# Canada Small Towns

```
L Z P Q P Z X I Y A A L M A E
T T P K Q L A U N K E T Q J C
G H F H N L Z W W T L L Y B V
L W A R C I P G D T O A W M H
Y I N S A H P D D E R Y M N S
T R I T L C C S D L A G Y I I
I L I Q O R O X D E M X R M M
C X P C M U P U P U A V C R A
N F H G F H K T E L H K B E U
O R U P N C H M N C O V N P Q
S Y M O Q A N P E U N F W S S
W D H S B U Q L D M E S Z A B
A T V T W A C U L W B C Q J Z
D V R D Z E M I O X A H U W Z
C P B N N D D Z G A Y L U J C
```

☐ Dawson City                ☐ Alma

☐ Mahone Bay                 ☐ Churchill

☐ Ucluelet                   ☐ Elora

☐ Jasper                     ☐ Squamish

☐ Golden                     ☐ Mabou

# New Zealand Small Towns

```
U F I E L D I N G Y U I V T Q
R S P K M B R Y A S F B F N K
A X F B J J N D R I D H Y I X
M R G S W B E A U T X M H X V
A V H P G R K M O E F Y C S G
O M C L W A X M K G L L R Y D
F A A L R R B A I W L W O C V
T K F O P U V N A H E C N Y R
R E A W P N P G K Y S G E I A
D W V C J S U A O Q S T L Z G
D A N T N O H W Y G U V G S L
V G D D L Z I H J G R U S N A
F N G U H I Y A Y S D O E M N
H A K U N J G I Q S M X G C F
L M R M K Y H O K I T I K A Y
```

- ☐ Russell
- ☐ Raglan
- ☐ Fielding
- ☐ Mangawhai
- ☐ Mangaweka

- ☐ Akaroa
- ☐ Hokitika
- ☐ Kaikoura
- ☐ Glenorchy
- ☐ Oamaru

# Physical Health – Exercise

| | | | | | | | | | | | |
|---|---|---|---|---|---|---|---|---|---|---|---|
| S | F | V | E | T | U | E | Y | O | G | A | W | R | T | L |
| U | K | K | J | O | G | G | I | N | G | C | E | A | S | P |
| Q | U | O | U | Z | U | F | T | P | L | Y | I | X | U | J |
| N | R | K | Y | G | S | A | D | A | Q | C | E | Y | W | N |
| H | T | S | T | P | W | C | X | H | L | L | X | L | O |
| J | J | X | I | O | I | I | X | I | I | L | F | N | V |
| M | Y | Y | W | K | M | L | U | C | A | N | I | W | O | I |
| H | W | O | O | T | M | A | O | W | L | G | P | A | M | F |
| P | S | L | R | M | I | T | U | Q | O | W | T | L | Q | P |
| F | D | C | O | V | N | E | R | Z | X | L | I | K | M | W |
| Q | P | V | W | W | G | S | N | Z | R | B | C | I | P | M |
| U | R | Y | I | U | A | T | W | G | D | Q | A | N | G | J |
| P | A | H | N | L | T | G | E | S | J | L | G | N | L |
| L | H | B | G | H | L | P | O | D | G | F | N | H | M | Y |
| T | V | E | E | T | S | T | B | Y | D | B | B | G | M | U |

- ☐ Walking
- ☐ Cycling
- ☐ Swimming
- ☐ Rowing
- ☐ Yoga

- ☐ Elliptical
- ☐ Pilates
- ☐ Tai Chi
- ☐ Yoga
- ☐ Jogging

# Physical Health – Sports

```
G Y R E H C R A Q T L O M W J
Q K H C P E H V E D Q Z B Q G
X K C W U M A K B M B A G S K
J L X C K M U F X V S L I W P
P K L J I K O T C K Y L M C Y
R V Q A T D P N E T S A J B X
N O L H B H O T R E O B X I Q
T N R H F E B A V N C Y V F X
E I Y B P A S F X N C E X W X
H T L N L U L A O I E L Q G N
S E H L H H D Y B S R L S M Y
A K D F O O T B A L L O N V Q
U M C N S M K Z S Z N V Z B O
Q L L A B T E U Q C A R F M T
S S Y T E K C I R C Y U L Q Z
```

- ☐ Basketball
- ☐ Baseball
- ☐ Cricket
- ☐ Soccer
- ☐ Football
- ☐ Archery
- ☐ Volleyball
- ☐ Racquetball
- ☐ Tennis
- ☐ Squash

# Physical Health – Nutrition

```
G M Q C Z U T A E M I G N T F
P I S B N S E L B A T E G E V
T N Q R E B I F S K L P A E B
K E Z A C H V S I G W E P V L
Q R W W Z H S G A M S R R X F
B A J G P X E B Y O D W O A L
T L O W S T I U R F M S T O I
O S N S N I M A T I V S E K Q
H L Z X I O Z Z Y V P Z I E S
L D L G Y F A O C B J Y N Q Z
M P S C X Z B A U D S P S T L
Y H P D W G A F D T T V I O B
F W A T E R T N H Z T A M A S
A O S E T A R D Y H O B R A C
F M E N C U M H H Z X H R U Q
```

- ☐ Carbohydrates
- ☐ Fats
- ☐ Proteins
- ☐ Vitamins
- ☐ Minerals
- ☐ Water
- ☐ Fiber
- ☐ Fruits
- ☐ Vegetables
- ☐ Meat

# Yoga

```
D A N D A S A N A A K A I I G
Y T S W Q T Q I J H B T M G T
K U A E L A O H E A R M U Q T
G L V D B P O E G B X W D A A
J S N D A A F G A T Z I R Z R
T O Z R O S Q M Y Z V E A E T
Y R P R W J A X T H J F X T N
H Y T G V Y T N T P F D Z S A
E S T Y A M P I A U Q P Z A M
H U F N P S R A H A X C M M D
M T A Y C P F G M N Y X B A J
N R Y V D B X C B K P H T N A
P A A T I N C N R V F O Q F I
F S A S M I H A S S R R O A D
O U B N L U D Z L P P Z A O P
```

- ☐ Mudra
- ☐ Pranayama
- ☐ Tadasana
- ☐ Tapas
- ☐ Sutras

- ☐ Prithvi
- ☐ Namaste
- ☐ Mantra
- ☐ Dandasana
- ☐ Ahimsa

# Digital Nomad Lifestyle

```
A M A Z O N F B A R G X W S W
P P I E G N X Z Q U G L T Z S
Q O S G N I H S I L B U P P U
R E L K C L D H Q L T Q L J I
Z B O Z H G W T Y O T H X Y T
F D E B P O T P A L V H S D C
C M O O Q D V X W C R G G N A
R T A B T Z Q U B W X L T F S
V R J T N U O J L C Q C I Q E
T M I N I M A L I S M H R N F
T I D I L W G N I G G O L B T
H I F Q K C P Q Z I E W V B V
F I P A S S I V E I N C O M E
W X G R O W T H H A C K I N G
Z Y P Z E U B B C H I M S F M
```

- ☐ Laptop
- ☐ Minimalism
- ☐ Passive Income
- ☐ Suitcase
- ☐ Wi-Fi
- ☐ Publishing
- ☐ Amazon FBA
- ☐ Blogging
- ☐ SEO
- ☐ Growth Hacking

# Outdoor Living

```
V W U J R Z P M Y Y D A H O N
N U M N E K B Y E C G R I L L
A O A J G Y D A L C W H X F O
V U T N R V K B E C I N W A B
R E T D A J Q O C A R W D C A
E Z R Y H X R D T M S P W O B
P Q E N C G V Z R P N J R T F
M C S C R X O K I I O C Y S S
A M S X A E A T C N I W R T J
C K U O L A A R S G H Z I E P
Z Q N I O C H A T O S B M K J
J R B X S H T Y O G U W S N A
Z W T B J B W Y V U C A G A A
E W Y D A L T P E G F Y G L F
D U S H A D E A P P C X E B W
```

- ☐ Campervan
- ☐ Camping
- ☐ Electric Stove
- ☐ Shade
- ☐ Solar Charger
- ☐ Grill
- ☐ Cushions
- ☐ Mattress
- ☐ Blankets
- ☐ Tray

# Mountain Living

```
K I O E V H E I Q A W Z W V K
K N A E J W F I R S T A I D J
L A V Q T Q H Z A F V D E P M
H N X S I F O H R F Y Q Q G P
F Q K T Q N T B E A R S F E T
E I Q Q Y Q T P H T G F Q L Z
R V R N W X U Z Z P W W N G W
C U B E W S B S C M O W B N I
P T V Q P N L I V A N B J O I
E Q K V A L H I K G S A A D A
E P Q Z M V A Y I N P O C T S
J G G H W J I C T I M H K F I
J M U D R O O M E K P P E W X
P A Y C A V I R P I W T T Q X
C T J A X U C Z W H K O J H E
```

- ☐ Fireplace
- ☐ Mud room
- ☐ Hiking
- ☐ Jeep
- ☐ Hot Tub
- ☐ Snow
- ☐ Bears
- ☐ Privacy
- ☐ First Aid
- ☐ Jacket

# Beach Living

```
D R A U G E F I L H T N S O P
V S T G N T G Q S K T W I R X
K H X N E E L O G Y M F O Q P
C H C Q C K Q G T S H I R T A
S M C J C G N I N N A T W K S
W H N K V I N D A B R Z G Q A
I V Q V F H Q N P D K B D U N
M M R R V P Z H I J H N N B D
M W U K L F L I P F L O P S C
I S O C G U A X Z K L S Y Q A
N D E N I H S N U S J K W L S
G K R N A X O I Q G R I P X T
S K N U R T U L Q B X S T X L
Y Q T O L Q Q U L R E W I I E
U J H H Z H N L N U O G T E N
```

- ☐ Flip Flops
- ☐ Swimming
- ☐ Surfing
- ☐ Sunshine
- ☐ Tanning
- ☐ Sandcastle
- ☐ Lifeguard
- ☐ Rip
- ☐ Trunks
- ☐ T-Shirt

# Camping

```
N T R U C K S A C K G X Z Q B
V H W M B C B E F N Y J M O Y
L X B A D U C I I R Y H F P F
G M Q B T N W L H A M M O C K
Y H L N C C D U V P J Q K L C
F A E Z U N A K C O L B N U S
I T O Y I H A N A I E P N J A
D L M K V C R T T C E Y R C S
I R K S E B W B U E K U E L K
I A H E J R J F Q C E R T B G
R K I T T J I H Y C K N N M C
S R K R M N H F V R W W A A L
S V E A A D S G N J S Q L F T
U G L I O P Q E Q O X V Y F H
Y X C L D F R K Q Y B P J D H
```

- ☐ Bonfire
- ☐ Canteen
- ☐ Tent
- ☐ Hammock
- ☐ Hike

- ☐ Kindling
- ☐ Lantern
- ☐ Rucksack
- ☐ Trail
- ☐ Sunblock

# Birds in Nature 1

```
Q Y V F S K Y F A S G G P B L
Z E G H E G S B Z X R U X C K
B K B L S S V V B S I X J G E
J R Z M O Y I V Y Y V E V O D
W U C H O F N O P C S X G M T
H T C N G S H Z E A P A J C Q
O G N O D E B X A I A J L A O
S N J E W O R C C G R F E J S
Z F S G B M B Y O Y R Q G F E
U I T I E R Z H C K O Y E Y O
Y Q O P L L M U K W W W Z W S
P E R Q C P G X E A D A H T W
K C K F K I U A G H N R A Y N
Y V A M W E G S E L N P H B P
I V L E C O U Z B E K D J N G
```

- ☐ Crow
- ☐ Peacock
- ☐ Dove
- ☐ Sparrow
- ☐ Goose

- ☐ Stork
- ☐ Pigeon
- ☐ Turkey
- ☐ Hawk
- ☐ Eagle

# Birds in Nature 2

```
T N Z S F V R H S C O O H V M
N I X Q W T S W A N V S G V J
D U W B A A B S H I J T N W Z
R G W P M Q L A H M M R S T L
I N H A W L U L I N Z I Q K X
B E K R R I B O R N C J E E
K P F R N D A C Y W R H U M G
C X R O E I V M B B C N H O U
A J Z T V Y R W X F K A R H L
L H O J A K M A T Y Y M F W R
B M Z W R N Q S U N I B Z Y A
I Q O Z W W S T B R O Y P Y F
F O G N I M A L F Z S Q R D K
X K M E Z O Q Z V J C N O H R
H L Z G N S E A G U L L C R E
```

- ☐ Raven
- ☐ Parrot
- ☐ Flamingo
- ☐ Seagull
- ☐ Ostrich

- ☐ Swallow
- ☐ Blackbird
- ☐ Penguin
- ☐ Robin
- ☐ Swan

# Birds in Nature 3

```
Y C P E N P C M D X E J M B F
D I W O O D P E C K E R F Z U
W X N A I S C E W Q C B J N D
C W L S D B E Q L P Z F W A S
L U P Y G W Y V C K X R W L L
S C N G H Y A Z W Q W B Z B N
W D Y P H I S R D J A I F A K
S K R W H K E I S Z R S W T C
Z J Q I B N H D S E B W S R I
X U O C B M S V B O L I S O L
L S E O D E U Q W O E F G S W
V R N P W H R E P W R T C S W
A P J R O R H O W L S S K Z N
Q P S J E K T N H T U L T N A
Q J X I Z T W T I S Z C L G K
```

☐ Owl

☐ Woodpecker

☐ Wren

☐ Warblers

☐ Swifts

☐ Terns

☐ Thrushes

☐ Albatross

☐ Shorebirds

# Birds in Nature 4

```
O C H S E H C T A H T U N D V
P Q B K O O K A B U R R A D Q
H S Y K S G K A P S P D N H L
P L O L E Y K A N W R C P F I
T E W A P A R E U I Z K Q O A
E A T D V R Z K B Z I B S T W
U C Y P O J D G I N Y T Y Q D
Z Z G T P F N T G Z R N Q I S
I I S L E I F F M I A D C F U
P H D K M Z I K C L C D R I Q
X L H M Z S W H A K I L C R Y
L L U Q H A D S N I U G N E P
L H H E H M B L U E J A Y N W
U Q R B F H L X V C C B I X Y
G J C Y M S P U T K N S Q R S
```

- ☐ Penguins
- ☐ Parrots
- ☐ Kookaburra
- ☐ Ostrich
- ☐ Nuthatches

- ☐ Kingfisher
- ☐ Blue Jay
- ☐ Hummingbird
- ☐ Hawk
- ☐ Gull

# Birds in Nature 5

```
B K O T D E K E M I X D F N S
R Z A Q Q R V L O Z L R Q J T
P T G K W O I Z N O C L A F C
R K U A D H V B D X E U D U F
M N I Q M V L U K R P M C E Q
B B E Z Z P C O U C W N N W C
K X Z E C K T T X R A H I O H
U X E S R U L U R M Y L O Q I
B C S H L U B C R T T S B R C
O N E I V H X H I K A W T W K
Q D E N X W I C J Y E F A V A
U K G Y B I H N Z H U Y W C D
O N T M R A J I M U Z W P K E
B Q H N U V W F G L D Q C V E
X Y Q N K Q F N A H U W H O S
```

- ☐ Geese
- ☐ Turkey
- ☐ Finch
- ☐ Falcon
- ☐ Duck

- ☐ Dove
- ☐ Chickadee
- ☐ Blackbird
- ☐ Auk
- ☐ Vulture

# Animals in Nature 1

```
T U G A L S W A O N N T V Z I
I E B D Q Q L O L R E G I T G
Z Y C N Y R F O L L G X K Y O
R O P A B H A D Q F I V X Y U
R D Z P D C L E O P A R D Y S
Y I R Q K K E F B G L X O J V
V W I M A Y Y Y B Y J Z W G G
U T J U A J M E K I M K R I A
F C G N E F B K Y Z M T R G A
L Y S O L P F E K S F A Z B Y
B R G I Q I K Z E Q F X I K B
T R W L B N I H E F L Q P Q P
P D P A O K P N E B V K B R V
P B F M N J W L C M R R Q Z V
V J I R I D H L T E N A H P V
```

- ☐ Lion
- ☐ Leopard
- ☐ Tiger
- ☐ Giraffe
- ☐ Bear
- ☐ Zebra
- ☐ Panda
- ☐ Gorilla
- ☐ Monkey
- ☐ Wolf

# Animals in Nature 2

```
F H N L C Y H W F Y K L W N U
J I O E H V I X X I A V B Y X
X X N S G P D G T P D S A Y I
P S P O Y A K V H Y E N A S V
R J M O X W Q G O S Z S A Q I
H G F M I S P T C K N H F H V
V O Y V N C W N I J A C K A L
X H S S Z Y S N Z K V K P H S
L A Q Q J D E L E P H A N T R
Q T U R A Q T W C R E E D G D
C M I P G F Y Z R F N V V P S
C W R A U M S W V D I C N P Z
B B R A A A N I L P W K N Y H
K S E I R R O T A G I L L A G
N Z L O P L F Z H H L P W M W
```

- ☐ Deer
- ☐ Moose
- ☐ Alligator
- ☐ Jackal
- ☐ Fox
- ☐ Yak
- ☐ Jaguar
- ☐ Hyena
- ☐ Squirrel
- ☐ Elephant

# Animals in Nature 3

```
G O W S U M A T O P O P P I H
J C F N R L P A M Q Z S Y E V
C E L T R U T D F J R S J E D
Y E P A V W H Z N H C X L R P
S S G G N L C V I H Y I L E K
M U U J O F G N X L D S A T A
J O E N E X O N Z O Q S N S N
X M Q Y L C S W C G O Z I M G
H L I V E H J O K D U N K A A
W B G R M R R Q D B K H Z H R
H D O T A C G I T I B B A R O
U S U D H X H S G V S P G R O
I T H G C K F S C L J P P O G
U Y S J U R T U U U W D I F Z
B C N T W W K F M N F Z T G G
```

- ☐ Crocodile
- ☐ Kangaroo
- ☐ Rhinoceros
- ☐ Hippopotamus
- ☐ Rabbit
- ☐ Turtle
- ☐ Mouse
- ☐ Hamster
- ☐ Chameleon
- ☐ Pig

# Animals in Nature 4

```
O Z V N X Y T O L I A N S P H
M U O I W E E Q O A L F W S H
S I Q H Q V I K Z S D I I Y R
H D G P N H C P D D P F A V V
V C H L R O L U L I L N L U B
F G C O A J A U E I U F L S F
K W Y D B T M H A T S M A E D
V W Y I O Y G S G H I F U E D
K Z R E H L W W T G Q Q I W F
F K Y C I E A T A R W L Y L J
B A G I T O U E J V A G J I E
L O Y S T E R Q S N N G R E R
Q Q M E L A H W Q A T P V G L
F S U P O T C O F U Z U O I Q
N J K V R D Y C L L T O H P P
```

- ☐ Rat
- ☐ Whale
- ☐ Dolphin
- ☐ Seal
- ☐ Octopus

- ☐ Snail
- ☐ Tuna
- ☐ Oyster
- ☐ Clam
- ☐ Sail Fish

# Animals in Nature 5

```
X Q K N E I W V A W B L H Z T
V N I E M H I L N R J D S N T
G H F L X U H S I F T A C A R
C Z N C C S A P X J L D O Z E
A D N O C A N A V O Q G R E D
I W A L R U S A B U P V T N D
P I R A N H A A I A I Y U R A
J T L F Z T R J X B L N R C G
K Q U L S D R A U P E A K O Z
O T Q O M E C K B P Y L E W C
O L H S X Q N O F B O T Y X Z
T H V C S U R K F K I L H Z G
I H F Z W N F H A T J T O O Y
P V G T H O R S E F C L M X N
M B Y Y O D B R T E U L O U G
```

- ☐ Piranha
- ☐ Catfish
- ☐ Walrus
- ☐ Cow
- ☐ Goat
- ☐ Turkey

- ☐ Horse
- ☐ Rabbit
- ☐ Python
- ☐ Adder
- ☐ Anaconda

# Animals in Nature 6

```
K Y X K D R K O G N I D V W I
D O L P H I N N R Y M K S G B
W J W L D N C D O D O U F D S
N U U H Z A Z N Y J O L X E W
V M H T L Z Q T J Q O V U J N
R C X Y C G G N G T P X A U M
C W C E W W M O A D E W T O A
I C X K F R T C D D I K A Z B
W Z F N M O C U F L X S M F R
K X G O O M S R I T O P C N F
H T J D J C Y D A I D Z A U B
D O R M O U S E Z K A W J G S
U Z I C N X K Z J G J I P H N
K T L K W N U V N D N N E S X
K K A Q Z D R A G O N F I S H
```

- ☐ Dingo
- ☐ Discus
- ☐ Dodo
- ☐ Dog
- ☐ Dolphin

- ☐ Donkey
- ☐ Dormouse
- ☐ Doxiepoo
- ☐ Dragonfish
- ☐ Boa

# Animals in Nature 7

```
N J E Z E O E G L N J F Q D R
E R D L J D E S J T E D I E E
R A L O C S E O J S L P F O V
D A L M A T I A N T L J E O A
Y M K E C X D K Q O Q C E L E
R A P D P H Z M D C E N Y V B
V H U I W A D O J F I J D P N
G N B A N E C E W M M J L O A
A T Z S B U Q T R Z F L Y L I
H H Q X S Z G E Q A S G J I S
S U R U A S O M S A L E D U A
D O M F T N A H P E L E L I R
I D O S C P C W L N J P Z C U
R M U H E E S K I M O D O G E
E L K V B O O P I K S E P S H
```

- ☐ Diplodocus
- ☐ Dalmatian
- ☐ Elasmosaurus
- ☐ Elephant
- ☐ Elk

- ☐ Ermine
- ☐ Escolar
- ☐ Eskimo Dog
- ☐ Eskipoo
- ☐ Eurasian Beaver

# Animals in Nature 8

```
G F L J F J Q M Z K N U J M H
F R E M O Y U P J N M A F R J
M I R G S A Z I P X B R Z E L
M L R S S Z W R M U G B H D Z
M L I W A C L A V E D O I N C
I E U Z N V B G L N K C B A C
Z D Q Y Q A X A T W P T G M T
Q S S R P Z F D K L E S O A P
Z H G X L F E I X Q L E E L A
E A N K M R B R Q H G R A A R
I R I K O R O J J N O Y S B
I K Y L G G Y L W A E F H I K
F O L B S V X F U I R V X N O
O R F P A O Z Q P J F S W D A
Q O Y F F T B M F N G S J L H
```

☐ Florida Gar

☐ Flying Squirrel

☐ Forest Cobra

☐ Fossa

☐ Fox

☐ Frengle

☐ Frilled Shark

☐ Frog

☐ Bat

☐ Salamander

# Animals in Nature 9

```
N O R E H Y E R G A Q X A V T
D W J K X M N O G R A Y F O X
R U M E L E S U O M Y E R G E
K R A H S F E E R Y E R G Y I
Z T T I A I U L K D I D R N H
E N A D T A E R G L R T E T U
F B X C X X R K U B B J H X E
V K U T S K K P X A I I P I O
T L G R N L W Z C L A Y O A S
E G O S H A W K O L R P G O J
F B V K H Y C O C I R Q C Q Q
L A E S Y E R G C R L Q B P W
P M J I P M G E Z O I V D Z Z
U Z D H C U M I F G Z P P C A
D N U O H Y E R G P Y Y X U X
```

- ☐ Gopher
- ☐ Gorilla
- ☐ Goshawk
- ☐ Gray Fox
- ☐ Great Dane
- ☐ Grey Heron
- ☐ Grey Mouse Lemur
- ☐ Grey Reef Shark
- ☐ Grey Seal
- ☐ Greyhound

# Animals in Nature 10

```
G O A N F T W H D R J A X F U
S S O R E C O N I H R R N B M
W D P U G N W J Y O E A A R L
J N V L K B Z A H H R U I T Q
K A Z M Q L H C L X R G Y V R
I S C B I C K K B C A B D W
D W C K E S N R R B Z J J U V
Y O M T D B D A E X R Z C P K
N K D S B A V B K R V X O I
A O B R E J W B N J X S A Z L
I L F T L K B I N X U J M E L
V V A Y V Z Z T L K T F B E D
N W N O V L A K C A J J W L E
V X G M K R R E C Y C A H X E
E S O O G N O M J E A M Y O R
```

- ☐ Jackal
- ☐ Jackdaw
- ☐ Jackrabbit
- ☐ Jaguar
- ☐ Rhinoceros

- ☐ Jerboa
- ☐ Killdeer
- ☐ Koala
- ☐ Lynx
- ☐ Mongoose

# Sounds in Nature 1

```
D O V K J P Z R B N F L K J P
C T A U S Z E P C U R I Q I U
H R B V U E J P T V I N T X K
X O E B S R V X P I Y V S C A
M J R D A E I A O W L H O O T
N Q C O N U Z J W R K M A I U
R S R F D U K W G Q C U A R W
H Q T N E O H Q U R Q N C S X
P G I E M X W T L E Y D P Q F
F W K E K P K A B F L L Z W G
N N A G M C L Q R F K T O K A
A V G M Y C I W L E H N S C D
E L P M I A M R O H G P S U D
K R A B I K H E C H K O B H R
O I H Q T Q W Y D Y B J F N L
```

☐ Thunder ☐ Owl Hoot

☐ Wind ☐ Howl

☐ Rustle ☐ Bark

☐ Crickets ☐ Roar

☐ Waves ☐ Buzz

# Sounds in Nature 2

```
L S B I O G W N O Q X M Q M L
M V B X N Q I D C E S B W C P
V A B X W S O P U X W A C G S
W R E G C U Q D D O Q B W P I
O O D R N C S U I M W B O K N
E G J H T I H P E M Q L G M G
T A L Q J S N S O A P E V R J
N R S C W Z Z R B R L Y M M K
C H I R P I T W U C D V F E B
O O C M M G F I O B Y N Q O S
L E L R E Y R J V G V K I T O
O G X A O H L O R E S B B A C
Z B N H U A N N W W N M B J R
J H Z N H G K W S L R J L L J
N G C D R J H O I X E B L Z U
```

- ☐ Raindrops
- ☐ Stream
- ☐ Burning
- ☐ Babble
- ☐ Chirp

- ☐ Croak
- ☐ Sing
- ☐ Laugh
- ☐ Growl
- ☐ Squeal

# Sounds in Nature 3

| | | | | | | | | | | | | |
|---|---|---|---|---|---|---|---|---|---|---|---|---|
| B | E | G | Q | T | W | Z | B | P | N | H | U | E | Q | F |
| G | M | X | O | U | I | I | W | U | H | E | F | J | A | N |
| L | O | Z | P | P | J | G | T | S | M | A | X | Z | S | M |
| H | X | R | I | F | P | P | P | U | R | V | S | V | T |
| T | V | I | F | Z | E | C | R | X | B | T | B | R | E | U |
| X | X | L | S | W | V | T | I | V | I | B | V | M | T | H |
| T | A | C | T | O | N | E | T | N | O | E | Q | U | W | B |
| P | H | C | L | E | Z | U | X | A | I | A | J | H | X | Q |
| Y | X | C | J | M | Q | A | T | N | P | T | E | V | S | T |
| J | I | G | N | U | N | C | N | X | Z | L | B | M | C | R |
| D | S | A | K | U | P | U | R | R | B | P | B | I | F | X |
| L | F | L | Q | Y | R | Y | H | M | E | G | E | N | J | S |
| X | D | L | F | K | L | C | U | F | D | I | Q | F | X | K |
| J | B | O | Z | S | M | R | C | Y | E | W | Z | C | C | T |
| F | O | P | B | O | U | Y | J | U | Y | Z | M | O | O | W |

- ☐ Crunch
- ☐ Rumble
- ☐ Hum
- ☐ Patter
- ☐ Flap

- ☐ Heartbeat
- ☐ Meow
- ☐ Purr
- ☐ Gallop
- ☐ Moo

# List of Breathing Exercises

```
M Y H K C F W L A M I N D F U L
K W K U F B Q S M B F X K P T W
T T J R T Y C N B Z D P O L K S
A W X W R Y G O Y G U X X B D K
C Q E F A D Z I E R T Y T O A Z
Y V D N T E Z L S K K Z V C E S
X A F F X E C E H H V N R G L B
N K L D U P D N O W R B L X P D
L V I V O L B X A J X A W C M F
K M Q I I L G J M I U R Z C I D
W Q W P X V D E I F T N Z E S I
A L T E R N A T E N O S T R I L
O P I M B Y L L E B C O C O N Q
Z D I A P H R A G M A T I C F F
R U U P K N A D T C H H K P X W
R E S O N A N C E P K N W X X Q
```

☐ Simple                ☐ Box

☐ Pursed Lip            ☐ Alternate Nostril

☐ Diaphragmatic         ☐ Lion's

☐ Mindful               ☐ Belly

☐ Deep                  ☐ Resonance

# Nature Walk – Things to Look for

| | | | | | | | | | | | |
|---|---|---|---|---|---|---|---|---|---|---|---|
| A | I | K | J | G | S | E | V | I | H | E | E | B | L |
| X | N | G | Q | Z | N | R | B | V | P | P | M | Y | B | P |
| T | S | I | S | T | M | O | X | Z | V | D | M | Y | V | Q |
| W | E | C | M | F | I | L | B | Y | M | O | S | S | G | P |
| F | C | D | D | A | V | U | U | P | M | P | C | I | I | C |
| T | T | G | S | D | L | E | R | F | S | U | Z | Q | L | P |
| H | S | L | Z | R | H | T | V | F | N | R | U | Z | M | U |
| H | K | E | Q | J | E | N | R | Z | W | B | E | S | V | Q |
| C | T | A | N | L | I | L | L | A | J | Y | F | V | M | T |
| L | O | V | S | Y | H | I | T | X | C | B | G | H | I | X |
| E | T | E | S | Y | S | X | D | N | F | K | Z | M | J | R |
| D | H | S | U | J | T | J | M | X | A | U | S | X | F | M |
| T | V | E | U | H | U | C | X | Z | Y | F | A | D | A | M |
| S | N | L | C | H | N | S | T | S | E | N | D | R | I | B |
| T | M | G | V | U | P | J | A | X | G | Z | J | R | K | V |

- ☐ Animal Tracks
- ☐ Fruit
- ☐ Nuts
- ☐ Moss
- ☐ Leaves
- ☐ Insects
- ☐ Rivers
- ☐ Antlers
- ☐ Beehives
- ☐ Bird Nests

# Beach Walk – Things to Look for

| | | | | | | | | | | | | |
|---|---|---|---|---|---|---|---|---|---|---|---|---|
| R | J | V | E | K | H | U | L | W | M | C | S | R | O | I |
| R | G | U | M | Y | K | D | S | U | W | E | R | Y | V | W |
| I | T | L | W | M | E | A | Q | W | E | F | V | C | Q | W |
| H | A | O | S | E | S | U | T | R | N | X | R | A | K | D |
| B | F | K | W | M | V | E | T | B | Z | A | L | Y | S | B |
| W | F | A | K | Y | P | M | S | L | J | W | R | A | T | A |
| M | E | C | O | M | L | T | B | A | R | C | N | I | S | A |
| S | Q | M | I | A | A | G | P | L | H | D | W | C | G | L |
| Y | E | L | P | R | T | E | H | H | C | Y | M | Y | D | L |
| R | A | V | F | J | B | G | N | A | C | G | U | S | R | E |
| M | P | I | L | B | W | K | S | N | T | F | K | R | O | R |
| Y | S | Z | L | Y | X | T | M | F | V | D | Y | U | N | B |
| H | F | E | F | I | L | W | H | E | L | K | Y | H | N | M |
| O | S | V | B | E | V | D | S | B | U | W | C | B | G | U |
| H | Y | T | Y | G | K | Z | S | E | A | G | U | L | L | Q |

- ☐ Crab
- ☐ Star fish
- ☐ Seaweed
- ☐ Limpet
- ☐ Whelk
- ☐ Seagull
- ☐ Pebble
- ☐ Sandcastle
- ☐ Umbrella
- ☐ Palm trees

# Body Stretches List

```
F H A S I D E L U N G E K U X
D G P Z H I S I D E L U N G E
I N O I T A T O R P I H P O X
T F O R W A R D L U N G E T S
Z S Y J Q Q R F C E R P R X G
S J I T G R K W X B G G O E N
I J R W H N B P S D X F X A I
D D H C T E R T S T A C E X W
E S I D M L K P P P D O L R S
T W V Z D J A Q L T G R F Y G
R R L U P N C N E A K Y P I E
U P M O P W Q T I Q W R I R L
N L N O E L H B F P L O H L G
K B A E E J M G W T S Z X U K
P B A C K E X T E N S I O N N
```

- ☐ Spinal Twist
- ☐ Cat stretch
- ☐ Side Trunk
- ☐ Forward Lunge
- ☐ Side Lunge

- ☐ Back Extension
- ☐ Side Lunge
- ☐ Hip Flexor
- ☐ Hip Rotation
- ☐ Leg Swings

# Mindful Spices List

| | | | | | | | | | | | | | |
|---|---|---|---|---|---|---|---|---|---|---|---|---|---|
| A | J | O | H | F | A | E | L | M | U | G | Q | W | A | O |
| D | P | A | P | R | I | K | A | U | L | T | J | G | I | P |
| E | S | D | D | E | R | X | Y | R | M | F | D | F | C | Y |
| L | F | H | V | E | C | A | S | D | Z | Q | P | B | A | Z |
| X | D | R | P | L | T | A | C | E | N | H | N | Q | C | T |
| F | L | P | D | N | Q | T | R | I | E | U | H | E | A | U |
| L | E | P | V | U | K | D | M | D | T | W | G | E | A | R |
| P | R | S | T | K | D | U | C | M | A | I | C | R | I | M |
| M | W | P | E | T | C | S | E | X | N | M | L | O | P | E |
| D | M | R | Q | K | Z | G | Z | G | Z | P | O | A | X | R |
| R | W | S | C | I | A | D | E | O | W | S | N | M | L | I |
| N | Y | A | E | K | P | R | D | B | D | H | L | O | L | C |
| D | L | D | Z | J | Z | C | X | X | T | O | H | S | D | N |
| B | M | T | T | L | A | S | E | K | A | L | K | N | I | P |
| Q | A | T | N | R | H | X | G | I | K | X | C | P | T | E |

☐ Turmeric

☐ Cardamom

☐ Black Cumin

☐ Ginger

☐ Acacia

☐ Nutmeg

☐ Pepper

☐ Paprika

☐ Pink Lake Salt

☐ Gum Leaf

# Mindfulness Music

```
Y A Q X O G T N O D E S A E L P H C
T X H K R I W F Z Y Y T M P E S O A
J K W T R G G E B D L P Q R G T U N
F A G X Y E W O L N T T Y K K R O Z
R F Z U J F W X C E B K D F O A Y O
W H S R O H D W N Z C N P I N W E N
E P A J I H G W Z Q Z T C M Z B K E
C S S E L T H G I E W A R F F E I T
A Y Q A D J D G K U I J F A N R L T
N J C O P B V B E N Q F R I L R E A
F T D R O E L A A X D I N K V Y N S
L M J T L R C M C E X D H V L S O U
Y K W S E R O H S E R U P G M W E L
Z H X F B L N D X T F R Q W U I M L
P G B Z L S N W C G Y I V P W N O A
E Y P E Z P S C T T D W U Y A G S R
I K M M S K R A M R E T A W H I U I
G O G S N A F O K A N K M O A G L A
```

- ☐ Weightless (Marconi Union)
- ☐ Electra (Airstream)
- ☐ Mellomaniac (DJ Shah – Chill Out Mix)
- ☐ Watermark (Enya)
- ☐ Strawberry Swing (Coldplay)
- ☐ Please Don't Go (Barcelona)
- ☐ Pure Shores (All Saints
- ☐ Someone Like You (Adele)
- ☐ Canzonetta Sull'aria (Mozart)
- ☐ We Can Fly (Café Del Mar)

# Flowers in Nature 1

```
P A M A R Y L L I S D D L E B
Z V Y L E J G A M N W U L Z M
A U B P S H R L A K Y E E C A
L A E A Y G C C T H S S B T N
S I L I U U I H T K I I E K D
T N L D G T S E H H A S U I E
R E F R K U C M I D D U L B V
O G L A F B H I O Y N T B V I
E R O V G A Q L L V A S G P L
M E W U T G X L A L C F I N L
E B E O R H H A U J I W K B A
R M R B G Y B L X K R E I A G
I C R V W X Y V L A F Y P P T
A G P T C F R I A J A E T P C
Q T Y X I T I X K A L K B I I
```

- ☐ African Daisy
- ☐ Alchemilla
- ☐ Alstroemeria
- ☐ Amaryllis
- ☐ Bellflower
- ☐ Bergenia
- ☐ Bluebell
- ☐ Bouvardia
- ☐ Mandevilla
- ☐ Matthiola

# Flowers in Nature 2

| | | | | | | | | | | | |
|---|---|---|---|---|---|---|---|---|---|---|---|
| M | F | P | A | Q | M | I | K | H | K | V | S | Y | L | K |
| C | D | Q | Q | O | G | Y | W | W | U | G | L | Y | T | J |
| I | G | L | H | T | Z | Q | H | B | S | I | M | O | B | G |
| C | H | E | S | O | R | E | G | S | L | T | G | F | A | T |
| M | P | Y | R | H | N | Y | G | E | A | B | G | R | N | R |
| O | X | S | E | L | W | P | C | S | O | X | D | J | O | S |
| O | K | I | W | S | A | A | O | Q | E | E | K | C | M | K |
| N | F | S | O | U | E | M | F | W | N | Q | K | C | E | E |
| F | P | P | L | P | I | L | M | I | M | R | N | F | T | U |
| L | M | O | F | M | I | M | A | U | O | B | Y | A | S | V |
| O | E | N | Y | E | X | I | X | S | S | O | X | W | N | S |
| W | H | O | A | B | T | Y | E | X | H | C | I | V | E | M |
| E | K | C | M | E | C | M | T | R | T | R | A | U | P | T |
| R | D | E | X | A | A | S | N | C | B | U | M | R | D | W |
| X | L | M | G | V | N | L | K | Z | H | M | W | M | I | Z |

- ☐ Mayflower
- ☐ Meconopsis
- ☐ Mimosa
- ☐ Moonflower
- ☐ Muscari
- ☐ Gardenia
- ☐ Peace Lily
- ☐ Penstemon
- ☐ Rock Rose
- ☐ Rose

# Flowers in Nature 3

```
X M N H L B N I C O T I A N A
I M I V A B E F O N U A I F C
Z D E E L D N J D U I Y F K I
K X R N I E I Z X X C N N S H
W H E O H W R V F C J E U N B
O U M L P H E Q H Y C S E V P
P O B A O Y N N O K S M Q J Z
J S E N M O P T U I E F X C L
P P R A E Z L Y C S Y F C C H
N C G U N Z F R I Q Z L U Z K
E A I N A M A A W W M J P W R
P P A V X N X N Y M P H E A F
E Z Q U C F V E F P U G M K H
T P B W P R N I G E L L A T I
A R W V F V I N B X U B P J J
```

- ☐ Narcissus
- ☐ Nemesia
- ☐ Nemophila
- ☐ Nepeta
- ☐ Nerine
- ☐ Nicotiana
- ☐ Nierembergia
- ☐ Nigella
- ☐ Nolana
- ☐ Nymphea

# Flowers in Nature 4

```
R Z W Y S I A D E Y E X O B V
V V Y W J Q G G Q W N Q O L X
O Y S T E R P L A N T C E S I
Y P P O P L A T N E I R O M C
O R N A M E N T A L O N I N
O X B O S T E O S P E R M U M
U R E V E A I R A N O P A S F
P O C K I S M Q C Q P S R I Z
O R I H W M G M M V Q L S G B
V I V I I C F A T U P O X D O
K L H F J D L I A N D G W K B
R O W S F L Q X K Z S E G J B
E J C U I I F D J U U M S B S
B L T C Q U M S Q I O G Q O W
U S S Y L I L L A T N E I R O
```

- ☐ Orchid
- ☐ Oriental Lily
- ☐ Oriental Poppy
- ☐ Ornamental Onion
- ☐ Osteospermum
- ☐ Oyster Plant
- ☐ Ox Eye Daisy
- ☐ Saponaria
- ☐ Scilla
- ☐ Sedum

# Flowers in Nature 5

```
V U E R R V K Q Z V G Y O T M
F F Z J E A D P L P K Z T G W
R M W W W I G X Z F H A T D D
V U M T O N U G H G G L M A M
J I H E L O U U P E Z U J T U
X L M A F H F L T M L H R O I
T E G R R T K E Z O T I K A L
A H B O E I S E E I T S G Z L
J C Y S G T I A G E U U I U I
C A Z E I K P E L I G H W P R
Z R U G T O R E L S B F I G T
U T U U R L I L T U L I P J H
M I B T I A O Z J N V K T Z K
O V W L Z R N N U I M Q J G J
U W Y Y T X G O W V I I Y A U
```

- ☐ Tea Rose
- ☐ Tagetes
- ☐ Tiger Flower
- ☐ Tiger Lily
- ☐ Tithonia
- ☐ Trachelium

- ☐ Trillium
- ☐ Triteleia
- ☐ Trollius
- ☐ Tropaeolum
- ☐ Tulip

# Trees in Nature 1

```
R E K W G Q M T J G D P A I X
W E G A Y P V A G U Z W H H H
N R B B U Q C Z U M L I S Q O
X T H V R A B V M A I F K Y D
X L O E C E P R A R C U A O I
X A K I N H L R C A M H R B N
U G A Y C C S I A B H A D E D
H E X E A A R K C I I M U M J
G N Z Q T S I L I C D L A E D
U E E U C I R V A T A V F K H
X S C C L U M C L R Q W R O Z
F M C I A H A U X E R H E P K
Z U B M W B Y M H E W C I W T
T G V S C D W I Q S B Y A S L
A I C A C A T E E W S F V I H
```

- ☐ Acacia
- ☐ Catclaw
- ☐ Gum Arabic Trees
- ☐ Gum Acacia
- ☐ Gum Senegal Tree

- ☐ Rfaudraksha
- ☐ Acacia
- ☐ Sweet Acacia
- ☐ Huisache
- ☐ Pokemeboy

# Trees in Nature 2

```
E E R T T N E P R E S Z U X E
C G N O H T P I P S I F E P T
C X Q S W U B F M V U J E P B
B Y R R E B A N I H C T F B A
W J F R J K S W A M P B A Y Y
H E E R T L L O D A N I H C T
N X V W Q C K L U O W N G N R
H D H R A V O C A D O I E S E
E N I M S A J E E R T M C F E
T B O W S T O U B A O Z Q M S
S S R N P D O Y T Y E K H K L
V D J U R P E H O C X J P V T
V O X E P X T C E M C F S J T
E E R T D L A R E M E V A Y L
N Q S L N I B G O V Z V L H W
```

- ☐ Avocado
- ☐ Coyo
- ☐ Swampbay
- ☐ Bay Trees
- ☐ China Doll Tree
- ☐ Serpent Tree
- ☐ Emerald Tree
- ☐ Pip Thong
- ☐ Tree Jasmine
- ☐ Chinaberry

# Trees in Nature 3

```
I X D T Y E L W V T C T P F H
R X X A H W A N K F P K I O Y
F S S I E B Y W H A G D G I A
B P C O Z V V B K Z H G G M Z
Z O J B G S U L E O O M E U D
A T G U B D Q A E T S A Y J O
X T K L A R U C R W T N G O B
H E I L N Q I K T Q G G F O S
A D I E Y K Z B E O U R B B L
M G A T A T J E E X M O D J H
D U B H N B M A F V E V K S O
F M J K P L Q D F I G E E R X
E I D G A B N E O O B R J I B
J F N P Q P N M C P P A T N E
V V A D K G D O O W D O O L B
```

- ☐ Coffeetree
- ☐ Bloodwood
- ☐ Ghost gum
- ☐ Spotted gum
- ☐ Blackbead

- ☐ Mangrove
- ☐ Banyan
- ☐ Palm
- ☐ Boojum
- ☐ Bullet

# Trees in Nature 4

| | | | | | | | | | | | | | |
|---|---|---|---|---|---|---|---|---|---|---|---|---|---|
| R | D | P | E | M | L | Y | K | J | S | D | O | S | Z | N | M |
| C | O | L | Y | I | Z | B | B | N | Y | Q | A | P | R | G | V |
| J | O | L | L | A | B | H | L | T | E | D | C | I | I | G | U |
| Y | W | H | U | B | Y | W | A | N | N | K | A | N | X | X | D |
| T | E | Z | W | U | E | D | C | Q | U | O | C | Y | B | W | O |
| V | T | X | Z | L | G | J | K | N | M | N | I | B | U | J | O |
| S | I | Z | J | L | A | F | O | G | B | Y | V | L | S | T | W |
| L | H | C | O | E | B | K | L | D | I | O | R | A | H | L | Y |
| G | W | L | H | T | B | Z | I | O | L | S | Z | C | W | X | R |
| V | A | B | S | X | A | W | V | M | Y | T | F | K | I | S | O |
| N | U | C | F | N | C | A | E | O | Y | M | B | O | L | H | G |
| N | G | P | K | Q | I | K | J | A | Y | C | A | L | L | Q | E |
| H | I | P | E | H | W | A | H | I | L | E | M | I | O | J | R |
| N | T | Q | O | P | X | K | U | F | L | A | O | V | W | S | G |
| B | N | I | W | D | W | D | Y | I | U | F | X | E | L | B | Q |
| K | A | O | E | B | J | A | Q | K | B | O | I | N | X | E | M |

- ☐ Bullet
- ☐ Black Olive
- ☐ Gregory Wood
- ☐ Antigua Whitewood
- ☐ Spiny Black Olive

- ☐ Bushwillow
- ☐ Bully
- ☐ Cabbage
- ☐ Cacao
- ☐ Kakaw

# Trees in Nature 5

```
E E F G I R A D E C E T I H W
E O W P O E C M J M G R A C J
R Q S C U E X V S M E C F G U
T P T C H B F U Q N C I J Q C
A M X A H I E O O I S G O S A
L C U C E B N A V N E Z O A L
L C V A B W C A D P H V K D I
E A Z H V L Z L B T S P S Y L
R P C U Z K W M G E R J L R N
B E H A I W U O P G R E B E A
M L E T V R Q V L L G R E V I
U I B L Q Z U M J V L P Y K D
X L A I D N I F O E D I R P N
C A L I L N A I S R E P D B I
T C W P E C O C O A P L A N T
```

- ☐ Cacahuatl
- ☐ Cocoa Plant
- ☐ Chinaberry
- ☐ Bead Tree
- ☐ Persian Lilac

- ☐ White Cedar
- ☐ Indian Lilac
- ☐ Cape Lilac
- ☐ Pride of India
- ☐ Umbrella Tree

# Insects in Nature 1

```
B J R L M W S K T N A W Z Y V
U T J Y H O G M R O W K L I S
T G P S A W G P X M B F C N H
T Q S Z N F H H R O H O V L U
E L O X D R I R I Q B A Q M F
R H C A O R K C O C Z J Z I P
F F J M E O J I D L S Q R L R
L M E N K E S E L T E E B A M
Y O I X B V B L V L F W D S T
Y X M Q M J G B H L I Y R I J
F S P P Y L I J Y I Z A D F I
X H T O M U S A P X S Z L H O
D N A R O D N H C S G D T W L
T D S P D S U F T O G X G I N
T S O G U B Y D A L T B P R B
```

☐ Ant  ☐ Beetle

☐ Bee  ☐ Ladybug

☐ Wasp  ☐ Butterfly

☐ Firefly  ☐ Moth

☐ Cockroach  ☐ Silkworm

# Insects in Nature 2

```
J U W P S F R T U R I G O K V
I Q R X L N K L R Z L H E F Z
Z X A Y B V T V I I S S V C A
U J Q R C A D D I S F L I E S
V B O B C Y L F L E S M A D J
B E P I J H Q W C N K B U G T
A C Z C K Q A U V I M O Y J P
Z I E R N J P E D R T Q K D R
Z L N I T A E V O B G I X X K
V K P C O G C Q C G C Q O F G
L O S K B M I L Z F N P S K T
H O N E P N L I Q U B A K Z C
I B Q T Z D H O M E F B T T V
I B A R K L I C E Y T X H H K
I N B Z W W K L I V E E W U A
```

- ☐ Weevil
- ☐ Caddisflies
- ☐ Fly
- ☐ Archaeognatha
- ☐ Barklice

- ☐ Lice
- ☐ Booklice
- ☐ Bug
- ☐ Cricket
- ☐ Damselfly

# Insects in Nature 3

```
R G N I W E C A L L I K H H Z
G F J W R L G I J B N N H T K
E R H Y W P R P I R H T S C E
O Q A E D Y R R L T A O Y E Z
F E L S K T M M H E W P L S S
K G U I S A P Z U W T Q F N C
Z U J U N H Z V P J I E E I O
O B L T A Z O D R U V W K F R
R D I Q O H D P K R L Y A A P
H D C S N O J I P C U L N E I
N G O H K Y G X Y E E F S L O
Q V L R T N O A D X R Y V Q N
A P O Y E O M E F D N A C Z F
W Z R T I C M P M F G M K A L
W P R A Y I N G M A N T I D Y
```

- ☐ Grasshopper
- ☐ Lacewing
- ☐ Leaf insect
- ☐ Mantid
- ☐ Mayfly
- ☐ Moth
- ☐ Praying Mantid
- ☐ Scorpionfly
- ☐ Snakefly
- ☐ Thrip

# Insects in Nature 4

```
L C G A E W J C Z X X P B W V
Z V G B O T V P E X M L F T J
H L X Y T W Q T V C K A Z K M
S Q D C R A W Y L R N U K C
V W A Q B E Y P Q A R T W Q I
W K Y S P L P Q L E A H Z K Y
Z L Q G S F X L T O H O S D T
W R M Y H C I A T O X P R S U
R O D F O P K I U Q S P N S J
C E I C R S U S D M G E Y N Q
U S S E D Q E Z U X E R M A X
L B T N S F D H M G C Z P I W
Y A O O L T P K A C S Z H L X
C P M Y U Y R E R O B D O O W
R P S F G Z K D O A P U P I S
```

- ☐ Flea
- ☐ Mosquito
- ☐ Planthopper
- ☐ Pupa
- ☐ Snail
- ☐ Caterpillar
- ☐ Pond skater
- ☐ Wood-borer
- ☐ House fly
- ☐ Nymph

# Insects in Nature 5

```
R J J Z L M S U A Z T G F K D
E O S C O R P I O N F L Y G F
F D U I D F A M L W R Z F T Y
A C M O N A R C H A D W L N L
H A Z O Q L D G N A T H H A F
C H J C G Y V U J W A S M E E
K G X J U M I D G E I Y O R S
C O M L B A N F U F W X Y I T
O O O Y E F S Z R Z N R F F E
C Q M X L H Z E X F O D X Z S
A H H S T W V Q O M A G G O T
X P Z W T L Q O D G C H X B N
V F W Z I M I S E W B G X J P
A M I S P F Q D X L O M F N B
W G B A S S A S S I N B U G C
```

- ☐ Silverfish
- ☐ Tsetse fly
- ☐ Maggot
- ☐ Assassin bug
- ☐ Cockchafer
- ☐ Scorpion fly
- ☐ Fire ant
- ☐ Midge
- ☐ Monarch
- ☐ Spittlebug

# Items Around the House 1

```
S X S P O O N S C Y E D H I R
G R U V R T E L L I K S B S K
U E B U W I Z Z A T M F W W N
M K Z Z B G L B O N E Y K T I
E A D Y E H Y D Z Y I Q G Z F
E M S O F R R W U V N E G Z E
F E O F S C E L X J H S M S R
F E P D A T L U J I U R S D E
O F H X H Z T U Y Q T A A D D
C F M B C K U G P M Q R D X N
F O R L Z A C V P U T M Q D A
K C I C S R F D Q D C N J X L
V H D W E R C S K R O C P S O
C U T T I N G B O A R D D F C
H F Y R Z P Y J G M P S H U M
```

☐ Skillet ☐ Cutting board

☐ Cup ☐ Colander

☐ Spoons ☐ Corkscrew

☐ Cutlery ☐ Coffee maker

☐ Knife ☐ Coffee mugs

# Items Around the House 2

```
D U S T B I N A A K Q F V P T
X C Q K J X O Y I E T M S H G
W O X Q M L D K M T M G Q C J
E F V T M G F E U T J M B O S
H F H P Z Z T F C L U T L K T
J E K R E F R I G E R A T O R
D E B S G U M E E F F O C R F
W M S E X D I V H R L J V H I
N A C R E T E M O M R E H T P
J K T W B V D R S Z U S P G O
Z E C E Q J N Z N H O X L N E
K R T E E H S G N I K A B H N
H R C C Q H H T A B L E A C Q
Q Y Z T E A S F V L J J G I O
U I U A B F R R A P B C K S Z
```

- ☐ Sheet
- ☐ Coffee maker
- ☐ Coffee mugs
- ☐ Baking sheet
- ☐ Thermometer
- ☐ Table
- ☐ Refrigerator
- ☐ Dustbin
- ☐ Kettle

# Items Around the House 3

```
Y O J N C I J Y H J B Z J U G
B V K M Q M Q N B J R O T J T
E I Q I G S I O H O V Y J P B
E V D M U H V C V T W B N O R
R E D N E L B C R X X L O Z E
H I G L Y P H B L O T F S S A
C N N A T L I H C T W V T D D
J L J D J O X F H U U A J N B
D G W L Z D A Z W E M B V H I
Z Y G E H K U S S N Z G S E N
M I A S Z D G T T R Y I I K K
Z Z S L E W O T R E P A P W B
D E U X G Q T P J I R M P S N
X E T S G C A N O P E N E R Z
A S B A K I N G T R A Y L S V
```

☐ Toaster          ☐ Baking tray

☐ Microwave        ☐ Can opener

☐ Blender          ☐ Jug

☐ Bread bin        ☐ Ladle

☐ Paper towels     ☐ Bowls

# Items Around the House 4

```
H J J N B L E W O T A E T P K
K Y B P Y H K C G S G K X W C
B Z L P L S E K Q M V Y O A O
O S C R U B B E R A D N Q L N
W V F N K L S D N L B R Z U D
I F E B A R K P B L B E Z T I
P O G N Y P B Z W P L D B A M
I Y U Q G A G L D O S N E P E
N S M E Q L R N D T O A V S N
G C P E L I O I I D R L T M T
C S L C V T W V L Y M O E U S
L Z E I L A K U E E R C A A W
O P W G J S T H U C Q F L S K
T I E V I K N E E O M H Z O C
H P Q F R U I T P E E L E R O
```

- ☐ Frying pan
- ☐ Small pot
- ☐ Colander
- ☐ Spatula
- ☐ Oven glove

- ☐ Tea towel
- ☐ Fruit peeler
- ☐ Condiments
- ☐ Wiping cloth
- ☐ Scrubber

# Items Around the House 5

```
L X H S U R B G N I P E E W S
U D T I K R P F D M U D A C Q
V U N Q D X S P O N G E D K G
A D A W S Q N X P F V J M B A
C A T Y S R B J K S V R C O D
U N C I S U N D H M M T C N P
U O E L Y T C G P Y H S U R B
M H F K J B N L W B D A C R D
C C N Q H X T E W G F O O O U
L B I L I B F B G K Y D U B S
E E S K X X Z Y Z R I P C D T
A E I T I H P I I Y E Q H R P
N T D T Z Z A S Y G A T J R A
E A L B U C K E T H Z V E Z N
R E S I B X I N I Z M R P D T
```

☐ Sponge

☐ Detergent

☐ Disinfectant

☐ Sweeping brush

☐ Bucket

☐ Mop

☐ Dustpan

☐ Brush

☐ Vacuum cleaner

☐ Couch

# Items Around the House 6

```
H S O F A C U S H I O N F O M
G Z F I Q L T A N H L M Z E A
N S T H W U W C Y Y A B C F E
I S M W I P D B E R G B G M E
G D K R A N O S C N S V A G X
N L F U Z Y O U S E R R L T P
A W R D G J R I V R F M O L R
H S R V U T Y L S O C I B A L
L N D E A H E Z T I N Z O W Q
L W A I U H D O X U V K E T P
A T N X S E H B U O C E N Y D
W S V K L P Z L E Z R O L H T
X G O A B E U G V X E B S E Y
D O M K G E D Y B M G V U U T
B P E L B A T E E F F O C U Q
```

- ☐ Coffee table
- ☐ Curtains
- ☐ Bookshelves
- ☐ Lamp
- ☐ Television
- ☐ Wall hanging
- ☐ Photo frame
- ☐ Sofa cushion

# Digital Detox – Remove these Items

```
K R G R O W X U T N L W S M K
T R E K C A R T S S E N T I F
C E Q X V D X Y X X O W S K C
D O L P W F U Y J I W U P F V
E F S E J H G W T I M W A Y A
F Y Q C V S G A F I T P H S I
N H N V P I C I C Y O K M K D
Q L O Z H I S R S T Q A L U E
L U I P F P O I P S R D Q P M
M C C I J W J A O T Z A X V L
E T T U A T L P P N D N N H A
B O C V I K P H M H E E G M I
N L E I C W O H Y H E C D Q C
X W G G E N Y W C G B E A Y O
T Z E C E W P V E G K R S J S
```

☐ Smartphone      ☐ Social Media

☐ Laptop          ☐ Fitness Tracker

☐ Television      ☐ Microwave

☐ Wifi            ☐ Notifications

# Digital Detox – Add these Items

```
L J B S D R O W S S O R C O D
S X V S T B X C C J H O U C U
N O F M G E R A W K O O C V C
P X Q X K M E T Q O Q R E E O
G W L X D C D T L V B J O F W
D Y P S E N I Z A G A M P B B
K C A P K C A B T V S T O O B
D S Q K R R V H E B R Q R O A
H R A H E W P B W G O A P I Z
O R J J V R E P X W C O Y Q S
J Y K L H R G R U Q X B K D A
L Z E B O O C R M H I T M S B
S K O O B H C R A E S D R O W
O J R B B I X T C S J D Y T Q
Q Y J S R A M P O V I Q X C L
```

☐ Books  
☐ Magazines  
☐ Backpack  
☐ Boots  

☐ Cookware  
☐ Crosswords  
☐ Word Search Books

# Misspellings 1

```
E Y E J L O O W F V V Y M H U
A K T D Z S F D T L E W P B D
E C C E O P I L W J O O M V X
D O A B B E E O P Y W C W K A
K H R R T C L Y C I M L A V B
C U T O N T D D O Y V A S R A
W L T S O A X S U D L P T G A
Q Z A B V C C V R L J W E N M
K E N A Y U P S A N B N F A R
R J H R L L L Q G R D N U T O
N V J G F A Y G E A M I L I F
K G U M Y R W K O V B C E O T
V T L V J M J V U W B N H N A
R Q P L F B Z Y S L Q B G A L
B P J U U Q H A J Z C X K L P
```

- ☐ Vool
- ☐ Ajenda
- ☐ Absorbd
- ☐ Spektacular
- ☐ Feeld

- ☐ Platfurm
- ☐ Kurageous
- ☐ Waysteful
- ☐ Nacionaal
- ☐ Atract

# Misspellings 2

```
A B L Z Y T S R I H T J F W D
Y W A E J E L I J N N C X Q U
J Q J H C B T T Q A H A D C W
S W U E G Q I T I E Q U Y R E
A B S E N C E E I A G S L E I
C I P O T M B H Q Y B E L I W
B K U H O M E L A N D K F S M
L B Z X F O O T B A L L L A H
N X O C U L T U R A L U I E P
H T K P O K T K X B R A E H Q
W U Q V Y Z N X S X V H S S Z
K Y N V W I O I N D L R Y R L
B A I K P S X X J S A R L U X
I D S W N J U D Y H U N X D S
X S K O I Q R A Y Z X G R Q G
```

- ☐ Baiyt
- ☐ Harrsh
- ☐ Futball
- ☐ Homelend
- ☐ Easierr

- ☐ Kause
- ☐ Absense
- ☐ Thirste
- ☐ Kultural
- ☐ Topicc

# Misspellings 3

```
P E K O R T S T A E H O Y N T
S W Z C P M A T V Z Z D D F N
C U C D N N W H I S T L E E F
C P R W K H E H Y A V Y V N I
R E C N A T S B U S W E U I N
A I M O Z E O H G G I Q H H I
N K W L G Z M A M H R V D T S
B E V C S L E V C V N D Q M H
E N F I U M V A S R E N O L I
R G U S E U U A V T K U U W N
R Q P Q G R Q G A N P G Y C G
Y Z K T P E Z X G G H Y O X B
Q Y X M L E L J G L T G E G M
H G N W F O G A W Z E L M D H
O D T Z S T K A L R I R E O H
```

- ☐ Lonerr
- ☐ Cranbery
- ☐ Legss
- ☐ Acheeve
- ☐ Substanse

- ☐ Finishin
- ☐ Vistle
- ☐ Awesum
- ☐ Smugler
- ☐ Heetstroke

# Misspellings 4

```
Q G M Y A W A E D I H B U V G
C B E L L I G E R E N T O T U
R S L N X C E G Q Q I E M V S
F A V G Q Z V Z P M M R T R R
T M H I N D L V E K P H U M D
R Q L L X P A N I E A E O S Q
H K A Q F I V H D T R S T E W
I Y U V A E E H Q W W B Q Z U
J T T O A C N R W H E L E H A
L X I X D E D Q F P A A P A E
F C B P E S E W J U V F M Z B
R S A X B D R V A S O M V D I
V B H Q P G Y S G X I M C P O
W Z Y B E R T D H G D V J H I
R C W T F M H C R A E S Y E G
```

- ☐ Breze
- ☐ Steyw
- ☐ Beligerent
- ☐ Habituel
- ☐ Seerch
- ☐ Peeces
- ☐ Façadee
- ☐ Lavander
- ☐ Hideeway
- ☐ Avoidd

# Misspellings 5

```
R L R G F Z K T H N O I L D Q
R G G O R Q H Y C A R A M E L
M N D L G V P R A G M A T I C
I I W D Y H O N O U R L X B O
B L U B I H I Q I R C H Y L F
X B C R N N S N F W Y R Z Y M
X B Z I G E A I T P V V Y Y X
L O Q C P V T H F R H V S G E
I G Y K A A A G T R U A P I Z
Q G W E I E L M I F A D G Q A
M B D R P H O G U D H T E C M
B A N Q U E T L K L X V S R F
V W A X E G S E W J E H Y Y Y
E H A H J W I L H W K T H O S
V X Q G H M P R G G B T S T N
```

- ☐ Heavan
- ☐ Pragmatik
- ☐ Amyulet
- ☐ Banqwet
- ☐ Goldbrickerr

- ☐ Pistoll
- ☐ Intryuder
- ☐ Gobling
- ☐ Karamel
- ☐ Starfissh

# Misspellings 6

```
A A N M B L C Y Y D U F U R P
A J D V P N Y H S I F L E S E
D J O U L Z G P T E X Q M U T
G B W Y J S L G J N Y N P F X
J O N Q N J A R Y X Z R A I J
N M F D R K C J H N O S T T M
G B A P P O I O B J I S S C X
I A L Q M B A D E Z Y E B L S
E S L X W V L C G B L N L O N
R T M I S F T R D L G R N X X
O I H S G I T R S P U E S I X
F C S B O A J C R H A D O H T
K S M N B S Y D D S E L A H J
S P P V X M Q N X F J I M Q T
T S Q D N U O P M O C W P U G
```

☐ Glaciel ☐ Foregn

☐ Selfiss ☐ Ugli

☐ Downfal ☐ Wildernes

☐ Bombastik ☐ Sixsx

☐ Projektion ☐ Compund

# Misspellings 7

```
W O Q F G R M C U M S U I I E
A A P A B U A Q X Y B X D W X
U W C Q D F U Y L I M A F F W
K K B R A Y D Q F D I N B W O
C O N T A M I N A T I O N V I
E N U N I T O E D S A M L B M
Q N D Z O T E M T R Z E E I V
L T O Z M B A R F W E Z I B L
M D L T Y D D Z O G S A R F C
E A M R S C M O W K B V M X S
J R W N B M E X E O H S E E P
P T L L F E I S D M U R E S R
S A R T I S T R V N A O M E C
C H E M J G W S B E O P G E Q
J I N O I T A N I M O D J B W
```

☐ Dreamerr
☐ Dominaytion
☐ Craterr
☐ Brimstoone
☐ Famili

☐ Moaan
☐ Serumm
☐ Contaminaytion
☐ Audioo
☐ Artistt

# Misspellings 8

```
P B S K Y L I N E B F L F A Z
Q K I N G U Q A L E I V Q L B
W K S R Y S X W A S P U R A S
Q X Q G C B M P I T T B Z I G
Q L Q P A K R G I U O W W T E
P A K W R W A Q A R P F M N G
U N X X C F D Z N X D A U E Z
V O H L O I G M G D E A K D R
T I F I M E R C G V E S O I L
B T H R E R I E R U M Q K F Z
H C F I D I U B M H S T O N E
D N L W J L Q Y G U V V J O M
A U W Y E K N O D W N C S C O
U F L V M E L O D Y G D D R Z
G Z K D F N J W H X D V X U V
```

☐ Kingg        ☐ Numerik

☐ Confidentyial   ☐ Donkiy

☐ Demokracy    ☐ Bestt

☐ Stoone       ☐ Funktional

☐ Skiline      ☐ Melodi

# Misspellings 9

```
B F Q V U I V Z L Z Z A H Y O
B N I E X R W P C L M Q G F T
A X I Y Z O E B A L T S N H R
A B Z A N E B Y L Q F M I D J
I N S P T B E K W Z J O V E E
S O I T Y S Y R C A F C E X M
W I I H R K D R F O L P I G U
W S B Y G A P O O S L N R Y T
N O L Z B D C E O T D N G G I
Q R J Y M G M T M L S Z A G L
E R N E C P I T Z C B I S Q A
X O I R M L F A E W R S H H T
V C F A F I W Z N M I K J F I
K Y F E N Y V A J P U P W B O
T W T H G I T L S T Z Z O C N
```

- ☐ Tightt
- ☐ Corosion
- ☐ Lawyerr
- ☐ Histori
- ☐ Freze

- ☐ Lokbox
- ☐ Mutilaytion
- ☐ Abstrakt
- ☐ Blodstain
- ☐ Greeving

# Misspellings 10

```
Y T R I P M G G V L G C K P E
I C P R O F O U N D L O N H U
V V S H O R T A G E T N I O I
P N K T Y G N A N C W F A Y U
J J F W N X R Y W V M R T V T
F P R I N B P C Z A C O N D A
Y I Z L M B K N T K G N U L E
E L P I R Y S E E V D T O H R
H E P G M S R R X E K B M S T
F N W H Q I S A C U J X B I S
A D I T A I W R C S R B T P I
J K Z L G M E W R S Y C O S M
A B A A S A E L E P H A N T L
H U P W S J B C S L S D V E P
X R U E U I T C N I T S N I R
```

☐ Elephent  ☐ Materiel

☐ Mistreet  ☐ Confronnt

☐ Dekrease  ☐ Profund

☐ Twylight  ☐ Mountein

☐ Shortaje  ☐ Instinkt

# Answers

## Happiness

## Tranquility

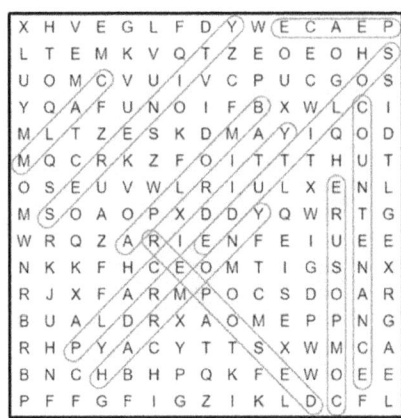

## Scenery

## Peace

## Ways to Achieve Mindfulness

## Inner Peace

## Cleanliness Around the House

## Lifestyle

## Mindfulness Apps

### Travel Destinations 1

### Travel Destinations 2

### Travel Destinations 3

## Travel Destinations 4

```
H G R U B N I D E K R A O K W
L E B M J A A Z W L C J U K C
R B J R P G R M D I M R K Y T
L E Y C U H Z O M I O H L I P
W F V W P P K U B H N K V A E
Y C G U L C I L W A O M K N W
S E M T O O A A A L R K B A S
R B E R S C T B J X Q O F V M
O N D F X A N A N Y V P B A P
Z E E W J X O A K R E B N H S
Q W L G H O U C V I Z P Z V V
O Y L F R R P J D F A F J N W
H O I Z G X Z U X L L W I Q T
B R N R T G X P H W O R E U H
X K D U B R O V N I K G X X Z
```

## Travel Destinations 5

```
Y T I C H N I M I H C O H Y N
H W B V U U O H T O L C P Y
U S A L Z B U R G M Z O L Z I
A S Y R F C K R J U V A O U X
F M O W G G O X N H R P N H K
R P X U N N L F S X O D Z Z
I K P L Z T R A B O H A O S Z
Q M I A M I D Q H R U S N H Q
A B U D A P E S T Z H I N X W
R Z Z L X X S L B U W X W X U
V D H D C O P E N H A G E N F
C U B Z Y B R I S B A N E L M
F V X L I X G T K I S E P T V
X Z K C M Y A Z N V C D I W I
F P D I E U E R R I K N I E O
```

## Travel Destinations 6

## Travel Destinations 7

```
J S F Z V W K N E G V X V G V
L Z L E O S W W L F L X R H X
H A O M D C G Z S Y R F R J R
S C R E Y K A O O L X M D E D
Q I E T V D D N K Z K F T J Z
H S N Z K E K Q O B S G A O Z
T R C H S V N S E M P N D C P
B O E Y L O L I F Z C I I C J
S C Y N E N L O C G X S W X W
U U B F S T K D Y E A D A R Y
P Y F T P E D I N B U R G H X
U A F Q M M A R S E I L L E K
D A K Q T C O R N W A L L D W
O J H F R O S V J H Z D P B A
N C H W G C O P E N H A G E N
```

## Travel Destinations 8

## Travel Destinations 9

## Travel Destinations 10

## Meditation

## US Small Towns 1

## US Small Towns 2

## US Small Towns 3

```
C M J E R P D E S T I N D B C
H M Z T O J S U I I J L L R H
A V K T C S E N O O H B Q A Q
R M T E K W L Q V T O L R N C
L O W Y F L P J I I T O I S H
O V G A O T A C C L S U Y O I
T Z D F R E N O P A P W I N N
T I E A D K K L E S R W W P G
E J D L V C Y S Z U I E I T H
S V S F A U K A W A N M D N R
V X J Y C T N U Y S G P T G W
I Q H D J N B Y L L S J V Y F
L R A S D A Q M L H P N L L R
L Q C O Y N W D N C H B W A S
E J A G H A L F M O O N B A Y
```

## US Small Towns 4

```
W P W L T S U N V A L L E Y V
G D C J P A U G U S T I N E U
R C O P L J D I L C R K Y X C
U S I L O P A N N A H Y H X R
B H Z O V F A N V G A U C F U
S A L R B J S R Z Q F F O W S
R N F E V M C U D S G Z D F G
E N H O G U N Q U I T L Z E I
T A C S N V Y A V A A T W A B
E V N O N U Y A M E P A C O X
P A P U O R V N V L S X B D Q
P S T S S Y N X J M S E E F B
V Q H O K E Y W E S T B S F U
D Z X P H I P X G Z C O W G O
D H I L T O N H E A D E F S E
```

## US Small Towns 5

## US Small Towns 6

## US Small Towns 7

## US Small Towns 8

## US Small Towns 9

## US Small Towns 10

## Australia Small Towns

## UK Small Towns

## Canada Small Towns

## New Zealand Small Towns

## Physical Health – Exercise

## Physical Health – Sports

## Physical Health – Nutrition

## Yoga

## Digital Nomad Lifestyle

## Outdoor Living

## Mountain Living

## Beach Living

## Camping

## Birds in Nature 1

## Birds in Nature 2

## Birds in Nature 3

## Birds in Nature 4

## Birds in Nature 5

### Animals in Nature 1

### Animals in Nature 2

### Animals in Nature 3

### Animals in Nature 4

### Animals in Nature 5

### Animals in Nature 6

```
K Y X K D R K O G N I D V W I
D O L P H I N N R Y M K S G B
W J W L D N C D O D O U F D S
N U U H Z A Z N Y J O L X E W
V M H T L Z Q T J Q O V U J N
R C X Y C G G N G T P X A U M
C W C E W W M O A D E W T O A
I C X K F R T C D D I K A Z B
W Z F N M O C U F L X S M F R
K X G O O M S R I T O P C N F
H T J D J C Y D A I D Z A U B
D O R M O U S E Z K A W J G S
U Z I C N X K Z J G J I P H N
K T L K W N U V N D N N E S X
K K A Q Z D R A G O N F I S H
```

### Animals in Nature 7

```
N J E Z E O E G L N J F Q D R
E R D L J D E S J T E D I E E
R A L O C S E O J S L P F O V
D A L M A T I A N T L J E O A
Y M K E C X D K Q O Q C E L E
R A P D P H Z M D C E N Y V B
V H U I W A D O F I J D P N
G N B A N E C E W M M J L O A
A T Z S B U Q T R Z F L Y L I
H H Q X S Z G E Q A S G J I S
S U R U A S O M S A L E D U A
D O M F T N A H P E L E L I R
I D O S C P C W L N J P Z C U
R M U H E E S K I M O D O G E
E L K V B O O P I K S E P S H
```

### Animals in Nature 8

```
G F L J F J Q M Z K N U J M H
F R E M O Y U P J N M A F R J
M I R G S A Z I P X B R Z E L
M L R S S Z W R M U G B H D Z
M L I W A C L A V E D O I N C
I E U Z N V B G L N K C B A C
Z D Q Y Q A X A T W P T G M T
Q S S R P Z F D K L E S O A P
Z H G X L F E I X Q L E E L A
E A N K M R B R Q H G R A A R
I R I R K O R O J J N O Y S B
I K Y L G G Y L W A E F H I K
F O L B S V X F U I R V X N O
O R F P A O Z Q P J F S W D A
Q O Y F F T B M F N G S J L H
```

### Animals in Nature 9

### Animals in Nature 10

### Sounds in Nature 1

### Sounds in Nature 2

## Sounds in Nature 3

## List of Breathing Exercises

## Nature Walk – Things to Look for

## Beach Walk – Things to Look for

## Body Stretches List

## Mindful Spices List

## Mindfulness Music

## Flowers in Nature 1

## Flowers in Nature 2

## Flowers in Nature 3

## Flowers in Nature 4

## Flowers in Nature 5

## Trees in Nature 1

### Trees in Nature 2

### Trees in Nature 3

### Trees in Nature 4

## Trees in Nature 5

## Insects in Nature 1

## Insects in Nature 2

## Insects in Nature 3

### Insects in Nature 4

### Insects in Nature 5

### Items Around the House 1

### Items Around the House 2

### Items Around the House 3

### Items Around the House 4

### Items Around the House 5

### Items Around the House 6

### Digital Detox – Remove these Items

### Digital Detox – Add these Items

### Misspellings 1

### Misspellings 2

## Misspellings 3

## Misspellings 4

## Misspellings 5

## Misspellings 6

## Misspellings 7

## Misspellings 8

## Misspellings 9

## Misspellings 10

# Book 3:
# Word Search for Coffee Lovers and Tea Lovers

# Introduction

Congrats on buying this book. You are well on your way to becoming a coffee and tea expert; and also going to have loads of fun while doing it.

Each word search puzzle has a number of clues. Each clue corresponds to an answer on the word search. So, if there are 5 lines of clues on a coffee bean word search; that means there are 5 different types of coffee beans hidden in the word search.

And each word search puzzle also has the answers at the end of the book. If you're stumped and unable to get the answer, you can check out the corresponding word search in the answers section.

## Types of Coffee Beans

**Clues:**

Most common type of coffee bean in North America

Most popular bean in Middle East and Africa

A rare type of coffee bean with a woody flavor

A unique coffee bean with a fruity flavor

# Black Coffee

Black coffee is basically a type of coffee with no milk. Identify the type of coffee below.

**Clues:**

Most popular type of coffee that was first made in Italy

An Italian term for American coffee

Half the Amount of water as a regular espresso

A type of coffee in America with two cups of ristretto and a little bit of water

Double Espresso Shot

A way of serving dark coffee with modern machines

Cold Coffee

**Clues:**

A cold coffee with froth that looks like beer froth

Simple cold coffee by mixing coffee grounds with cold water

Type of coffee mixed with alcohol

## Hot Coffee

**Clues:**

Espresso on Vanilla Ice Cream

Originated in Australia/New Zealand

Espresso with Steamed Half and Half

Has the most milk

Contains whipped cream and espresso only

An espresso added to standard coffee

## Milk Based Coffee

**Clues:**

Milk based coffee with a large amount of milk

Has the flavor of espresso and low amount of steamed milk

Strong coffee shot with a little bit of milk

A latte variety with a chocolate flavor

Contains equal quantities of steamed milk, espresso and foam

Combination of espresso and steamed milk with little foam that's popular in South America

## Unique Coffees

**Clues:**

Coffee that's made from digested coffee beans of cat feces

Coffee that's consumed with butter

Coffee with a penny at the bottom of the cup

Swedish coffee that's flavored in coffee

Coffee that has brain octane oil

Coffee that tastes that rotting fruit

# History of Coffee

**Clues:**

First country known to drink coffee

Country with first commercial Espresso Machine

First city in Europe to import coffee

Coffee is the world's 2nd most traded commodity. What is the first?

First country where coffee berries were discovered

# Geography of Coffee

**Clues:**

Country that produces the most coffee

Country that produces the most coffee in Asia

Country that consumes the most coffee per capita

Continent that consumes the least coffee per capita

Country that imports the most coffee

# Coffee Dates

```
2 5 7 9 9 1 3 4 4 1
8 9 7 1 9 2 4 7 5 2
4 7 3 1 9 7 2 9 9 1
2 2 0 1 7 8 0 3 6 3
1 9 8 9 3 3 2 2 2 3
1 9 1 0 9 0 5 8 9 8
6 7 7 0 2 4 5 5 3 3
4 8 8 1 3 4 2 9 7 4
4 8 4 0 4 4 6 4 1 5
7 0 8 4 8 4 4 7 8 9
```

**Clues:**

First drip coffee pot

First Automatic Coffee Maker

First flat white

First Espresso Machine

First Starbucks store

Coffee in Asia

**Clues:**

Most common coffee consumed in Japan

Country has egg coffee

A type of coffee in Indonesia with charcoal

Most expensive coffee in the world

Popular coffee in Malaysia

A popular type of coffee in India

Coffee in South America

**Clues:**

Country that is the world's largest producer of coffee

Highest quality coffee in Colombia

Coffee from coastal mountains in Venezuela

Country had bright, light coffee

Most popular coffee brand in Brazil

# Coffee in Africa

**Clues:**

Tanzanian coffee that is considered the strongest brand in the world

Type of coffee bean used in Cameroon

Congo's most popular coffee

Spicy Ethiopian Coffee

Coffee variety in Rwanda

Popular coffee in Cameroon

Coffee in North America

**Clues:**

Most popular coffee brand in Mexico

Country that produces most coffee in Central America

Type of coffee most popular in USA

Biggest coffee brand in USA

Most popular coffee brand in Canada

# Coffee in USA

```
D E T R O I T L N N
N Y J Y P H M F R Q
K E X P C O Q S T T
L R J O Q N V A U N
C P V D U O K N L E
S E A T T L E T S W
Q R G V G U U A A Y
D V E C O L Y A P O
U A W K E U D N U R
H K V T F Q I A S K
```

**Clues:**

US City with the cheapest coffee

US City with most coffee shops per capita

US City with most expensive coffee

US City with fewest coffee drinkers per capita

US City with most coffee drinkers per capita

US City where Starbucks originated

# Coffee in Europe

**Clues:**

Island where coffee was introduced to Europe

Most popular coffee type in Europe

European country with most coffee consumption

The country where the coffee filter was invented

Most popular type of coffee in Holland

# Famous Coffee Shops

**Clues:**

The oldest coffee shop in the world

Street Café in Ohio that lets you choose the price

Coffee shop in Chicago with a Back to the Future theme

City in which there is a café atop a large fake banyan tree made of concrete

Coffee shop with handwritten design

## Tea Varieties

```
O E Z C A R H Z K U K K
S A T H B E Z E Z S C H
H D E A L W F P I A W I
X J J M R H R C L W O V
X H V O O I S B Q Y O F
B X E M J T P Z A F L Z
T Z P I B E Z C M K O Q
G A F L U G P P N F N E
U G R E E N B S W N G X
Z F K E X T D F G L M J
R Y A W Q G M R X I F
W L J J V B G L Q W X W
```

**Clues:**

Most common type of tea in the US

Most common type of tea in Japan

Always produced as a whole leaf tea

Has a light, delicate and fruity flavor

Great tea for people before bed

# Black Tea

**Clues:**

Tea from the hills of North East India

Popular black tea from Sri Lanka

Made from Bergamot oil

Tea from China used by 19th century English importers

Chinese black tea with smoky aroma

# Green Tea

**Clues:**

Most famous type of Green tea

Japanese word for brown rice

Has the aroma of seaweed

Famous tea also used in Japanese confectionary

Most famous scented tea in China

Also known as "Agari"

## Oolong Teas

**Clues:**

From the Guandong province of China

Also known as "rock tea" in China

Grown in mountains of Taiwan

Milky smooth textured tea from Taiwan

Chinese tea with sweet, light, floral flavor

## Herbal Teas

**Clues:**

Known for its calming effects and helps to sleep

Helps in digestion

Tea with spicy flavor

Made from a colorful flower

Herbal tea from South Africa

Helps with Alzheimer's disease

## White Teas

```
M J D B A C B F X P R C
T U G E M P X V L R T J
W N A T B U Y A N I S C
I I B E N N Y H U L D Y
N P L A Q B H D M F L H
I L C L N Q Y A I Y M G
N U H Y T I G M J Y F A
G I U R P L H T U V Z W
S V M A R E T M D I T D
A A N O W U O L J R A Z
P D T N O X Q N Z G V K
T P R X Q J S A Y E B J
```

**Clues:**

Organic Jasmine white tea

Triple leaf white tea

Orange Organic Spice Tea

Himalayan White Tea

Popular White Tea brand from London

## Tea Growing Countries

**Clues:**

Largest Tea producing country

Largest tea producing country outside Asia

Location of largest tea plant in USA

Country that produces the most tea in South America

Largest tea producer in South Asia

# Japanese Teas

**Clues:**

Most popular type of tea in Japan

Grows in the shade instead of sunlight

Sharp sweet green tea

Tea leaves are made from tea paste

Has roasted brown rice

**Chinese Teas**

**Clues:**

Black tea that is also called 'Red Tea' in China

Whole leaf tea that can taste like dirt

Also known as Dragon Well Tea in China

Rare famous tea from Mount Wuyi in China

Famous Chinese White Tea

# Indian Teas

**Clues:**

Very popular masala tea

Popular tea in Himalayan region

Popular breakfast tea grown in North East India

Thin body variety with aromatic smell

Also known as Blue Mountain Tea

# Tea History

**Clues:**

Chinese province where tea drinking first started

The first Indian state to cultivate tea

The country where oolong tea became popular

The first country in Europe to drink tea

The first tea in Japan

# Tea History 2

**Clues:**

The Tsar of Russia that first drank tea

The British originally traded tea for this plant

Chinese emperor who accidentally discovered tea

Tea is the _____ most consumed beverage in the world

King _____ II introduced tea to England

Europeans added this substance to tea to cool tea before drinking

# Tea Geography

**Clues:**

Country which grows the most tea

Country which consumes most tea per capita

Country which consumes most green tea per capita

Country in Europe that consumes most tea per capita

Country which produces the most black tea

## Tea Geography 2

```
N  S  U  U  F  Y  Z  U  G  H  F  U
C  H  I  N  A  X  S  G  G  E  G  Q
T  T  X  M  S  M  F  H  P  Z  A  N
W  Z  U  P  X  B  L  A  C  K  D  C
N  D  G  R  E  E  N  H  N  W  N  K
S  C  X  U  K  A  B  A  W  A  H  S
I  R  A  P  S  T  L  B  W  M  A  E
V  A  T  F  A  I  O  I  A  R  S  U
Z  T  E  J  R  M  A  K  Q  Y  R  B
Y  S  U  S  B  T  G  T  N  O  X  R
L  L  T  I  J  B  P  L  Z  F  T  K
S  H  Y  F  N  Q  B  R  L  G  L  W
```

**Clues:**

Home of Ceylon Tea

Home of bubble Tea

Home of White Tea

Most popular variety of tea in Vietnam

Type of tea most produced in Australia

## Tea Dates

| | | | | | | | | | | |
|---|---|---|---|---|---|---|---|---|---|---|
| 5 | 7 | 9 | 2 | 2 | 7 | 3 | 7 | 1 | 2 | 2 | 2 |
| 0 | 0 | 7 | 4 | 1 | 1 | 5 | 3 | 9 | 4 | 5 | 9 |
| 8 | 6 | 5 | 6 | 3 | 0 | 6 | 4 | 0 | 9 | 4 | 6 |
| 4 | 9 | 1 | 3 | 0 | 2 | 1 | 7 | 4 | 1 | 1 | 1 |
| 0 | 0 | 2 | 6 | 8 | 0 | 7 | 5 | 9 | 9 | 6 | 5 |
| 5 | 4 | 7 | 6 | 7 | 1 | 7 | 6 | 3 | 5 | 8 | 9 |
| 8 | 2 | 5 | 8 | 6 | 0 | 1 | 1 | 6 | 1 | 0 | 1 |
| 5 | 3 | 9 | 0 | 3 | 5 | 8 | 5 | 8 | 2 | 2 | 9 |
| 2 | 6 | 7 | 3 | 9 | 9 | 2 | 3 | 6 | 8 | 5 | 0 |
| 9 | 9 | 4 | 3 | 3 | 3 | 7 | 3 | 9 | 2 | 3 | 4 |
| 4 | 7 | 6 | 2 | 9 | 9 | 2 | 9 | 1 | 7 | 8 | 5 |
| 1 | 7 | 7 | 8 | 9 | 2 | 2 | 9 | 8 | 8 | 2 | 0 |

**Clues:**

Tea was discovered in _____ BC by a Chinese emperor

Date that tea spread from China to Japan

First teapots were invented

Invention of Iced Tea

First sale of tea in America

## Unique Teas

**Clues:**

Tea made only in Japan that's a by-product of tea production

Tea produced in Kenya that's named after the unique color of the plant

North American spicy tea rich in Vitamin C and named after a breed of dog

Unique white tea that can be steeped up to 5 times without losing its initial flavor

Unblended tea that is only grown in North East Australia

# Asian Teas

**Clues:**

One of the most popular teas in India

A popular tea brand in Singapore

Leading Chinese tea brand in Hong Kong

One of the most popular tea brands in India

The popular Vietnamese tea, *trà atisô,* is made from _____

European Teas

**Clues:**

Most popular variety of tea in England

Country which produces Kusmi Tea

Country which produces Teakanne Tea

Home of Barry's Tea

One of the most popular global teas from England

Most popular Turkish tea brand

# African Teas

**Clues:**

Most popular tea in South Africa

Home of purple tea

First African country to engage in tea production

A tea growing African country that's also very popular for its coffee

Brownish tea in South Africa

## South American Teas

**Clues:**

Most popular tea in South America

Home of Argentinian tea

*Home of Tereré tea*

*The country where lemongrass teas are most popular*

*The variety of tea most popular in Chile*

# North American Teas

**Clues:**

North American country that consumes most tea per capita

Most popular variety of tea in USA

A New Yorker who invented tea bags

Country which imports most tea to USA

The most common variety of tea in Mexico

## Unique Tea Shops

**Clues:**

Tea shop in Brooklyn started by Martha Stewart

Tea shop in Paris that has a stone cellar hosting regular Matcha parties

A T2 shop in London's famous Shoreditch neighbourhood

A 100-year-old Teahouse in Harrogate, London

# ANSWERS

# Answers - Types of Coffee Beans

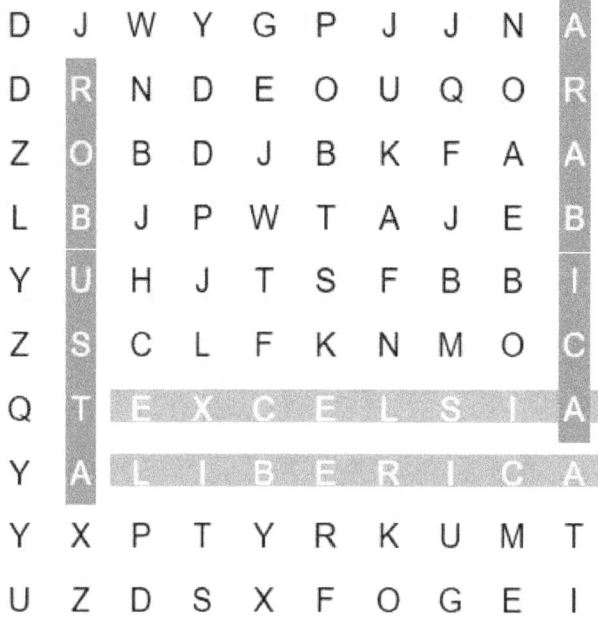

**Answers:**

Most common type of coffee bean in North America **(Arabica)**

Most popular bean in Middle East and Africa **(Robusta)**

A rare type of coffee bean with a woody flavor **(Liberica)**

A unique coffee bean with a fruity flavor **(Excelsa)**

# Answers – Black Coffee

**Answers:**

Most popular type of coffee that was first made in Italy **(espresso)**

An Italian term for American coffee **(Americano)**

Half the Amount of water as a regular espresso **(Ristretto)**

A type of coffee in America with two cups of ristretto and a little bit of water **(long black)**

Double Espresso Shot **(doppio)**

A way of serving dark coffee with modern machines **(Batch brew)**

# Answers – Cold Coffee

**Answers:**

A cold coffee with froth that looks like beer froth **(nitro)**

Simple cold coffee by mixing coffee grounds with cold water **(cold brew)**

Type of coffee mixed with alcohol **(liquer)**

# Answers - Hot Coffee

**Answers:**

Espresso on Vanilla Ice Cream **(affogato)**

Originated in Australia/New Zealand **(flat white)**

Espresso with Steamed Half and Half **(breve)**

Has the most milk **(latte)**

Contains whipped cream and espresso only **(Vienna)**

An espresso added to standard coffee **(Red eye)**

# Answers - Milk Based Coffee

**Answers:**

Milk based coffee with a large amount of milk **(latte)**

Has the flavor of espresso and low amount of steamed milk **(flat white)**

Strong coffee shot with a little bit of milk **(macchiato)**

A latte variety with a chocolate flavor **(mocha)**

Contains equal quantities of steamed milk, espresso and foam **(cappuccino)**

Combination of espresso and steamed milk with little foam that's popular in South America **(cortado)**

# Answers - Unique Coffees

**Answers:**

Coffee that's made from digested coffee beans of cat feces (Kopi Luwak)

Coffee that's consumed with butter (Kopi Gu Yu)

Coffee with a penny at the bottom of the cup (Karsk)

Swedish coffee that's flavored in coffee (Kaffeost)

Coffee that tastes that rotting fruit (Durian)

# Answers - History of Coffee

**Answers:**

First country known to drink coffee **(Yemen)**

Country with first commercial Espresso Machine **(Italy)**

First city in Europe to import coffee **(Venice)**

Coffee is the world's 2nd most traded commodity. What is the first? **(Oil)**

First country where coffee berries were discovered **(Ethiopia)**

# Answers - Geography of Coffee

**Answers:**

Country that produces the most coffee **(Brazil)**

Country that produces the most coffee in Asia **(Indonesia)**

Country that consumes the most coffee per capita **(Finland)**

Continent that consumes the least coffee per capita **(Africa)**

Country that imports the most coffee **(USA)**

## Answers - Coffee Dates

| | | | | | | | | |
|---|---|---|---|---|---|---|---|---|
| 2 | 5 | 7 | 9 | 9 | 1 | 3 | 4 | 4 | 1 |
| 8 | 9 | 7 | 1 | 9 | 2 | 4 | 7 | 5 | 2 |
| 4 | 7 | 3 | 1 | 9 | 7 | 2 | 9 | 9 | 1 |
| 2 | 2 | 0 | 1 | 7 | 8 | 0 | 3 | 6 | 3 |
| 1 | 9 | 8 | 9 | 3 | 3 | 2 | 2 | 2 | 3 |
| 1 | 9 | 1 | 0 | 9 | 0 | 5 | 8 | 9 | 8 |
| 6 | 7 | 7 | 0 | 2 | 4 | 5 | 5 | 3 | 3 |
| 4 | 8 | 8 | 1 | 3 | 4 | 2 | 9 | 7 | 4 |
| 4 | 8 | 4 | 0 | 4 | 4 | 6 | 4 | 1 | 5 |
| 7 | 0 | 8 | 4 | 8 | 4 | 4 | 7 | 8 | 9 |

**Answers:**

First drip coffee pot

First Automatic Coffee Maker

First flat white

First Espresso Machine

First Starbucks store

# Answers - Coffee in South America

**Answers:**

Country that is the world's largest producer of coffee **(Brazil)**

Highest quality coffee in Colombia **(supremo)**

Coffee from coastal mountains in Venezuela **(caracas)**

Country had bright, light coffee **(Peru)**

Most popular coffee brand in Brazil **(Baggios)**

# Answers - Coffee in Asia

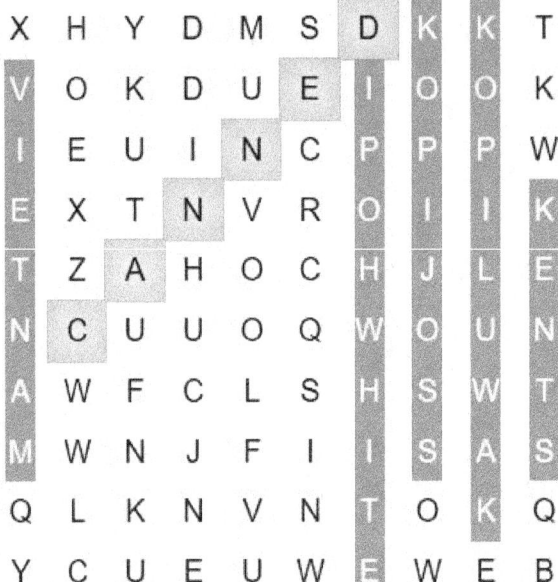

**Answers:**

Most common coffee consumed in Japan **(canned)**

Country has egg coffee **(Vietnam)**

A type of coffee in Indonesia with charcoal **(Kopi Joss)**

Most expensive coffee in the world **(Kopi Luwak)**

Popular coffee in Malaysia **(Ipoh white)**

A popular type of coffee in India **(Kents)**

# Answers - Coffee in Africa

**Answers:**

Tanzanian coffee that is considered the strongest brand in the world (**peaberry**)

Type of coffee bean used in Cameroon (**Arabica**)

Congo's most popular coffee (**Virunga**)

Spicy Ethiopian Coffee (**Harrar**)

Coffee variety in Rwanda (**Bourbon**)

Popular coffee in Cameroon (**Camerun**)

# Answers - Coffee in North America

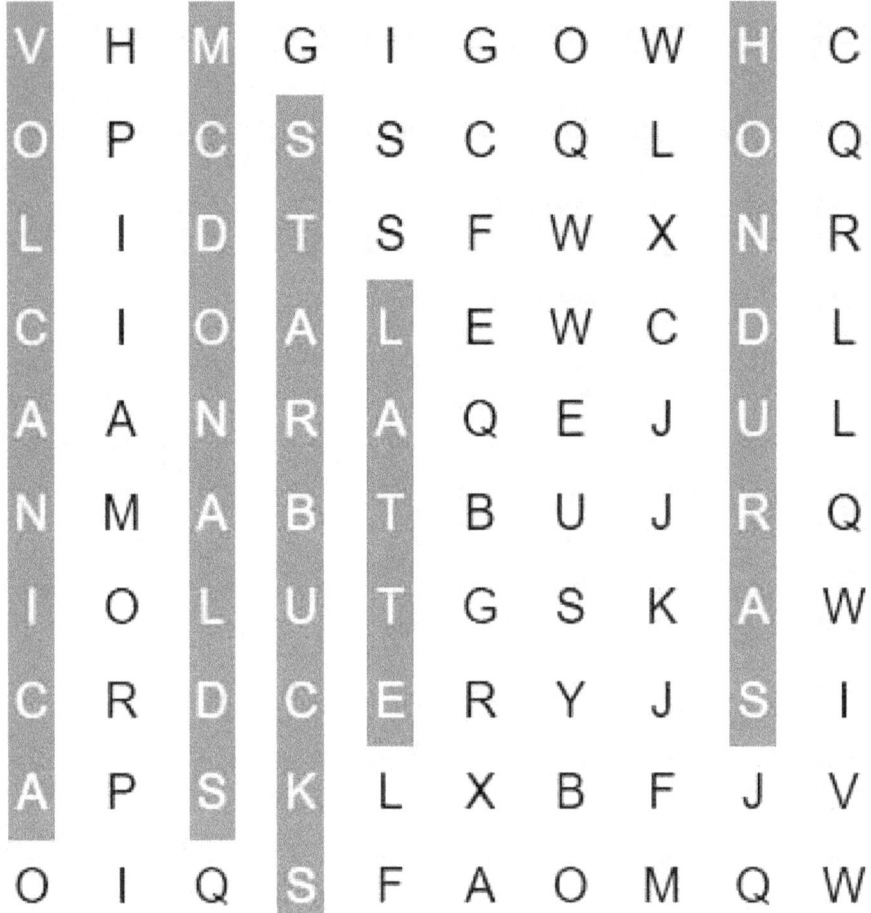

**Answers:**

Most popular coffee brand in Mexico **(Volcanica)**

Country that produces most coffee in Central America **(Honduras)**

Type of coffee most popular in USA **(latte)**

Biggest coffee brand in USA **(Starbucks)**

Most popular coffee brand in Canada **(McDonalds)**

# Answers - Coffee in USA

**Answers:**

US City with the cheapest coffee **(Tulsa)**

US City with most coffee shops per capita **(New York)**

US City with most expensive coffee **(Honolulu)**

US City with fewest coffee drinkers per capita **(Detroit)**

US City with most coffee drinkers per capita **(Santa Ana)**

US City where Starbucks originated **(Seattle)**

# Answers - Coffee in Europe

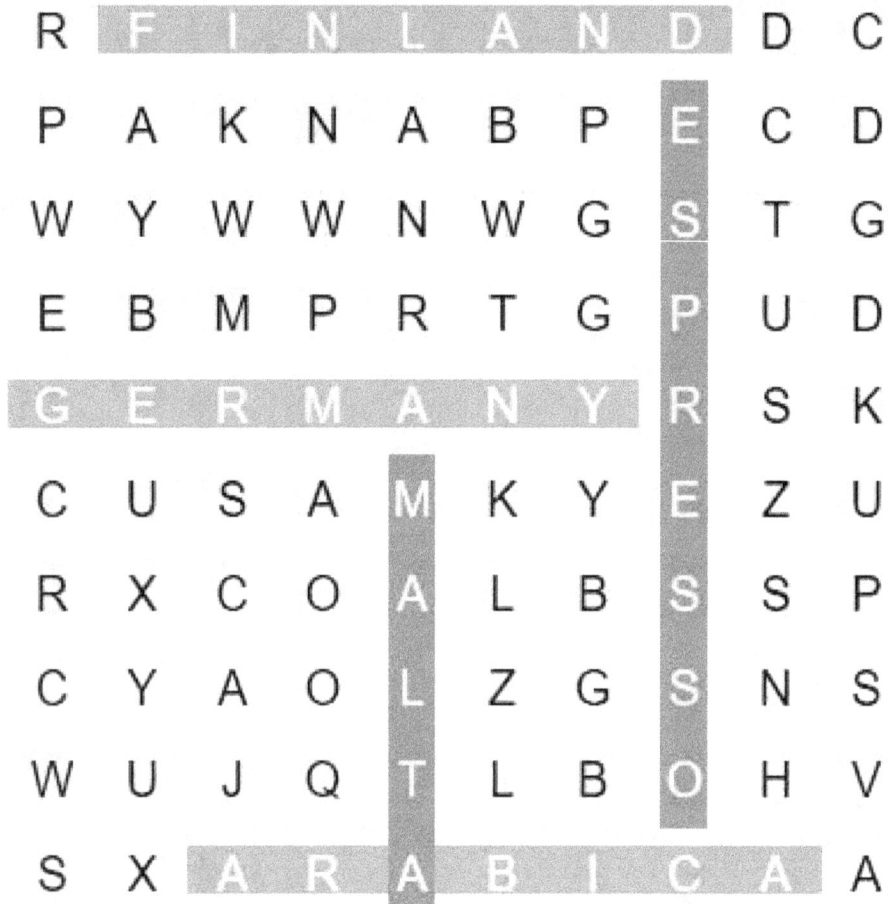

**Answers:**

Island where coffee was introduced to Europe **(Malta)**

Most popular coffee type in Europe **(espresso)**

European country with most coffee consumption **(Finland)**

The country where the coffee filter was invented **(Germany)**

Most popular type of coffee in Holland **(Arabica)**

# Answers – Unique Coffee Shops

**Clues:**

The oldest coffee shop in the world (**Florian** – in Venice in 1720)

Street Café in Ohio that lets you pay what you can (**Java** Street Cafe)

Coffee shop in Chicago with a Back to the Future theme (**Wormhole** Café)

City in which there is a café atop a large fake banyan tree made of concrete (**Okinawa**, Japan – The café is called Naha Harbor Café)

Coffee shop with handwritten design (**Kaffee** coffee shop)

# Answers - Tea Varieties

**Answers:**

Most common type of tea in the US **(Black)**

Most common type of tea in Japan **(Green)**

Always produced as a whole leaf tea **(Oolong)**

Has a light, delicate and fruity flavor **(White)**

Great tea for people before bed **(Chamomile)**

# Answers - Black Tea

**Answers:**

Tea from the hills of North East India **(Assam)**

Popular black tea from Sri Lanka **(Ceylon)**

Made from Bergamot oil **(Earl Grey)**

Tea from China used by 19th century English importers **(Congou)**

Chinese black tea with smoky aroma **(keemun)**

# Answers - Green Tea

**Answers:**

Most famous type of Green tea **(Sencha)**

Japanese word for brown rice **(Genmaicha)**

Has the aroma of seaweed **(Gyokuro)**

Famous tea also used in Japanese confectionary **(Matcha)**

Most famous scented tea in China **(Jasmine)**

Also known as "Agari" **(Konara)**

# Answers - Oolong Teas

**Answers:**

From the Guandong province of China **(Phoenix)**

Also known as "rock tea" in China **(Wuyi)**

Grown in mountains of Taiwan **(Gaoshan)**

Milky smooth textured tea from Taiwan **(Jin Xuan)**

Chinese tea with sweet, light, floral flavor **(TiKwanYin)**

# Answers - Herbal Teas

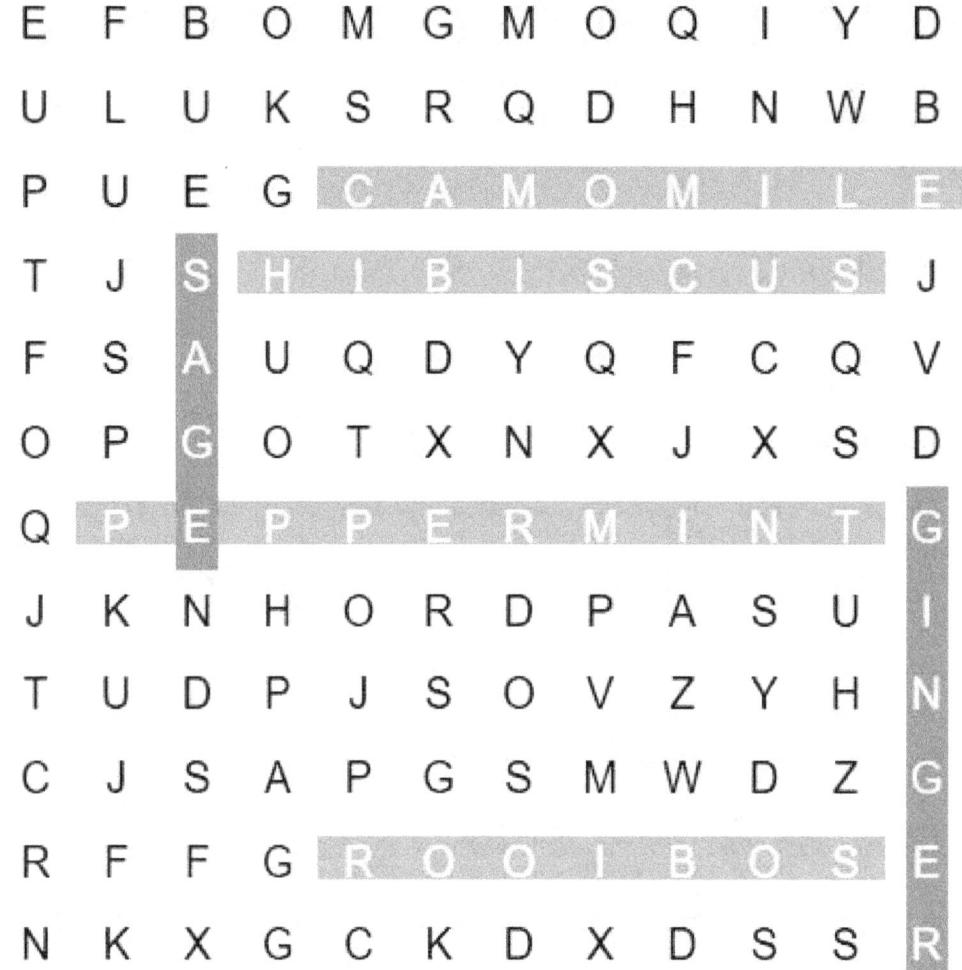

**Answers:**

Known for its calming effects and helps to sleep **(Camomile)**

Helps in digestion **(Peppermint)**

Tea with spicy flavor **(Ginger)**

Made from a colorful flower **(Hibiscus)**

Herbal tea from South Africa **(Rooibos)**

Helps with Alzheimer's disease **(Sage)**

# Answers - White Teas

**Answers:**

Organic Jasmine white tea **(Tealyra)**

Triple leaf white tea **(Peony)**

Orange Organic Spice Tea **(Numi)**

Himalayan White Tea **(Vahdam)**

Popular White Tea brand from London **(Twinings)**

# Answers - Tea Growing Countries

**Answers:**

Largest Tea producing country **(China)**

Largest tea producing country outside Asia **(Kenya)**

Location of largest tea plant in USA **(Charleston)**

Country that produces the most tea in South America **(Argentina)**

Largest tea producer in South Asia **(Vietnam)**

## Answers - Japanese Teas

**Answers:**

Most popular type of tea in Japan **(Sencha)**

Grows in the shade instead of sunlight **(Matcha)**

Sharp sweet green tea **(Guricha)**

Tea leaves are made from tea paste **(Kokeicha)**

Has roasted brown rice **(Genmaicha)**

# Answers - Chinese Teas

**Answers:**

Black tea that is also called 'Red Tea' in China **(Keemun)**

Whole leaf tea that can taste like dirt **(Puerh)**

Also known as Dragon Well Tea in China **(Long Jing)**

Rare famous tea from Mount Wuyi in China **(Da Hong Pao)**

Famous Chinese White Tea *(Baimudan)*

# Answers - Indian Teas

**Answers:**

Very popular masala tea **(chai)**

Popular tea in Himalayan region **(Butter)**

Popular breakfast tea grown in North East India **(Assam)**

Thin body variety with aromatic smell **(Darjeeling)**

Also known as Blue Mountain Tea **(Nilgiri)**

# Answers - Tea History

**Answers:**

Chinese province where tea drinking first started **(Yunnan)**

The first Indian state to cultivate tea **(Assam)**

The country where oolong tea became popular **(Taiwan)**

The first country in Europe to drink tea **(Holland)**

The first tea in Japan **(Matcha)**

# Answers - Tea History 2

**Answers:**

The Tsar of Russia that first drank tea **(Alexis)**

The British originally traded tea for this plant **(Opium)**

Chinese emperor who accidentally discovered tea **(Shen Nong)**

Tea is the _____ most consumed beverage in the world **(second)**

King _____ II introduced tea to England **(Charles)**

Europeans added this substance to tea to cool tea before drinking **(milk)**

# Answers - Tea Geography

**Answers:**

Country which grows the most tea **(China)**

Country which consumes most tea per capita **(Turkey)**

Country which consumes most green tea per capita **(Japan)**

Country in Europe that consumes most tea per capita **(Turkey)**

Country which produces the most black tea **(India)**

# Answers - Tea Geography 2

**Answers:**

Home of Ceylon Tea **(Sri Lanka)**

Home of bubble Tea **(Taiwan)**

Home of White Tea **(China)**

Most popular variety of tea in Vietnam **(Green)**

Type of tea most produced in Australia **(black)**

## Answers - Tea Dates

| | | | | | | | | | | |
|---|---|---|---|---|---|---|---|---|---|---|
| 5 | 7 | 9 | 2 | 2 | 7 | 3 | 7 | 1 | 2 | 2 | 2 |
| 0 | 0 | 7 | 4 | 1 | 1 | 5 | 3 | 9 | 4 | 5 | 9 |
| 8 | 6 | 5 | 6 | 3 | 0 | 6 | 4 | 0 | 9 | 4 | 6 |
| 4 | 9 | 1 | 3 | 0 | 2 | 1 | 7 | 4 | 1 | 1 | 1 |
| 0 | 0 | 2 | 6 | 8 | 0 | 7 | 5 | 9 | 9 | 6 | 5 |
| 5 | 4 | 7 | 6 | 7 | 1 | 7 | 6 | 3 | 5 | 8 | 9 |
| 8 | 2 | 5 | 8 | 6 | 0 | 1 | 1 | 6 | 1 | 0 | 1 |
| 5 | 3 | 9 | 0 | 3 | 5 | 8 | 5 | 8 | 2 | 2 | 9 |
| 2 | 6 | 7 | 3 | 9 | 9 | 2 | 3 | 6 | 8 | 5 | 0 |
| 9 | 9 | 4 | 3 | 3 | 3 | 7 | 3 | 9 | 2 | 3 | 4 |
| 4 | 7 | 6 | 2 | 9 | 9 | 2 | 9 | 1 | 7 | 8 | 5 |
| 1 | 7 | 7 | 8 | 9 | 2 | 2 | 9 | 8 | 8 | 2 | 0 |

**Answers:**

Tea was discovered in ____ BC by a Chinese emperor **(2737)**

Date that tea spread from China to Japan **(539)**

First teapots were invented **(1391)**

Invention of Iced Tea **(1904)**

First sale of tea in America **(1680)**

# Answers - Unique Teas

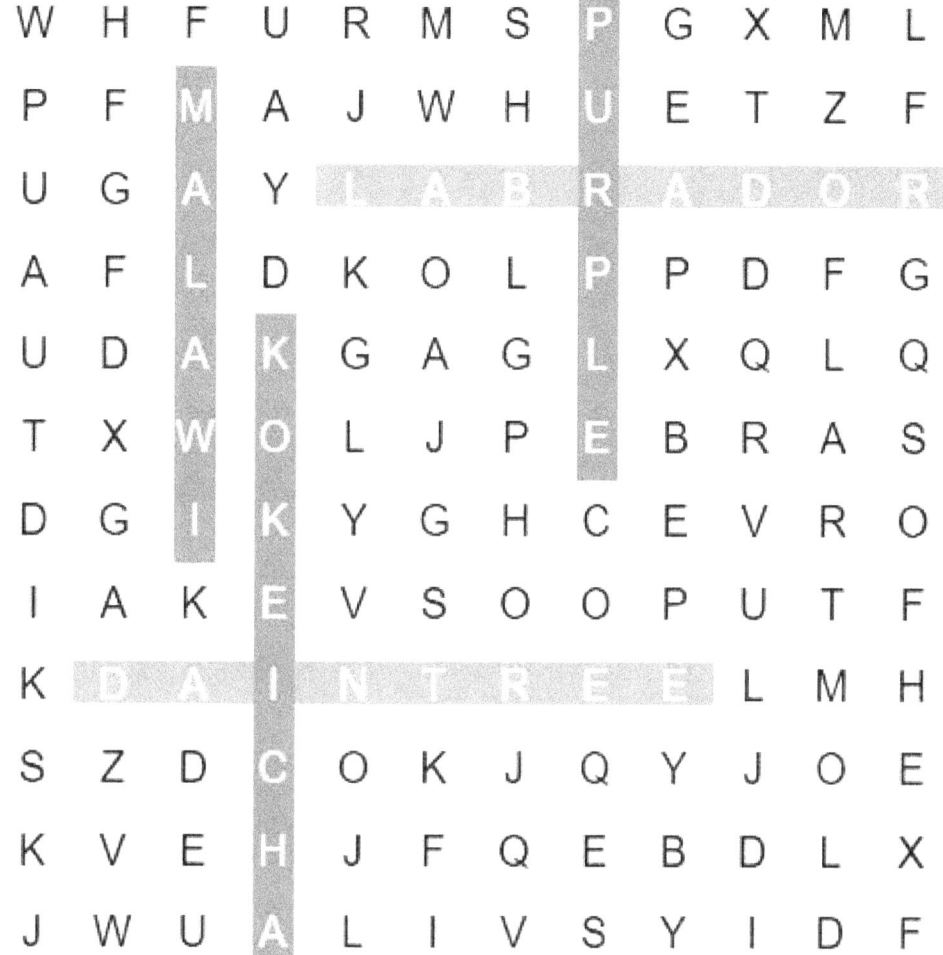

**Answers:**

Tea made only in Japan that's a by-product of tea production **(Kokeicha)**

Tea produced in Kenya that's named after the unique color of the plant **(Purple)**

North American spicy tea rich in Vitamin C and named after a breed of dog **(Labrador)**

Unique white tea that can be steeped up to 5 times without losing its initial flavor **(Malawi)**

Unblended tea that is only grown in North East Australia **(Daintree)**

# Answers - Asian Teas

**Answers:**

One of the most popular teas in India **(Darjeeling)**

A popular tea brand in Singapore **(Tily)**

Leading Chinese tea brand in Hong Kong **(MingCha)**

One of the most popular tea brands in India **(Tata)**

The popular Vietnamese tea, *trà atisô,* is made from ____ **(artichoke)**

# Answers - European Teas

**Answers:**

Most popular variety of tea in England **(black)**

Country which produces Kusmi Tea **(France)**

Country which produces Teakanne Tea **(Germany)**

Home of Barry's Tea **(Ireland)**

One of the most popular global teas from England **(Twinings)**

Most popular Turkish tea brand **(Çaykur)**

# Answers - African Teas

**Answers:**

Most popular tea in South Africa **(Rooibos)**

Home of purple tea **(Kenya)**

First African country to engage in tea production **(Malawi)**

A tea growing African country that's also very popular for its coffee **(Rwanda)**

Brownish tea in South Africa **(Honey bush)**

# Answers - South American Teas

**Answers:**

Most popular tea in South America **(Yerba mate)**

Home of Argentinian tea **(mate)**

*Home of Tereré tea **(Paraguay)***

*The country where lemongrass teas are most popular **(Brazil)***

*The variety of tea most popular in Chile **(black)***

# Answers - North American Teas

**Answers:**

North American country that consumes most tea per capita **(Canada)**

Most popular variety of tea in USA **(iced)**

A New Yorker who invented tea bags **(Sullivan)**

Country which imports most tea to USA **(Argentina)**

The most common variety of tea in Mexico **(herbal)**

# Answers - Unique Tea Shops

**Answers:**

Tea shop in Brooklyn started by Martha Stewart **(Bellocq)**

Tea shop in Paris that has a stone cellar hosting regular Matcha parties **(Jugetsudo)**

A T2 shop in London's famous Shoreditch neighbourhood **(Brew Bar)**

A 100-year-old Teahouse in Harrogate, London (Betty's)

# Conclusion

Thanks for buying this book.

This book is a very unique way of learning while enjoying puzzles.

If you'd like to do more word searches, I recommend the following books below:

The World's Largest Word Search Puzzle Book by Patel Puzzle Books

Wordsearch: With Over 500 Puzzles by Eric Saunders

Extreme Word Search: With 300 Puzzles by Parragon Books

If you're interested, you can also buy my other book:

Crosswords for Kids: Crossword Puzzle Book for Kids Ages 8 and Up

www.ingramcontent.com/pod-product-compliance
Lightning Source LLC
Chambersburg PA
CBHW081612100526
44590CB00021B/3416